Wissenschaftliches Arbeiten in den Wirtschafts- und Sozialwissenschaften

Doris Berger-Grabner

Wissenschaftliches Arbeiten in den Wirtschafts- und Sozialwissenschaften

Hilfreiche Tipps und praktische Beispiele

3., aktualisierte und erweiterte Auflage

Doris Berger-Grabner
Krems, Österreich

ISBN 978-3-658-13077-0 ISBN 978-3-658-13078-7 (eBook)
DOI 10.1007/978-3-658-13078-7

Die Deutsche Nationalbibliothek verzeichnet diese Publikation in der Deutschen Nationalbibliografie; detaillierte bibliografische Daten sind im Internet über http://dnb.d-nb.de abrufbar.

Springer Gabler

Lektorat: Susanne Kramer

Gedruckt auf säurefreiem und chlorfrei gebleichtem Papier

Springer Gabler ist Teil von Springer Nature
Die eingetragene Gesellschaft ist Springer Fachmedien Wiesbaden GmbH
Die Anschrift der Gesellschaft ist: Abraham-Lincoln-Strasse 46, 65189 Wiesbaden, Germany

Vorwort 3. Auflage

Meine langjährige und kontinuierliche Betreuung und Begleitung von hochschulischen Abschlussarbeiten hat gezeigt, dass es auch beim Wissenschaftlichen Arbeiten notwendig ist, sich immer auf dem neuesten Stand zu halten. Deshalb erschien es mir als unumgänglich, dieses Buch zu aktualisieren und eine neue Auflage herauszubringen.

Seit der letzten Auflage habe ich sehr viele Gespräche mit Studierenden, Absolventen, aber auch mit Lektoren geführt und sie gefragt, was ihnen in meinem Buch gefehlt hat bzw. was sie gerne noch inkludiert haben möchten. Hier kam sehr oft der Wunsch nach mehr Informationen zum Thema „Literaturverwaltungsprogramme" sowie zum Verfassen eines Exposés für die Bachelor- und für die Masterarbeit. Gerne komme ich diesen Wünschen nach und gebe im Kapitel 3.6.5 einen Überblick über die wichtigsten Literaturverwaltungsprogramme, allen voran Zotero und Citavi. Dort findet sich auch ein Vergleich der wichtigsten Programme mit ihren jeweiligen Stärken und Schwächen. Im Kapitel 3.1.3 habe ich einen ausführlichen Abschnitt ergänzt, wie Sie idealerweise Ihr Exposé strukturieren und inhaltlich gestalten. Hier wurden die Informationen im Vergleich zu den vorhergehenden Auflagen noch um einige praktische Hilfestellungen ausgeweitet.

In meinen vielseitigen Betreuungsgesprächen an diversen Fachhochschulen und Universitäten zeigt sich, dass immer wieder Fragen zur qualitativen Marktforschung kommen, hier allen voran Fragen zur Durchführung und Auswertung von Experteninterviews. Deshalb habe ich den Themenbereich „Qualitatives Interview" (Kapitel 5.2.1) noch ausführlicher gestaltet. Es schien mir notwendig, step by step zu erläutern, wie ein solches ausgewertet wird. Deshalb findet sich in dieser Auflage ein konkretes Beispiel, wie eine Auswertungsmethode, die qualitative Inhaltsanalyse nach Mayring, im Idealfall durchgeführt werden kann.

Weiters hat sich gezeigt, dass Studierende oft unsicher sind, wie sie während des Verfassens ihrer wissenschaftlichen Arbeit den Kontakt zu ihrem Betreuer halten sollen. Ich werde oft gefragt: „Wie viele Betreuerkontakte sind sinnvoll?", „Was fällt noch unter eigenständiges Arbeiten und ab wann wird dieser Grad überschritten?" und „Ab wann führt diese mangelnde Selbstständigkeit beim Verfassen der wissenschaftlichen Arbeit zu einer schlechteren Beurteilung?". Ein paar Tipps dazu, wie Sie ein vernünftiges Betreuungsverhältnis schaffen, finden Sie zusammengefasst im Kapitel 8.1.3.

Für Studierende, allen voran jene, die der sogenannten „Generation Y" angehören, sind diverse Anwendungssoftwareprogramme für Mobilgeräte (Apps) aus dem täglichen Gebrauch nicht mehr wegzudenken. Auch im Bereich Wissenschaftliches Schreiben gibt es eine große Auswahl an Apps, die das Verfassen einer wissenschaftlichen

Arbeit um einiges erleichtern können. Ich habe diese Apps geprüft und jene, die ich als sehr brauchbar empfinde, in den entsprechenden Kapiteln ergänzt.

Abschließend möchte ich auch in dieser 3. Auflage betonen, dass dieses Buch als Leitfaden für das Gestalten und Gelingen wissenschaftlicher Arbeiten dient und jede Institution noch zusätzlich eigene Richtlinien hat, über die Sie sich informieren sollten. Bleiben dennoch Fragen offen, entscheiden Sie selbst nach den wissenschaftlichen Gütekriterien der intersubjektiven Nachvollziehbarkeit und durchgängigen Konsistenz Ihrer Arbeit.

Ich wünsche Ihnen viel Freude, Motivation und vor allem gutes Gelingen bei der Erstellung Ihrer wissenschaftlichen Arbeiten!

Prof. (FH) Dr. Doris Berger-Grabner

Inhaltsverzeichnis

Vorwort V

Abbildungsverzeichnis XIII

Tabellenverzeichnis XIV

1 Grundlagen des wissenschaftlichen Arbeitens und der Wissenschaftstheorie ... 1

1.1 Was ist eine wissenschaftliche Arbeit? 1

1.1.1 Belletristik versus wissenschaftliche Arbeit 1

1.1.2 Typen einer wissenschaftlichen Arbeit 3

1.2 Wissenschaftstheoretische Grundlagen und Begriffsklärungen 7

1.2.1 Aufgaben der Wissenschaftstheorie und Betriebswirtschaftslehre 7

1.2.2 Wissenschaftlicher Erkenntniskreislauf 9

1.3 Warum werden wissenschaftliche Arbeiten verfasst? 15

1.4 Wie geht man am besten an die Sache heran? 16

1.4.1 Idealer Ablauf einer wissenschaftlichen Arbeit 16

1.4.2 Wie finde ich einen passenden Betreuer? 18

1.4.3 Richtiger Umgang mit dem Computer 19

1.4.4 Gute wissenschaftliche Praxis 27

1.4.5 Inhaltliche Anforderungen 29

1.5 Zusammenfassende Tipps 31

2 Hilfreiche Tools und Techniken für das wissenschaftliche Arbeiten 33

2.1 Schreibblockaden vermeiden – keine Angst vor dem leeren Blatt 33

2.1.1 Tipps zur Bewältigung von Schreibblockaden 34

2.1.2 Kreativitätstechniken 35

2.2 Selbstmanagement durch Zeitplanung 38

2.2.1 Wichtigkeits-Motivations-Matrix 39

2.2.2 Weitere Tools für Ihr Selbstmanagement 41

2.3 Weniger Stress - mehr Gelassenheit - höhere Leistungsfähigkeit 43

2.3.1 Strategien zur Stressbewältigung 44

2.3.2 Entspannungsübungen ... 46
2.4 Speed Reading – schneller lesen, Zeit sparen ... 47
2.4.1 Funktionsweise von Speed Reading ... 49
2.4.2 Lesetechniken und Methoden des Speed Readings ... 50
2.4.3 Externe und interne Leseumgebung ... 54
3 Von der Idee zur fertigen wissenschaftlichen Arbeit ... 57
3.1 Der Weg zur Themenstellung leicht gemacht ... 57
3.1.1 Das passende Thema finden ... 57
3.1.2 Die „zentrale" Forschungsfrage ... 59
3.1.3 Konzept als schriftlicher Arbeitsplan ... 62
3.2 Die richtige Literatur zum Thema ... 65
3.2.1 Literaturüberblick verschaffen ... 65
3.2.2 Passende Literatur auswählen ... 73
3.3 Wissenschaftliche Arbeiten logisch gliedern ... 74
3.3.1 Kernbestandteile einer wissenschaftlichen Arbeit ... 74
3.3.2 Allgemeine Gliederungsgrundsätze ... 79
3.3.3 Eine Argumentationslinie finden ... 80
3.4 Formale Richtlinien einhalten ... 82
3.4.1 Ordnungsschema wissenschaftlicher Arbeiten ... 83
3.4.2 Basisformatierungen ... 85
3.4.3 Schriftbezogene Formatierungen ... 86
3.4.4 Abbildungen und Tabellen ... 87
3.4.5 Verzeichnisse ... 88
3.5 Der wissenschaftliche Stil und Sprachregeln ... 89
3.5.1 Zielsetzungen des Schreibstils ... 90
3.5.2 Geschlechtsspezifische Sprache („Gendern") ... 92
3.5.3 Die wichtigsten Sprachregeln auf einen Blick ... 93
3.5.4 Negativbeispiel und Lösungsansatz ... 94
3.6 Richtiges Zitieren ... 96

3.6.1 Zitierfähige und nicht zitierfähige Quellen ... 97
3.6.2 Zitierweise im Text: Direkte und indirekte Zitate ... 98
3.6.3 Sonstige Zitierhinweise im Text ... 100
3.6.4 Zitierweise im Literaturverzeichnis ... 101
3.6.5 Überblick ausgewählter Literaturverwaltungsprogramme ... 105
3.7 Zusammenfassende Tipps ... 106
4 Praxis empirischer Sozialforschung und Begrifflichkeiten ... 109
4.1 Allgemeine Grundlagen empirischer Forschung ... 109
4.1.1 Ziele und Aufgaben der empirischen Sozialforschung ... 110
4.1.2 Ablauf empirischer Untersuchungen ... 111
4.1.3 Qualitative oder quantitative Methode? ... 116
4.2 Statistische Grundlagen und Begriffe empirischer Forschung ... 120
4.2.1 Variablen und Daten ... 120
4.2.2 Hypothesen ... 121
4.2.3 Skalenniveaus ... 123
4.2.4 Theorie und Modell ... 125
5 Angewandte qualitative Sozialforschung ... 127
5.1 Wissenswertes zur qualitativen Sozialforschung ... 127
5.1.1 Besonderheiten der qualitativen Forschung ... 127
5.1.2 Gütekriterien qualitativer Forschung ... 129
5.1.3 Durchführung qualitativer Studien ... 130
5.2 Ausgewählte qualitative Erhebungsmethoden ... 132
5.2.1 Qualitatives Interview ... 132
5.2.2 Textanalyse ... 144
5.2.3 Artefaktanalyse ... 150
5.2.4 Beobachtungsanalyse ... 151
5.3 Fallbeispiele qualitativer Forschungsprojekte ... 152
6 Angewandte quantitative Sozialforschung ... 157
6.1 Wissenswertes zur quantitativen Sozialforschung ... 157

6.1.1 Hauptziele quantitativer Untersuchungen ... 158
6.1.2 Durchführung quantitativer Studien ... 159
6.1.3 Gütekriterien quantitativer Forschung ... 161
6.2 Ausgewählte quantitative Erhebungsmethoden ... 162
6.2.1 Befragung ... 162
6.2.2 Beobachtung ... 165
6.2.3 Experiment ... 167
6.2.4 Panel ... 169
6.3 Auswertung quantitativer Daten mittels SPSS ... 171
6.3.1 Univariate Auswertungen ... 171
6.3.2 Bivariate Auswertungen ... 174
6.3.3 Multivariate Auswertungen ... 179
6.4 Fallbeispiele quantitativer Forschungsprojekte ... 186
6.4.1 Projekt 1 - quantitative Beobachtung ... 186
6.4.2 Projekt 2 - Kühlschranktypologie ... 187
7 Fragebogenkonstruktion und Stichprobenplanung ... 191
7.1 Erstellung eines Fragebogens ... 191
7.1.1 Fragebogeninhalt ... 192
7.1.2 Fragenformulierung ... 193
7.1.3 Layout eines Fragebogens ... 196
7.1.4 Skalierungen ... 197
7.2 Stichprobenplanung ... 201
7.2.1 Grundgesamtheit und Stichprobe ... 202
7.2.2 Totalerhebung oder Stichprobenerhebung? ... 203
7.2.3 Optimaler Stichprobenumfang ... 207
7.2.4 Tipps zur Durchführung ... 209
7.3 Praktische Beispiele ... 210
7.3.1 Fragebogen Fallbeispiel A ... 210
7.3.2 Fragebogen Fallbeispiel B ... 213

8 Erstellung und Abgabe der Endfassung 219

8.1 Korrektur- und Beurteilungsphase 219

8.1.1 Erstellung der vorläufigen Endfassung 219

8.1.2 Korrekturen durchführen und Feedback einarbeiten 220

8.1.3 Mit Kritik richtig umgehen 220

8.1.4 Gebundene Endfassung abgeben 222

8.1.5 Beurteilung und Verfassen des Gutachtens 222

8.2 Formulare und andere administrative Anforderungen 222

8.2.1 Eidesstattliche Erklärung 223

8.2.2 Sperrvermerk 223

8.2.3 Ansuchen um Approbation 224

8.2.4 Sonstiges 225

8.3 Wie wird eine wissenschaftliche Arbeit beurteilt? 225

8.4 Wie kann ich meine wissenschaftliche Arbeit verwerten? 227

9 Exkurs: Antworten auf häufig gestellte Fragen 231

9.1 Start 231

9.1.1 Themensuche 231

9.1.2 Grundrecherche 232

9.2 Vorbereitung 233

9.2.1 Forschungsfrage 233

9.2.2 Literaturrecherche 233

9.2.3 Grobkonzept 235

9.2.4 Betreuer suchen 235

9.3 Bearbeitung 236

9.3.1 Theorieteil 236

9.3.2 Forschungsdesign 236

9.3.3 Empirische Untersuchung 237

9.3.4 Rohfassung 237

9.4 Korrektur und Begutachtung 238

9.4.1 Korrigierte Fassung ... 238
9.4.2 Endfassung ... 238
9.4.3 Gutachten ... 238
9.5 Anmerkungen ... 239
Literaturverzeichnis ... 241
Stichwortverzeichnis ... 245

Abbildungsverzeichnis

Abbildung 1-1: System der Wissenschaften und die Betriebswirtschaftslehre 8
Abbildung 1-2: Wissenschaftlicher Erkenntniskreislauf 9
Abbildung 1-3: Hempel-Oppenheim-Schema 11
Abbildung 1-4: Totalmodell nach Howard und Sheth (1969) 14
Abbildung 1-5: Partialmodell der Kaufentscheidung 14
Abbildung 1-6: Idealtypischer Ablauf einer wissenschaftlichen Arbeit 16
Abbildung 1-7: Seitenränder und Papierformat einstellen 20
Abbildung 1-8: Formatvorlagen ändern 21
Abbildung 1-9: Überschriften formatieren 22
Abbildung 1-10: Überschrift der Grafik 23
Abbildung 1-11: Seitenumbrüche einstellen 24
Abbildung 1-12: Seitenzahlen formatieren 25
Abbildung 1-13: Inhaltsverzeichnis erstellen 26
Abbildung 1-14: Abbildungs- und Tabellenverzeichnis erstellen 27
Abbildung 2-1: Wichtigkeits-Motivations-Matrix 39
Abbildung 2-2: Durchschnittliches Leistungsmaximum im Tagesverlauf 40
Abbildung 3-1: Vorlage für Ideensammlung 58
Abbildung 3-2: Fünf mögliche Fragetypen als geeignete Forschungsfrage 61
Abbildung 3-3: Argumentationskette zur Beantwortung der Forschungsfrage 78
Abbildung 3-4: Arbeitslosenquoten in EU Ländern 88
Abbildung 4-1: Ablauf empirischer Untersuchungen 112
Abbildung 4-2: Kaufentscheidungsmodell nach Howard und Sheth (1969) 126
Abbildung 5-1: Idealtypische Vorgehensweise bei qualitativen Studien 130
Abbildung 5-2: Möglichkeiten der qualitativen Einzelinterviewführung 133
Abbildung 5-3: Methodischer Steckbrief 136
Abbildung 5-4: Ablauf narrativer Interviews 137
Abbildung 5-5: Vorgehensweise beim problemzentrierten Interview 141
Abbildung 6-1: Quartilabstände 173
Abbildung 6-2: Chi-Quadrat-Test 175
Abbildung 6-3: Kreuztabelle 176
Abbildung 6-4: T-Test bei unabhängigen Stichproben 177
Abbildung 6-5: Diskriminanzanalyse 181
Abbildung 6-6: Beispiel Faktorenanalyse 182
Abbildung 6-7: Beispiel Clusteranalyse 184
Abbildung 6-8: Beispiel Beobachtungsprotokoll 186
Abbildung 6-9: Kühlschrankdeskription 188
Abbildung 7-1: Beispiel Kontaktprotokoll 193
Abbildung 7-2: Nominalskala 198
Abbildung 7-3: Beispiel Ratingskala 198
Abbildung 7-4: Beispiel Rankingskala 199

Abbildung 7-5: Verbale Skala ... 199
Abbildung 7-6: Beispiel für eine grafische Skala ... 200
Abbildung 7-7: Gesichterskala ... 200
Abbildung 7-8: Beispiel für eine bipolare Skala ... 201
Abbildung 7-9: Unterteilung von Stichproben ... 204
Abbildung 7-10: Beispiel Quotenblatt ... 206
Abbildung 7-11: Gauss´sche Glockenkurve ... 208
Abbildung 8-1: Eidesstattliche Erklärung ... 223
Abbildung 8-2: Ansuchen um Approbation ... 224
Abbildung 9-1: Idealtypischer Ablauf einer wissenschaftlichen Arbeit ... 231

Tabellenverzeichnis

Tabelle 1-1: Unterschiede zwischen wissenschaftlicher Arbeit und Belletristik ... 3
Tabelle 2-1: Aufgaben-Prioritäten-Matrix ... 41
Tabelle 2-2: Lesegeschwindigkeit und Textverständnis ... 48
Tabelle 2-3: Lesetypen und Lesegeschwindigkeiten ... 48
Tabelle 3-1: Hochschulbibliotheken in Deutschland ... 69
Tabelle 3-2: Unterschiede im Schreibstil wissenschaftliche Arbeit & Belletristik .. 90
Tabelle 4-1: Unterschiede empirische Sozialforschung und Alltagswissen ... 110
Tabelle 4-2: Vor- und Nachteile qualitativer Methoden ... 118
Tabelle 4-3: Vor- und Nachteile quantitativer Methoden ... 118
Tabelle 4-4: Überblick über die vier Skalenniveaus ... 125
Tabelle 7-1: Checkliste Fragebogen ... 209

1 Grundlagen des wissenschaftlichen Arbeitens und der Wissenschaftstheorie

1.1 Was ist eine wissenschaftliche Arbeit?

In jedem Studium, egal ob es sich um ein Bachelor-, Master- oder Doktoratsstudium handelt, schreibt die Gesetzgebung vor, dass es für einen erfolgreichen Abschluss erforderlich ist, eine wissenschaftliche Arbeit zu verfassen. Diese soll an speziellen Richtlinien orientiert sein, welche meist von der jeweiligen Hochschule vorgegeben werden.

Während des Studiums werden Studierende schon auf diese Abschlussarbeiten vorbereitet, indem sie laufend schriftliche Arbeiten verfassen, wie Seminar- und Projektarbeiten. Mit dem Fortgang des Studiums steigen meist der Umfang und der Anspruch an diese Arbeiten. Nach und nach wird mehr Selbstständigkeit verlangt, bis es schließlich gilt, eine eigenständige wissenschaftliche Arbeit zu schreiben. Nachfolgend wird erläutert, wodurch sich eine solche von einem belletristischen Werk unterscheidet und welche Typen einer wissenschaftlichen Arbeit es grundsätzlich gibt.

1.1.1 Belletristik versus wissenschaftliche Arbeit

Vergleicht man eine wissenschaftliche Arbeit mit einem belletristischen Werk, wie z.B. einem Harry-Potter-Buch, so zeigen sich grundlegende Unterschiede. Einer der wichtigsten Unterschiede liegt darin, dass bei ersterer nicht die eigene Meinung im Vordergrund steht, sondern ein möglichst sachliches, objektives Arbeiten. Beim wissenschaftlichen Schreiben ist es somit wichtig, sich durch logisches und systematisches Vorgehen an diese Objektivität anzunähern, d.h. Werturteile und unreflektierte, persönliche Annahmen zu vermeiden.

Beispiel
„Man soll beim Lernen keine Musik hören!"
Unrichtig, weil: persönliche Annahme, die nicht für alle Studierenden Gültigkeit hat, da manche Menschen eventuell lieber bei Musik lernen!

Unreflektierte eigene Meinungen sollten zwar vermieden werden, dies bedeutet aber auf keinen Fall, dass man beim wissenschaftlichen Arbeiten zu einem Thema keine Stellung beziehen darf! Vielmehr sollen getroffene Aussagen, auch jene, die auf Sekundärliteratur basieren, kritisch reflektiert, bewertet und kommentiert werden. Diese persönlichen Bewertungen müssen sich am Text orientieren und sollen für andere Leser nachvollziehbar sein. Man spricht in diesem Zusammenhang von literaturgestützter Argumentation. Wichtig ist, dass wissenschaftliche Arbeiten keine themenbezogenen Literaturcollagen sind. Eine Literaturcollage reiht Absatz-Zitat an Absatz-Zitat, ohne dabei kritisch zu vergleichen oder die Aussagen zu kommentieren. Solche lehrbuchartigen, unfokussierten Zusammenstellungen von Wissen sind in einer wissenschaftlichen Arbeit unbedingt zu vermeiden!

Beispiel für eine Literaturcollage

Virales Marketing verfolgt das Ziel, mittels Streuung und Platzierung von Werbebotschaften und Informationen quasi kostenlos eine exponentielle Wachstumsrate im Netz zu erreichen (Kollmann, 2001, S. 185).

Den kreativen Wegen, potenzielle Kunden zu animieren, das Produkt oder die Leistung weiterzuempfehlen, sind keine Grenzen gesetzt. Unternehmen haben die Macht der Onlinekommunikation entdeckt und können diese unterstützend für ihre Werbemaßnahmen einsetzen (Sarel, 2002, S. 118).

Virales Marketing ist weder Empfehlungsmarketing noch Mundpropaganda-Marketing. Es konzentriert sich vielmehr auf die Weiterleitungsmechanismen. Ziel ist die Verbreitung von Werbebotschaften (Röthlingshöfer, 2008).

Des Weiteren muss aus der gewählten Themenstellung ein Problembezug erkennbar sein. Im Detail heißt das für die Studierenden, dass sie beim wissenschaftlichen Arbeiten zwei grundlegende Zielsetzungen verfolgen sollen:

1. Den Gewinn neuer Erkenntnisse
2. mit praktischer Nützlichkeit (= Pragmatik) zu verbinden!

Beispiel

Eine nicht-problembezogene Zusammenstellung von Wissen gilt keinesfalls als wissenschaftliche Arbeit, wie z.B. „Marketing von Handelsbetrieben" oder „Controlling in Großkonzernen". Diese systematische, deskriptive Zusammenstellung von Literatur zwecks Problemdarstellung ist nur zulässig, wenn eine Fallbeispiel-Analyse gemacht wird. Sonst wird die Zielsetzung der praktischen Nützlichkeit, vor allem für externe Zielgruppen oder Auftraggeber, nicht erfüllt.

Beim wissenschaftlichen Schreiben handelt es sich generell um ein nachvollziehbares Arbeiten. Jeder Schritt soll intersubjektiv nachvollziehbar sein, die Leser sollen wissen, wie Aussagen zustande gekommen sind (*intersubjektive Prüfbarkeit der Ergebnisse*). Deshalb empfiehlt sich eine systematische Vorgehensweise, in welcher zuerst Kriterien zum geplanten Ablauf des Verfassens der wissenschaftlichen Arbeit festgelegt werden und diese methodische Vorgehensweise dann dementsprechend erläutert wird. Diese systematische Vorgehensweise erfordert zunächst eine präzise, klar definierte Zielsetzung, die sogenannte Forschungsfrage. Man könnte auch sagen, dass es sich bei einer wissenschaftlichen Arbeit um nichts anderes handelt als um einen verschriftlichten

Argumentationsvorgang, der zum Ziel hat, eine problembezogene Fragestellung, die Forschungsfrage, zu beantworten. Im Gegensatz dazu steht bei schöngeistiger Literatur (Belletristik) der Unterhaltungswert im Vordergrund.

Des Weiteren gilt es zu beachten, dass das gewählte Thema und die Erkenntnisse auch für andere relevant sein sollen. Man spricht in diesem Zusammenhang von einer *überindividuellen Relevanz der Forschungsergebnisse* für externe Zielgruppen oder aber auch von einer *Generalisierbarkeit der Ergebnisse*. Hingegen steht bei belletristischen Werken das Interesse des Lesers über der Relevanz des Inhaltes.

Die nachfolgende Tabelle 1-1 zeigt zusammenfassend die wesentlichsten Unterschiede zwischen einer wissenschaftlichen Arbeit und einem belletristischen Werk auf.

Tabelle 1-1: *Unterschiede zwischen wissenschaftlicher Arbeit und Belletristik*

Wissenschaftliche Arbeit	Belletristisches Werk
Sachlicher, objektiver Stil	Flüssiger, meist subjektiver Stil
Erkenntnisgewinn steht im Vordergrund	Unterhaltungswert steht im Vordergrund
Nachvollziehbares Arbeiten	Leser weiß nicht, wie der Autor zum Inhalt kommt
Überindividuelle Relevanz der Ergebnisse mit praktischer Nützlichkeit	Interesse am Inhalt steht im Vordergrund, nicht die Pragmatik
Behandelt reale Phänomene	Behandelt Fiktives oder Reales
Inhalt und Argumente sind literaturgestützt	Meist werden keine Literaturquellen angegeben
Systematisches Bearbeiten der Themenstellung	Aufbereitung des Inhaltes liegt im Ermessen des Autors

1.1.2 Typen einer wissenschaftlichen Arbeit

Im Zuge des Bologna-Prozesses, der die freiwillige Vereinheitlichung von Studien und Studienabschlüssen in Europa zum Ziel hat, haben bis dato die meisten deutschen und österreichischen Hochschulen ihr gesamtes Studienangebot auf ein dreigliedriges Studiensystem umgestellt, welches aus folgenden Stufen besteht:

- Bachelorstudium: mit einer Regelstudienzeit von sechs Semestern, kann aber je nach Hochschule bis zu acht Semester dauern,
- Masterstudium: mit zwei bis vier Semestern, abhängig vom Fachgebiet sowie der Hochschule und
- Doktoratsstudium: mit einem Richtwert von sechs Semestern, wobei es keine „Regelstudienzeit" gibt.

Um einen Abschluss an einer Hochschule zu erlangen, ist es erforderlich, eine dem Grad entsprechende wissenschaftliche Arbeit zu verfassen. Beim Bachelorstudium, d.h. zur Erlangung des Grades eines Bachelors, ist es erforderlich, eine, an manchen Hochschulen auch zwei Bachelorarbeiten abzufassen. Beim Masterstudium wird eine Masterarbeit verfasst. Zur Erlangung des Doktortitels wird eine Doktorarbeit (Dissertation) geschrieben. Studienbegleitend werden während der gesamten Studienzeit regelmäßig Seminararbeiten als Vorbereitung für diese Abschlussarbeiten verfasst.

1.1.2.1 Seminararbeiten

Seminararbeiten konzentrieren sich in der Regel auf die theoretische Ausarbeitung eines speziellen Themas innerhalb eines breiteren Themenspektrums. Dieser abgrenzte Bereich kann entweder vorgegeben oder auch frei gewählt werden. Eine Schwerpunktsetzung ist dabei notwendige Voraussetzung.

Diese Arbeiten können entweder als Einzel- oder als Gruppenarbeiten verfasst werden. Sie dienen der wissenschaftlichen und fachlichen Diskussion und sollten daher nach den in der Wissenschaft üblichen Regeln abgefasst werden. Vor allem eine themenspezifische Literatursuche und das richtige Zitieren bilden dabei die Basis für einen qualitätsvollen Beitrag. Die logische Gliederung und die formal korrekte Gestaltung sind weitere Grundvoraussetzungen, die es bei Seminararbeiten zu berücksichtigen gilt. Hinsichtlich des Seitenumfanges gibt es keine gängigen Richtlinien, diese werden normalerweise vom Lehrveranstaltungsleiter vorgegeben. Dasselbe gilt für die Layoutierung einer Arbeit. Sollte es diesbezüglich keine Richtlinien geben, so gilt: Je ansprechender und ordentlicher, desto besser, da der erste Eindruck meist unbewusst in die Beurteilung mit einfließt.

1.1.2.2 Bachelor- und Masterarbeiten

Die Bachelorarbeiten werden im Rahmen des sechssemestrigen Bachelorstudiums abgefasst, die Masterarbeit ist jene wissenschaftliche Arbeit, welche bei einer anschließenden Masterausbildung geschrieben wird.

Bachelorarbeit

An den meisten Hochschulen sind in Bachelorstudiengängen im Rahmen von zwei unterschiedlichen prüfungsimmanenten Lehrveranstaltungen zwei eigenständige schriftliche Arbeiten anzufertigen. Für diese gelten die den jeweiligen Lehrveranstaltungen entsprechenden Prüfungskriterien. Bei diesen Bachelorarbeiten handelt es sich um fachspezifische Arbeiten, durch die der Studierende die Fähigkeit nachweist, innerhalb einer vorgeschriebenen Zeit und in einem bestimmten Umfang eigenständig ein ausbildungsrelevantes Thema nach wissenschaftlichen Methoden zu bearbeiten.

Eine gemeinsame Bearbeitung eines Themas durch mehrere Studierende ist nur dann möglich, wenn die Leistungen der einzelnen Studierenden gesondert beurteilbar bleiben. Hierbei handelt es sich um eine inhaltlich und formal korrekte wissenschaftliche

Leistung, welche dem theoretischen bzw. auch dem methodischen Niveau des jeweiligen Fachgebietes entspricht.

Bei Bachelorarbeiten wird ein Thema aus einem inhaltlichen Schwerpunkt der jeweiligen Studienrichtung vertiefend bearbeitet. Dies kann entweder in Form einer reinen Literaturarbeit erfolgen oder empirisch praxisorientiert, d.h. es wird ein empirisches Forschungsprojekt, wie beispielsweise eine Fragebogenerhebung oder eine Fokusgruppendiskussion, inkludiert. Die jeweilige Hochschule bestimmt den Umfang dieser Arbeiten sowie in welchem Semester diese verfasst werden und welche speziellen Richtlinien es zu beachten gilt.

Die positive Bewertung der Bachelorarbeiten sowie der positive Abschluss aller Lehrveranstaltungen des sechsten Semesters sind Voraussetzungen für die Zulassung zur abschließenden Bachelorprüfung.

Masterarbeit

Zum erfolgreichen Abschluss des Masterstudiums ist eine Masterarbeit abzufassen. Der Studierende erbringt damit den Nachweis, dass er in der Lage ist, selbstständig wissenschaftlich zu arbeiten, und die dafür notwendigen inhaltlichen und methodischen Kenntnisse aufweist. Dabei gilt es auch formale und inhaltliche Richtlinien einzuhalten, die die jeweilige Hochschule vorgibt. Die Themenstellung der Masterarbeit ist so zu wählen, dass für die Studierenden die Bearbeitung innerhalb von sechs bis neun Monaten möglich und zumutbar ist. Die gemeinsame Bearbeitung eines Themas durch mehrere Studierende ist zulässig, wenn die Leistungen der einzelnen Studierenden gesondert beurteilbar bleiben.

Das Thema ist einem der im Studienplan festgelegten Prüfungsfächer zu entnehmen. Der Studierende kann das Thema selber wählen oder aus Vorschlägen des Betreuers, der Hochschule oder eines externen Auftraggebers auswählen.

Die Arbeit soll dem aktuellen Stand der Wissenschaft und den Anforderungen der Praxis entsprechen. Die meisten Hochschulen verlangen empirisch praxisorientierte Arbeiten (Empirische Arbeit), indem qualitative und/oder quantitative Sozialforschungsmethoden angewandt werden, wie zum Beispiel eine Befragung, Beobachtung, Experteninterviews etc.

Generell können fünf verschiedene Masterarbeitstypen unterschieden werden:

- Vorarbeit
- Hypothesengenerierung
- Hypothesenprüfung
- Generierung von Handlungsempfehlungen
- Überprüfung von Handlungsempfehlungen

Diese fünf Typen können auch untereinander kombiniert werden. Dabei gilt, je mehr davon herangezogen werden, desto inhaltlich vollständiger ist die Forschungsarbeit. Die Masterarbeit kann als *Vorarbeit* für weiterführende Forschungstätigkeit verfasst werden, wie beispielsweise Dissertationsprojekte oder sonstige weiterführende Untersuchungen. Es können im Zuge der Literatursichtung und *Forschungsarbeit Hypothesen* (= Annahmen über einen Sachverhalt) *generiert* und/oder *überprüft* werden. Weitere Alternativen beim Verfassen von Masterarbeiten sind *Handlungsempfehlungen* zu *generieren* oder bereits bestehende *Handlungsempfehlungen* zu *überprüfen*, zu bewerten und zu kommentieren.

Für welchen und für wie viele dieser Typen man sich entscheidet, hängt von der gewählten Themenstellung ab. Es eignet sich nicht jeder Typ für jedes Thema!

Beispiel
Als Themenstellung wird gewählt: „Effiziente Platzierung von Süßwaren am POS im Lebensmitteleinzelhandel". Als alternative Bearbeitungsmöglichkeiten kommen folgende Typen in Frage: die Vorarbeit und/oder die Generierung von Handlungsempfehlungen. Für diese Themenstellung ist eine empirische Untersuchung unumgänglich, wie zum Beispiel eine standardisierte Beobachtung oder eine quantitative Kundenbefragung in einem Lebensmittelgeschäft.

1.1.2.3 Dissertationen

Im Rahmen des Doktoratsstudium ist eine Dissertation abzufassen. Bei dieser wissenschaftlichen Arbeit steht der Nachweis, einen selbstständigen Beitrag zur wissenschaftlichen Forschung zu erbringen, im Mittelpunkt. Eine Erweiterung des bisherigen Bestandes an wissenschaftlichen Erkenntnissen soll stattfinden. Dies drückt sich hauptsächlich in der selbstständigen Themenwahl und der Untersuchungsplanung aus. Das Thema ist einem der im Studienplan festgelegten Prüfungsfächer zu entnehmen und sollte idealerweise eine Forschungslücke aufgreifen. Selbstständiges wissenschaftliches Arbeiten auf hohem Niveau steht hier im Vordergrund, dafür sind weitreichende inhaltliche und methodische Kenntnisse notwendig. Beim Verfassen der Dissertation gilt es formale Richtlinien einzuhalten, die die jeweilige Hochschule vorgibt. Diese umfangreiche Forschungsarbeit nimmt mindestens zwei bis drei Jahre in Anspruch, nach oben gibt es normalerweise keine Richtlinien.

Eine Dissertation belegt, dass der Studierende ausgehend von einer klar definierten und abgegrenzten Fragestellung eigenständige und innovative Forschungsarbeit geleistet hat. Dazu gehören die selbstständige, argumentative und methodisch kohärente Bearbeitung des gewählten Themas sowie kritische Begriffsarbeit und Auseinandersetzung mit dem aktuellen Forschungsstand. Sie kann entweder als reine Literaturarbeit erfolgen oder empirisch praxisorientiert. Dabei empfiehlt es sich, in einer Methode zu vertiefen. Im Rahmen dieser wissenschaftlichen Arbeit kann Grundlagenforschung betrieben werden, d.h. Elementarwissen für weitergehende Forschung zu schaffen. Der Erkenntnisgewinn sowie die selbstständige Bearbeitung einer wissenschaftlichen Problemstellung stehen im Vordergrund.

1.2 Wissenschaftstheoretische Grundlagen und Begriffsklärungen

Zu hochschulischem Wissen gehört unter anderem ein grundlegendes Verständnis der Wissenschaftstheorie und ihrer zentralen Begriffe. Außerdem sollte jeder Studierende wissenschaftstheoretisch erklären können, wie es zu einem Erkenntnisgewinn kommt, was man zum Beispiel unter einem realtheoretischen Wissenschaftsverständnis versteht und welche Elemente in einem wissenschaftlichen Erkenntniskreislauf zusammenspielen.

1.2.1 Aufgaben der Wissenschaftstheorie und Betriebswirtschaftslehre

Die Wissenschaftstheorie kann ganz einfach als „Lehre von der Wissenschaft" bezeichnet werden, d.h. sie formuliert Aussagen über die Wissenschaft. Wissenschaft ist die Erweiterung des Wissens durch Forschung und seine Weitergabe durch Lehre. Mittels Lehre werden ein Überblick über das Wissen eines Forschungsfelds sowie der aktuelle Stand der Forschung weitergegeben. Forschung wiederum ist die methodische Suche nach neuen Erkenntnissen sowie deren systematische Dokumentation und Veröffentlichung in Form von wissenschaftlichen Arbeiten.

Die Beschäftigung mit wissenschaftstheoretischen Problemen, vor allem jenen, die die Entwicklung wissenschaftlicher Kenntnisse und Methoden betreffen, reicht bis in die Antike, zu Platons Schüler Aristoteles (384-322 v. Chr.), zurück. Dem griechischen Philosoph sind entscheidende Schritte in der Entwicklung der Erkenntnis gelungen. Weiterführende Untersuchungen zu Teilproblemen der Wissenschaftstheorie finden sich bei Philosophen wie Francis Bacon, Descartes, Leibniz, Diderot, Kant, Fichte oder Hegel. Wissenschaft wird in diesen Untersuchungen vorwiegend als System wissenschaftlicher Erkenntnisse verstanden, und Wissenschaftstheorie ist in diesem Sinne eng mit Erkenntnistheorie und Methodologie verbunden. Sie stützt sich auf die Ergebnisse von Untersuchungen zur Wissenschaft, die aus der Sicht der einzelnen Wissenschaftsdisziplinen gewonnen werden, wie z. B. Ökonomie, Soziologie oder Psychologie.

Die nachfolgende Abbildung 1-1 verdeutlicht die Stellung der Betriebswirtschaftslehre im Rahmen der Wissenschaftssystematik. Sie versteht sich als Teildisziplin der Kulturwissenschaften, neben Sozialpsychologie, Soziologie, Politologie etc., und wird der Ökonomie (= Wirtschaftswissenschaft) zugeordnet.

Abbildung 1-1: System der Wissenschaften und die Betriebswirtschaftslehre

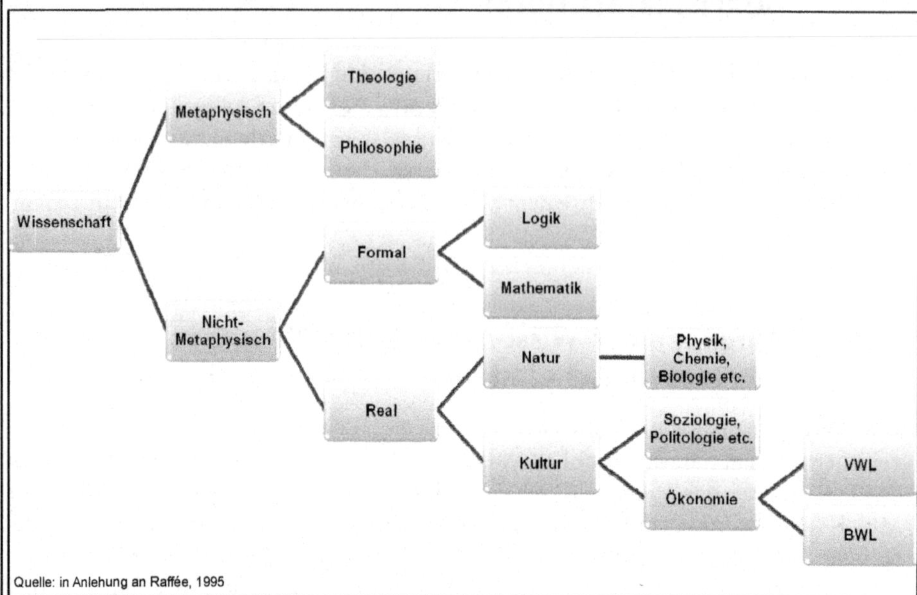

Quelle: in Anlehung an Raffée, 1995

Der Problembereich der Ökonomie erstreckt sich auf die planvolle Versorgung der Menschen mit knappen Gütern. Die Betriebswirtschaftslehre beschäftigt sich mit der Weitergabe von Forschungsergebnissen und Erfahrungen im Forschungsprozess innerhalb dieses Bereichs. Damit diese weitergegebenen Botschaften auch anschlussfähig sind, ist dieser Forschungsprozess regelgeleitet. Generell werden dabei zwei Hauptzielsetzungen verfolgt:

1. Erkenntnisgewinn: d.h. ein Streben nach neuen Erkenntnissen bei ständiger Orientierung an Wahrheit. Die Forscher gehen dabei ihrer intellektuellen Neugier nach.
2. Gestaltung (pragmatisches Ziel): Die gewonnenen Erkenntnisse sollen nützlich und verwertbar sein. Dabei steht die Nützlichkeit für externe Zielgruppen (Auftraggeber, Institute, Unternehmen etc.) im Vordergrund.

Werden beide Zielsetzungen verfolgt, spricht man von einem *realtheoretischen Verständnis der Wissenschaft;* der Forscher strebt danach, Erkenntnisgewinn mit praktischer Nützlichkeit zu verbinden.

Geht man der Frage nach, welche Zielsetzungen die Betriebswirtschaftslehre verfolgt, dann werden auch in dieser Wissenschaft theoretische Erkenntnisse gewonnen, die von praktischem Nutzen sein sollen. Bei dem zu erforschenden Erkenntnisobjekt handelt es sich um die Betriebswirtschaft, das Erfahrungsobjekt ist der Betrieb. Ziele sind dabei die Beschreibung und Erklärung, aber auch die konkrete Unterstützung der Entscheidungsprozesse in Unternehmen.

1.2.2 Wissenschaftlicher Erkenntniskreislauf

Die Frage, wie es überhaupt zu wissenschaftlicher Erkenntnis kommt, kann am besten mit dem nachfolgend dargestellten Erkenntniskreislauf erklärt werden. Dieser wird durch vier zentrale Elemente charakterisiert, die miteinander in Zusammenhang stehen und voneinander abhängen:

- Welt: dieses Element wird repräsentiert durch jene, die die Rahmenbedingungen für die Forschung vorgeben, wie z.B. die Scientific Community, diverse Institutionen, Unternehmen, Auftraggeber, Betreuer etc.
- Erkennendes Subjekt: sind die Forscher, die sich einer bestimmten Themenstellung widmen. Im Fall der wissenschaftlichen Abschlussarbeit sind es die Studierenden.
- Gegenstand der Erkenntnis: der zu erforschende Themenbereich, das Thema, welches für die Forschungsarbeit gewählt wird.
- Erkenntnis und Wissen: die aus der Forschungsarbeit gewonnenen Erkenntnisse sowie das bereits vorhandene begründete Wissen.

Abbildung 1-2: *Wissenschaftlicher Erkenntniskreislauf*

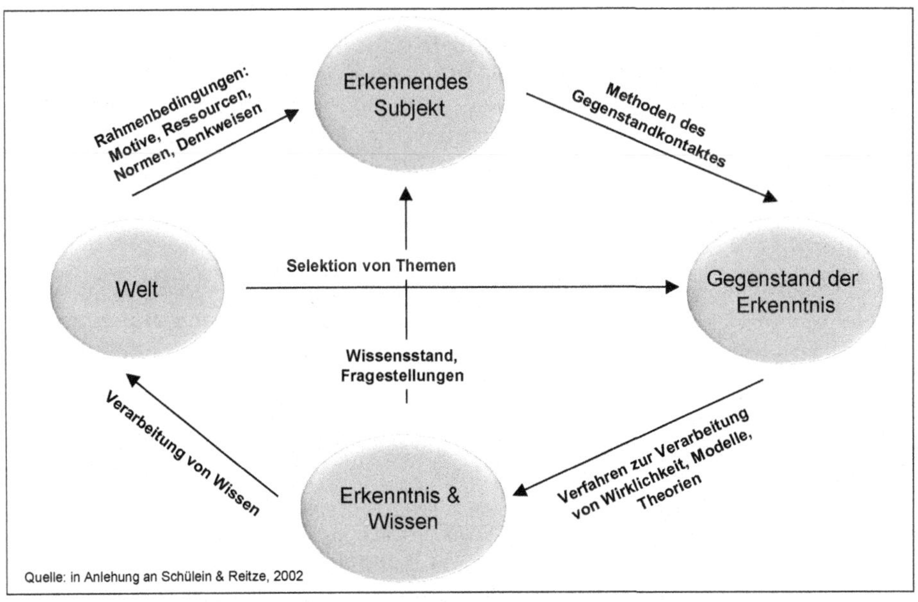

Quelle: in Anlehung an Schülein & Reitze, 2002

Der Forscher (*erkennendes Subjekt*) beginnt seine Forschungsarbeit damit, dass er einer bestimmten Problemstellung, welche seine intellektuelle Neugier geweckt hat, gegenübersteht. Diese Problemstellung kann einerseits von jemandem vorgegeben werden, wie z.B. von einem externen Auftraggeber, oder aber auch an bisherige Forschungsarbeiten anknüpfen (*Erkenntnis und Wissen*). Der aktuelle Stand des Wissens wird vom Forscher aufgegriffen und darauf aufgebaut. Jeder Forscher hat eine bestimmte Wissenschaftsauffassung und verwendet vorgegebene Normen und Ressourcen (*Welt*), die sich in der Art und Weise der Erkenntnisgewinnung manifestieren. Die vom Forscher verwendeten Methoden sind abhängig vom Wissenschaftsziel. Um Erkenntnisse (*Gegenstand der Erkenntnis*) gewinnen zu können, sind Verfahren zur Verarbeitung der Wirklichkeit notwendig. Es werden Theorien verwendet, Modelle herangezogen bzw. aufgestellt und Hypothesen abgeleitet und überprüft. Die gewonnenen Erkenntnisse müssen anschlussfähig sein, sodass sie auf der einen Seite verarbeitet werden können und auf der anderen Seite für anschließende Forschungsarbeiten wieder aufgegriffen werden können.

1.2.2.1 Welt und erkennendes Subjekt

Die wissenschaftliche Praxis hat gezeigt, dass bei den Forschern kein einheitliches wissenschaftliches Grundverständnis besteht. Dieses bestimmt auch die eingesetzten Forschungsmethoden und den Forschungszugang. Vereinfachend lassen sich zwei gegensätzliche Positionen gegenüberstellen, eine realistische und eine konstruktivistische Auffassung.

Realistische Wissenschaftsauffassungen

Die realistische Wissenschaftsauffassung betont als Quelle der Erkenntnis die Realität. Von dieser wird angenommen, dass sie Gesetzmäßigkeiten enthält, die von der Wissenschaft entdeckt und objektiv beschrieben werden können. Um eine Wissenskumulation zu erreichen, sollte man nach Normen vorgehen. Die drei häufigsten Varianten sind der Positivismus, der logische Positivismus und der kritische Rationalismus.

Positivismus

Der Positivismus wurde geprägt von Auguste Comte im Jahre 1830. Er geht davon aus, dass nur jene Erkenntnis gilt, welche positiv demonstrierbar (empirisch nachweisbar) ist. Die Wissenschaft wird als Verfahren der aktiven Induktion (d.h. Schluss vom Einzelfall auf das Allgemeine). Das Ergebnis der Forschung ist eine objektive Erkenntnis. Der empirische Nachweis wird mittels quantifizierenden Methoden gebracht, sprich mittels Messung, Experiment und/oder Beobachtung.

Logischer Positivismus

Dieser gilt als Weiterentwicklung des Positivismus, eine zentrale Rolle nimmt dabei das Hempel-Oppenheim-Schema ein. Dieses deduktiv-nomologische Erklärungsmodell erklärt die Entstehung eines singulären Ereignisses (Wirkung) durch Zurückführung auf eine Rahmenbedingung (Ursache) und eine Gesetzesaussage mittels einer Deduktion (d.h. ein Schluss vom Allgemeinen auf den Einzelfall).

Abbildung 1-3: *Hempel-Oppenheim-Schema*

Gesetz (Wenn A, dann B)	Explanans (das Erklärende)
Rahmenbedingung (Jetzt A)	
Logische Ableitung= Deduktion	
Singuläres Ereignis (dann B)	Explanandum (der zu erklärende Sachverhalt)

Beispiel
Warum sind heute alle Studenten müde?
Gesetz: Wenn der Unterricht früh beginnt, dann sind alle Studenten müde!
Jetzt: Der Unterricht hat früh begonnen!
Deduktion -> Dann: Die Studenten sind müde!

Kritischer Rationalismus

Als Begründer des kritischen Rationalismus gilt Sir Karl Popper. Er kritisiert den Positivismus mit seinem Induktionsprinzip, weil sich eine raum-zeitlich fixierte Beobachtung als falsch herausstellen kann. Die Wahrheit einer Erkenntnis ist somit nie definitiv beweisbar. Es gilt, Aussagen auf ihren Wahrheitsgehalt zu überprüfen, d.h. zu falsifizieren (widerlegen) oder zu verifizieren (bestätigen). Dabei kommen zwei Gütekriterien zum Einsatz, die innere Kritik (*wissenschaftslogische Prüfung*) und die äußere Kritik (*Konfrontation mit der Realität*).

Wissenschaft wird als Verfahren der Deduktion (Schluss vom Allgemeinen auf den Einzelfall) aufgefasst, die Erkenntnis unterliegt einer pragmatischen Objektivität (Nützlichkeit). Der kritische Rationalismus arbeitet so wie der Positivismus mit quantifizierenden Methoden. Nach den Regeln der Logik erfolgt eine Ableitung, z.B. von einem bereits bestehenden oder eigens aufgestellten Modell, unter Annahme von Prämissen.

Konstruktivistische Wissenschaftsauffassung

Die konstruktivistische Wissenschaftsauffassung geht davon aus, dass die Wirklichkeit aufgrund persönlicher Erfahrungen, Weltanschauungen, kultureller Werte und weiterer Einflussfaktoren sozial konstruiert ist. Erkenntnisse sind somit nur Artefakte der Individuen. Realität kann daher nie frei von Subjektivität beurteilt werden. Um aber diese subjektiven Wirklichkeiten anderen zugänglich zu machen, empfiehlt es sich, jegliche Vorgehensweisen und Gedankengänge zu dokumentieren und zu begründen oder eine Zusammenarbeit in multidisziplinären Teams zu wählen, d.h. dass die Mitglieder des Forschungsteams interdisziplinär ausgerichtet sind. Letzteres hat den Vorteil, dass ein Forschungsthema aus verschiedenen Blickwinkeln beleuchtet wird. Die bekanntesten Strömungen des Konstruktivismus sind der Relativismus und der symbolische Interaktionismus.

Relativismus

Die wichtigsten Begründer des Relativismus sind Feyerabend, Kuhn und Kant. Sie sind, wie alle Konstruktivisten, der Auffassung, dass Wirklichkeit sozial konstruiert wird und nur Artefakte von Individuen sind. Betont wird die Bedeutung subjektiver Wahrnehmungs- und Bewertungsprozesse, gefordert wird ein Methodenpluralismus und Interdisziplinarität.

Symbolischer Interaktionismus

Der symbolische Interaktionismus beschäftigt sich mit der Interaktion zwischen Personen. Diese Handlungstheorie basiert auf dem Grundgedanken, dass die Bedeutung von sozialen Objekten, Situationen und Beziehungen im symbolisch vermittelten Prozess der Interaktion, wie z.B. der Kommunikation, hervorgebracht wird.

1.2.2.2 Erkennendes Subjekt und Gegenstand der Erkenntnis

Folgt man gängigen wissenschaftstheoretischen Einteilungen, so lassen sich vier Methoden (*Forschungskonzeptionen*) unterscheiden, wie und welche Erkenntnisse gewonnen werden. Sie erheben, abhängig vom Wissenschaftsziel, einen unterschiedlichen Aussagenanspruch.

Wissenschaftliche Begriffsbildung

Diese umfasst die Bildung und Präzisierung von Begriffen und Definitionen. Das Wissenschaftsziel ist die Deskription von Sachverhalten. Begriffliche Präzisierung ist notwendig, da kontinuierlich neue Phänomene auftauchen, wie z.B. Industrie 4.0, Generation Y, uvm. Die Scientific Community bringt der wissenschaftlichen Begriffsbildung keine besondere Anerkennung entgegen, da es nur zu einem sehr geringen wissenschaftlichen Fortschritt kommt. Dennoch ist sie als Basis notwendig und dient als Vorstufe der Erklärung von Phänomenen.

Wirtschaftstheorie

Dieses theoretische Wissenschaftsziel wird häufig als zentrales Anliegen wissenschaftlichen Arbeitens angesehen. Durch erklärende Satzsysteme wird dem „Warum" eines Sachverhaltes nachgegangen. Bezugnehmend auf das deduktiv-nomologische Erklärungsmodell nach Hempel und Oppenheim erfolgen Erklärungen durch Deduktion. Wenn sich die Erklärung auf einen in der Zukunft liegenden Tatbestand bezieht, spricht man von Prognosen. Beide basieren auf Gesetzen und Theorien. Die Aussagen, welche als theoretische Ursache-Wirkungs-Zusammenhänge formuliert werden, sind aufgrund ihrer teilweise mangelnden Übertragbarkeit in die Praxis als kritisch zu beurteilen.

Wirtschaftstechnologie

Dieses pragmatische Wissenschaftsziel versucht Ursache-Wirkungs-Zusammenhänge in Ziel-Mittel-Beziehungen umzulegen. Aus diesen können wertvolle Forschungsresultate und Gestaltungsempfehlungen für die Praxis entstehen.

Beispiel Preiselastizität
Ursache-Wirkung: Wird bei einer elastischen Nachfrage der Preis gesenkt (Ursache), dann steigt die Nachfrage (Wirkung).
Ziel-Mittel: Der Absatz eines Produktes soll erhöht werden (Ziel); somit muss der Preis eines elastischen Produktes gesenkt werden (Mittel).

Wirtschaftsphilosophie

Dieses normative Wissenschaftsziel schließt die Wirtschaftstheorie und -technologie mit ein und versucht verbindliche Verhaltensnormen aufzustellen. Diese normativen Aussagen erheben aber lediglich einen Aufforderungsanspruch und können nur nach ihrer Akzeptanz beurteilt werden.

Beispiel
Man soll als Führungskraft die Mitarbeiter in einem Unternehmen wertschätzen.
Man soll in Hörsälen nicht essen und trinken.

1.2.2.3 Gegenstand der Erkenntnis und Erkenntnis und Wissen

Damit ein Erkenntnisgewinn möglich wird, ist es notwendig, die komplexe wirtschaftliche Realität begreifbar und erforschbar zu machen. Dazu muss die Wissenschaft verarbeitet werden. Eine Theorie ist ein vereinfachtes Bild eines Ausschnitts der Realität, der mit diesem Bild beschrieben und erklärt werden soll. Jeder Theorie liegen mehr oder weniger deutlich ausformulierte Annahmen zugrunde, man spricht auch von einem integrierten Verbund von Hypothesen. Eine Theorie enthält logisch widerspruchsfreie Aussagen über empirisch überprüfbare Zusammenhänge zwischen Variablen. Hypothesen wiederum sind Vermutungen über einen bestimmten Sachverhalt. Sie werden als „wenn-dann"- oder „je-desto"-Sätze formuliert.

Beispiel
Wenn der Preis eines Produktes gesenkt wird, dann steigt der Absatz dieses Produktes.
Je angenehmer der Verkaufsraum eines Geschäftes gestaltet wird, desto länger verweilen die Konsumenten in diesem Geschäft.

Wird eine Theorie mathematisch formalisiert, d.h. eine zu untersuchende Realität wird durch bestimmte Erklärungsgrößen im Rahmen einer Theorie abgebildet, so spricht man von einem Modell. Dieses muss widerspruchsfrei und präzise sein und eine Hypothesenableitung möglich machen. Man unterscheidet grundsätzlich Totalmodelle, die möglichst alle relevanten Größen eines Gesamtzusammenhangs und deren gegenseitige Abhängigkeiten abbilden, und Partialmodelle, die nur einzelne Teilbereiche eines Gesamtzusammenhanges umfassen.

Das Modell nach Howard und Sheth (1969) versucht das Konsumentenverhalten vollständig durch psychische und soziale Prozesse zu erklären (Abb. 1-4).

Abbildung 1-4: *Totalmodell nach Howard und Sheth (1969)*

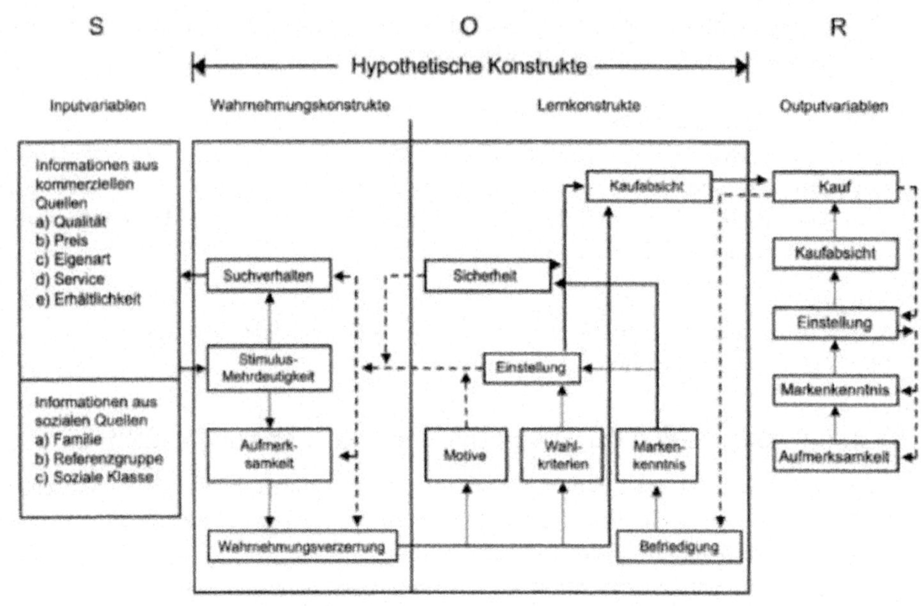

Von einem Partialmodell spricht man, wenn nur ein Teilzusammenhang herausgenommen wird, wenn z.B. das Modell von Howard und Sheth (1969) auf elementare Konstrukte der Kaufsituation reduziert wird (Abb. 1-5).

Abbildung 1-5: *Partialmodell der Kaufentscheidung*

1.2.2.4 Erkenntnis und Wissen zur Welt

Nachdem ein Erkenntnisgewinn mittels eines wissenschaftlichen Forschungsprozesses erzielt werden konnte, muss dieses Wissen auch verarbeitet werden, um anschlussfähig zu bleiben (*Verwertungsperspektive*).

Diese Wissensverarbeitung ist abhängig vom Wissenschaftsziel, je nachdem, ob es sich um ein deskriptives, theoretisches, pragmatisches oder normatives Wissenschaftsziel handelt. Zusätzlich ist sie abhängig von der Wissenschaftsauffassung des Forschers, d.h. ein Realist geht davon aus, dass Erkenntnis nie definitiv beweisbar ist, und bedient sich daher einer wissenschaftslogischen Prüfung und einer Konfrontation mit der Realität. Ein Konstruktivist hingegen versucht durch Abgleichung interner und externer Realität Erkenntnisse zu objektivieren.

1.3 Warum werden wissenschaftliche Arbeiten verfasst?

Als Student hat man sich sicherlich schon das eine oder andere Mal gefragt, warum es überhaupt notwendig ist, wissenschaftliche Arbeiten zu schreiben, und ob es sich dabei nicht eher um Zeitverschwendung handelt. Der Grund dafür ist, dass all diejenigen, die einen Abschluss an einer Hochschule erlangen möchten, gesetzlich verpflichtet sind, eine dem Grad entsprechende wissenschaftliche Arbeit zu verfassen. Dadurch wird ein Nachweis erbracht, dass man sich mit dem aktuellen Stand der Wissenschaft auseinandergesetzt hat und im Stande ist, eigenverantwortlich eine aktuelle Themenstellung zu bearbeiten. Die Studierenden zeigen dadurch, dass sie in der Lage sind, einen Problembereich so zu erfassen, dass eine sinnvolle Bearbeitung innerhalb einer gewissen Zeitspanne möglich ist, und dass sie die gewählte Forschungsfrage hinreichend detailliert beantworten können.

Eine wissenschaftliche Abschlussarbeit ist meist auch das eigene Aushängeschild bei Bewerbungen an weiteren akademischen Einrichtungen oder im Berufsleben und sollte deshalb sorgfältig erstellt werden. Dazu zählen eine systematische und umfassende Bearbeitung der Themenstellung, eine klare Argumentationslinie, eine adäquate sprachliche Ausdrucksweise sowie die Einhaltung formaler Richtlinien. Der Titel der Arbeit sowie der Name des Betreuers werden bei Bewerbungen im Lebenslauf angegeben und können in manchen Fällen Türöffner sein. Deshalb sollten das Thema und der Betreuer gut überlegt gewählt werden.

Wissenschaftliche Arbeiten werden auch gerne verfasst, um Forschungsergebnisse in Forschungsberichten oder entsprechenden Fachzeitschriften zu veröffentlichen. Dadurch kann man sich Reputation in der Scientific Community verschaffen oder sich bei Unternehmen und Institutionen Bekanntheit verschaffen. Vor allem dann, wenn man seine Forschungsergebnisse zusätzlich öffentlich präsentiert, wie z.B. bei Konferenzen, Tagungen, Symposien oder sonstigen Veranstaltungen.

Oftmals wenden sich auch externe Auftraggeber an Hochschulen und fragen bezüglich der Ausarbeitung einer bestimmten Problemstellung an. Dies bietet für die Studierenden eine perfekte Chance, ein Unternehmen näher kennen zu lernen, Kontakte zu knüpfen und nach Abschluss des Studiums dort auch einen Job zu bekommen.

1.4 Wie geht man am besten an die Sache heran?

Steht man nun vor der Herausforderung, eine wissenschaftliche Arbeit zu verfassen, so überlegt man sich zuerst, wie man idealerweise dabei vorgeht. Jeder Mensch hat einen individuellen Arbeitsstil und weiß selber am besten, wie er sich am leichtesten tut. Es gibt daher nicht die „einzig richtige Vorgehensweise", es können nur Empfehlungen gegeben werden. Im folgenden Kapitel wird ein idealtypischer Ablauf für das Verfassen von wissenschaftlichen Arbeiten vorgestellt, der den Schreibprozess erleichtern soll. Zusätzlich werden fundamentale inhaltliche und formale Anforderungen an eine wissenschaftliche Arbeit vorgestellt.

1.4.1 Idealer Ablauf einer wissenschaftlichen Arbeit

Beim Verfassen einer wissenschaftlichen Arbeit empfiehlt es sich, einen gewissen Ablauf einzuhalten. Dieser besteht idealerweise aus vier Phasen ab (vgl. dazu Abbildung 1-6).

Abbildung 1-6: Idealtypischer Ablauf einer wissenschaftlichen Arbeit

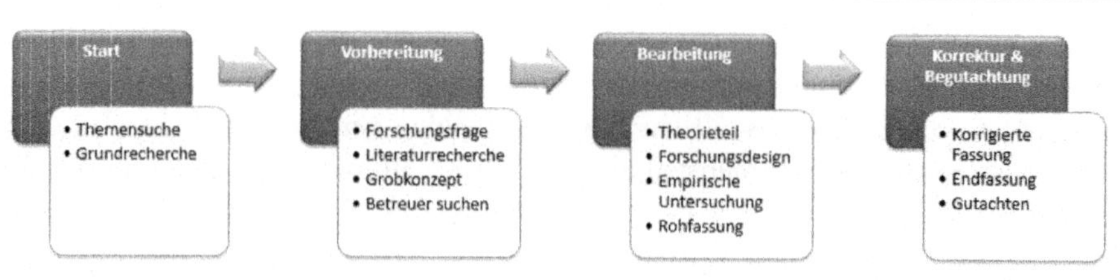

Der **Start** jeder wissenschaftlichen Arbeit beginnt mit der Suche nach einem geeigneten Thema. D.h. man sucht zunächst nach Fragestellungen, die man sich vorstellen könnte zu bearbeiten. Manchmal wird eine Fragestellung auch vom Betreuer oder von einem Auftraggeber vorgegeben. Am wichtigsten ist auf jeden Fall bei der Themensuche, dass dieses nicht zu umfangreich ist und man ausreichend Motivation aufbringt, dieses zu bearbeiten. Dies erleichtert das Durchhalten bei der Bearbeitung (vgl. dazu auch Kapitel 3.1.1). Meist kristallisieren sich bei einem ersten Brainstorming mehrere Fragestellungen heraus, die grundsätzlich interessant erscheinen. Deshalb ist es wichtig, in einem nächsten Schritt mit einer groben Literatursuche zu beginnen, um zu sehen, zu welchen Fragestellungen auch ausreichend Literatur vorhanden ist. Hier scheiden im Normalfall so manche Fragestellungen aus, da entweder kaum (aktuelle) Quellen vorhanden sind oder aber eine Fülle an Quellen existiert, so dass ein Thema schon tiefgehend und erschöpfend behandelt worden ist. Nach diesem anfänglichen groben Literaturüberblick sollte man sich für ein Themengebiet entscheiden. Aus diesem wird eine zentrale Forschungsfrage, eventuell mit ein bis zwei Unterfragen, abgeleitet (**Vorbereitungsphase**). Danach beginnt die Erstellung eines ersten Konzepts (Exposé oder Disposition; vgl. dazu auch Kapitel 3.1.3). Meist handelt es sich hierbei noch um ein Grobkonzept, mit welchem man sich zunächst einen passenden Betreuer sucht und eine Betreuungszusage einholt. Dieses Grobkonzept (Rohexposé) geht man gemeinsam mit einem Betreuer durch und adaptiert und ergänzt es danach zu einem finalen Exposé, welches üblicherweise bei der jeweiligen Hochschule formal eingereicht werden muss. Erst danach kann mit der eigentlichen Bearbeitung des Themas begonnen werden. Auch in dieser **Bearbeitungsphase** empfiehlt es sich, laufend mit dem Betreuer Kontakt zu halten, um ihn über die Fortschritte zu informieren und um sicherzustellen, dass man nicht vom Thema abkommt. Eine selbstständige Bearbeitung des Themas ist dennoch stets zu signalisieren. Die meisten Betreuer möchten nach einigen Wochen eine erste Leseprobe, um zu sehen, dass die Arbeit in die richtige Richtung geht. Anderen wiederum reicht es, wenn sie die Rohfassung bekommen. Daher vorab abklären, welche Vorgehensweise der Betreuer wünscht.

Bei der Bearbeitung der Forschungsfrage geht man idealerweise so vor, dass man sich zunächst dem Theorieteil widmet. Erst wenn dieser so gut wie fertig ist, beginnt man – wenn vorgesehen – mit dem Empirieteil. Dies hat den Sinn, dass man nach der theoretischen Aufarbeitung des Themas weiß, wo noch Forschungsbedarf besteht bzw. was man noch ergänzend oder vertiefend herausfinden möchte.

Bei der empirischen Bearbeitung der Themenstellung überlegt man sich in einem ersten Schritt ein passendes Forschungsdesign. Hier gibt es die verschiedensten Möglichkeiten, von qualitativen Experteninterviews bis hin zu quantitativen Fragebögen (vgl. dazu 4.3.1). Deshalb vor der Durchführung unbedingt mit dem Betreuer Rücksprache halten, ob auch er die gewählte(n) empirische(n) Methode(n) als zielführend beurteilt. Nachdem auch die empirische Untersuchung fertig gestellt wurde, kann man den Theorie- und den Empirieteil in einer ersten Rohfassung zusammenfassen und dem Betreuer vorlegen. Mit Abgabe der ersten Rohfassung beginnt die **Korrekturphase**. Der Betreuer korrigiert die vorgelegte Arbeit, die Korrekturvorschläge sowie sonstiges Feedback müssen anschließend gewissenhaft eingearbeitet werden. Nach neuerlicher Vorlage der korrigierten Arbeit bekommt der Student im Idealfall vom Betreuer ein OK, dass die Arbeit gebunden und final bei der Hochschule eingereicht werden kann. Grundsätzlich gilt, je mehr Überarbeitungsschleifen notwendig sind, desto schlechter fällt normalerweise auch die Benotung aus. Nach Abgabe der gebundenen Arbeit erstellt der Betreuer ein Gutachten und beurteilt damit nach definierten Kriterien die wissenschaftliche Arbeit (**Begutachtung**).

1.4.2 Wie finde ich einen passenden Betreuer?

Welche Betreuer grundsätzlich zur Verfügung stehen, wird von der jeweiligen Hochschule definiert. In Frage kommen normalerweise alle Professoren, die an der eigenen Hochschule arbeiten, und habilitierte Personen von anderen Hochschulen. Gerne kann man auch weitere Experten, wie Firmenvertreter oder fachkundige Personen anderer Institutionen, als Zweitbetreuer heranziehen, sofern das Rektorat oder der Institutsvorstand der eigenen Hochschule zustimmen.

Jeder Betreuer hat eine bestimmte Forschungskompetenz und spezialisiert sich inhaltlich und methodisch auf gewisse Forschungsgebiete. Es gilt daher zunächst abzuklären, welche Betreuer für das gewählte Thema generell in Frage kommen und ob diese auch in der Lage sind, die Problemstellung inhaltlich und methodisch zu behandeln. Aus diesen möglichen Betreuern gilt es nun einen auszuwählen. Bei Dissertationen und manchmal auch bei Masterarbeiten gibt es einen Erst- und Zweitgutachter, d.h. es werden zwei Betreuer benötigt.

Neben fachlicher Kompetenz spielt auch die persönliche Komponente eine wesentliche Rolle, da auch die Chemie zwischen Betreuer und Studierendem stimmen muss, damit ein optimales Betreuungsverhältnis zustande kommen kann. Im Rahmen eines persönlichen Gespräches stellt der Student sein Konzept/Exposé vor und klärt ab, ob der ausgewählte Betreuer die Arbeit überhaupt betreuen kann und will und ob er noch ausreichende Betreuungskapazität hat. Dieses Gespräch sollte sorgfältig vorbereitet werden. Man nimmt zu diesem Gespräch das Rohkonzept in ausgedruckter Version mit und vermittelt vor allem auch die Motivation, warum man ein gewisses Themengebiet bearbeiten möchte. Manchmal verlangt der Betreuer bereits vor dem Gespräch das schriftliche Konzept, um gleich im Vorfeld zu entscheiden, ob ein Betreuungsverhältnis zustande kommt oder nicht. Bei Ablehnung darf man dies nicht persönlich nehmen und sich auf keinen Fall entmutigen lassen; es gibt immer noch weitere passende Betreuer. Dennoch sollten bei einer Ablehnung eventuelle Kritikpunkte ernst genommen werden und bei einer neuerlichen Vorlage bereits eingearbeitet sein. Je sorgfältiger Sie sich vorbereiten, desto besser stehen Ihre Chancen, akzeptiert zu werden!

Die zeitliche Komponente darf ebenfalls nicht außer Acht gelassen werden. Beginnen Sie so früh wie möglich, sich zu überlegen, welcher Betreuer für Sie in Frage kommt, und vereinbaren Sie einen ersten Termin. Lassen Sie sich hier zu lange Zeit, kann es sein, dass Ihr Wunschbetreuer keine freien Kapazitäten mehr hat. Erst wenn Sie einen Betreuer für Ihre wissenschaftliche Abschlussarbeit gefunden haben, und auch das OK von Ihrer Hochschule bekommen haben, macht es Sinn, mit dem eigentlichen Schreiben der Arbeit zu beginnen.

Vereinbaren Sie in diesem ersten Betreuungsgespräch mit Ihrem Betreuer gleich folgendes:

- Weitere Vorgehensweise: welche nächsten Schritte der Betreuer für sinnvoll erachtet, d.h. ab wann Sie mit dem Theorie-/Empirieteil beginnen können, ob der Betreuer nach einer gewissen Seitenanzahl eine Leseprobe möchte, etc.;
- Betreuungskontakte: wie oft der Betreuer im Betreuungsprozess eine Kontaktaufnahme wünscht und in welcher Form (persönlich, schriftlich, telefonisch);
- Zeitliche Komponente: bis wann der Betreuer welche Teile der wissenschaftlichen Arbeit sehen möchte;
- Persönliche Vorlieben: ob es irgendwelche Punkte gibt, auf die der Betreuer besonderen Wert legt und die es zu respektieren gilt.

Grundsätzlich gilt, dass der Betreuer nur als Coach fungiert, indem er unterstützend zur Seite steht und Empfehlungen gibt. Das Wichtigste ist, möglichst selbstständig zu arbeiten! Wenn man Hilfestellung benötigt, dann ist es sinnvoll, sich an den Betreuer zu wenden und hier gleich mit möglichen Vorschlägen zu kommen, so dass dieser merkt, dass man sich selber bereits Gedanken gemacht hat. Die Selbstständigkeit beim Verfassen einer wissenschaftlichen Arbeit ist im Begutachtungsprozess ein wesentliches Beurteilungskriterium und kann, je nach Hochschule, bis zu 20 Prozent der Endnote ausmachen.

1.4.3 Richtiger Umgang mit dem Computer

Wissenschaftliche Arbeiten werden grundsätzlich mithilfe des Computers verfasst. Es stehen mehrere Softwareprogramme zur Verfügung, am häufigsten wird Word verwendet. Für die Erstellung von Tabellen und Abbildungen werden meist Excel oder Power Point herangezogen.

Für eine formal korrekte Bearbeitung und Fertigstellung der Arbeit ist es somit erforderlich, dass man sich die notwendigen Computerkenntnisse aneignet. Dazu gehört, dass man sich mit den jeweiligen Formvorschriften und Leitfäden für wissenschaftliche Arbeiten vertraut macht. Diese werden im Normalfall von der Hochschule bzw. vom Institut/Department zur Verfügung gestellt. Hat man sich diese erst einmal beschafft, dann erstellt man am besten zuerst eine passende Formatvorlage. Word gibt Ihnen bereits einige Formatvorlagen vor (Menü *Start/Formatvorlagen*); wenn diese nicht geeignet sind, dann gehen Sie wie nachfolgend beschrieben vor. Die nachfolgenden Ausführungen beziehen sich alle auf Word 2016.

1.4.3.1 Seitenrandeinstellung und Papierformat

Um die Seitenränder einzustellen, klicken Sie im Menü *Layout* auf den Menüpunkt *Seitenränder*. Unter *benutzerdefinierte Seitenränder* können Sie die jeweiligen Vorgaben einstellen. Klicken Sie danach im selben Menü auf *Format*, um zu kontrollieren, ob die richtigen Einstellungen erscheinen, sonst auf das jeweilige Papierformat ändern.

Abbildung 1-7: *Seitenränder und Papierformat einstellen*

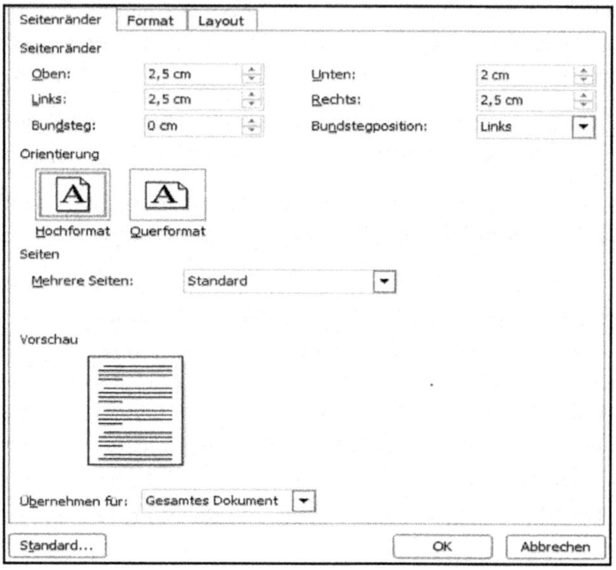

1.4.3.2 Formatvorlage

Mittels der Formatvorlage definieren Sie die Formate aller Textarten, wie Standardtext, Überschriften, Beschriftungen, Kopf- und Fußzeilen, Fußnoten etc.

Die wichtigsten Formatvorlagen sind:

- Standard
- Überschriften 1 bis 4
- Fußnotentext
- Kopf- und Fußzeile
- Beschriftung

Um Formatvorlagen einzustellen oder zu ändern, gehen Sie unter *Start* rechts auf den Menüpunkt *Formatvorlagen.* Dort sehen Sie, welche Formatvorlagen voreingestellt sind. Möchten Sie diese nun ändern, klicken Sie mit der rechten Maustaste auf das jeweilige Format, wie z.B. Standard, Überschrift 1, etc. Unter dem Punkt *Ändern* können Sie dann die gewünschten Formatierungen, wie Schriftart, Schriftgröße, Zeilenabstände vor und nach der Überschrift, Einzüge vom Seitenrand, einstellen. Die nachfolgende Abbildung 1-8 verdeutlicht die Vorgehensweise.

Abbildung 1-8: *Formatvorlagen ändern*

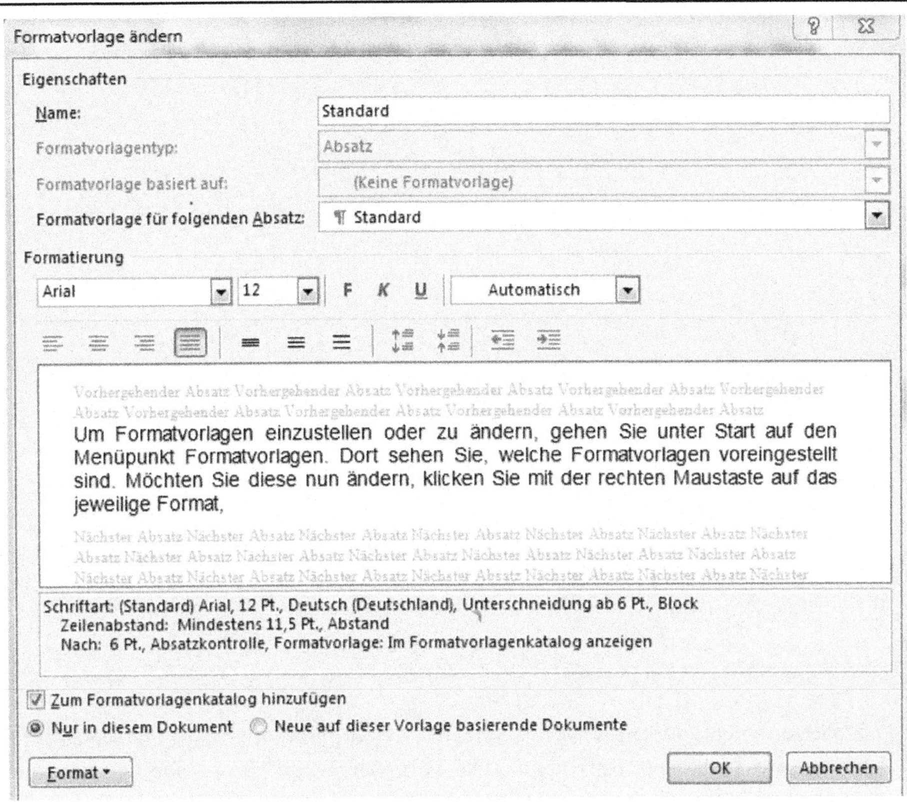

Gehen Sie ebenso für alle weiteren Formatvorlagen vor, die Sie ändern möchten. Sollten keine Formvorschriften vorliegen, dann orientieren Sie sich an der Vorlage im Kapitel 3.4. „Formale Richtlinien einhalten".

Nachdem für die Überschriften eine Formatvorlage erstellt wurde, müssen diese nun nummeriert werden. Dazu gehen Sie beim Menü *Start* auf den Punkt *Absatz,* dort gehen Sie auf *Liste mit mehreren Ebenen* und wählen ein voreingestelltes Format aus. Sollte dieses nicht passen, dann können Sie dort auch eine neue Liste mit mehreren Ebenen definieren.

Abbildung 1-9: Überschriften formatieren

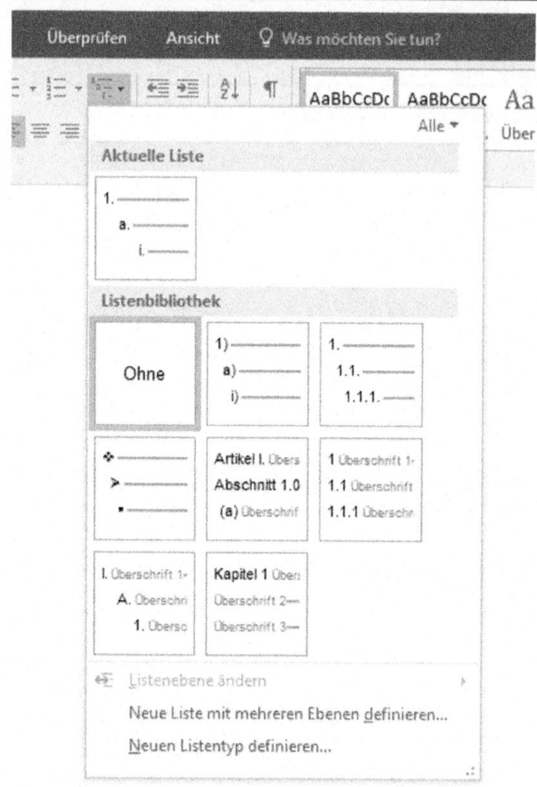

Der nächste wichtige Schritt ist, die schriftbezogene Formatierung einzustellen, d.h. den Standard-Textkörper festzulegen. Die Vorgehensweise ist dieselbe wie bei Überschriften. Das international gängige Format ist folgendes:

- Schriftart: Times New Roman bzw. Arial
- Schriftgröße: 12 Punkt
- Zeilenabstand: 1½-zeilig
- Absatzformat: Blocksatz

Haben Sie erst einmal alle Formatvorlagen eingestellt, dann können diese den passenden Überschriften und anderen Textteilen zugewiesen werden. Hier gehen Sie so vor, dass Sie den Cursor auf den zu formatierenden Text im Dokument stellen oder die ganze Zeile markieren. Wählen Sie anschließend in der Symbolleiste rechts oben am Bildschirm die entsprechende Formatvorlage aus.

1.4.3.3 Beschriftungen von Abbildungen und Tabellen

Zur Beschriftung von Abbildungen und Tabellen gehen Sie so vor, dass Sie die gewünschte Grafik oder Tabelle markieren. Durch den Klick auf die rechte Maustaste erscheint das Dialogfeld Beschriftung.

Abbildung 1-10: *Überschrift der Grafik*

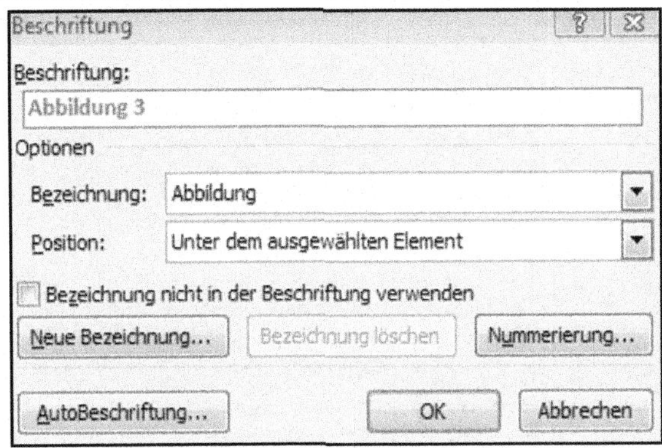

Hier können Sie auch Bezeichnungen oder Nummerierungen ändern. Weiter können Sie festlegen, ob Sie die Beschriftung unterhalb oder oberhalb der Grafik einfügen möchten. Orientieren Sie sich hier an den Formatierungsrichtlinien Ihrer Hochschule.

1.4.3.4 Seitenzahlen einfügen

Bei wissenschaftlichen Arbeiten ist es von Beginn an wichtig, jede Seite fortlaufend zu nummerieren. Dabei gehen Sie so vor, dass Sie die Seitenzahlen so einstellen, dass die Zählung der Seitenzahlen sowie die Anzeige mit der ersten Seite des Inhaltsverzeichnisses beginnen. Sollte das Inhaltsverzeichnis nicht die erste Seite des Dokuments sein, dann fügen Sie vor dem Inhaltsverzeichnis einen manuellen Abschnittswechsel ein. Dabei gehen Sie folgendermaßen vor:

Sie gehen im Menü *Layout* auf den Punkt *Umbrüche*. Dort gehen Sie unter *Abschnittsumbrüche* auf *Nächste Seite*. Stellen Sie danach den Cursor auf die Seite, wo das Inhaltsverzeichnis steht oder stehen wird, und wählen Sie beim Menü *Einfügen* den Punkt *Seitenzahl* aus.

Abbildung 1-11: *Seitenumbrüche einstellen*

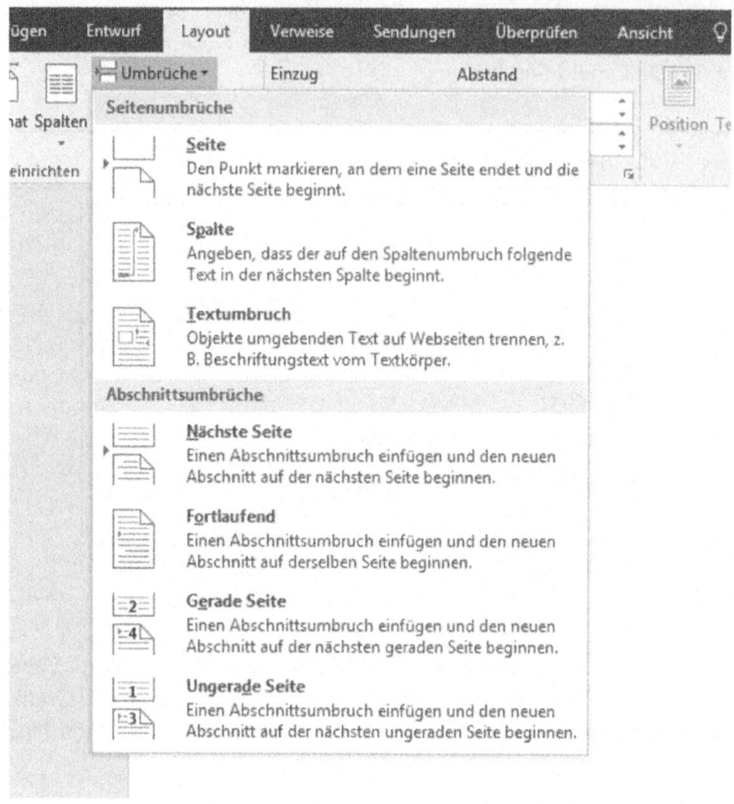

Meist werden die Seiten am Ende der Seite angezeigt, entweder mittig oder rechtsbündig. Wählen Sie hier das entsprechende Format aus. Danach klicken Sie beim Punkt *Seitenzahl* auf *Seitenzahlen formatieren*. Es erscheint nachfolgendes Dialogfenster:

Abbildung 1-12: *Seitenzahlen formatieren*

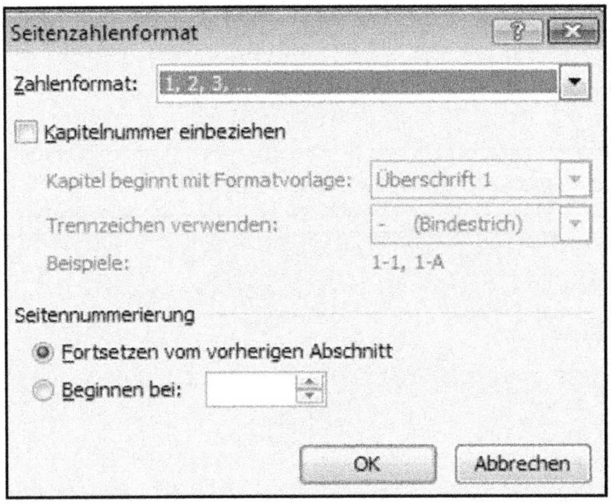

Hier klicken Sie auf *Beginnen bei 1* und OK. Durch diese Vorgehensweise beginnt nun die Seitenzählung auf dieser Seite mit 1 und wird am Seitenende dargestellt.

1.4.3.5 Kopf- und Fußzeile

Um eine wissenschaftliche Arbeit ansprechend zu gestalten, sollten Kopf- und Fußzeilen eingefügt werden. Üblich ist es, in die Kopfzeile Dokuments-, Kapitel- oder Abschnittsüberschriften einzufügen. Wenn Sie die Kapitelüberschriften wählen, dann fügen Sie nach jedem Kapitel einen manuellen Abschnittswechsel ein.

Gehen Sie folgendermaßen vor: Menü *Layout*, unter dem Punkt *Umbrüche/Abschnittsumbrüche/nächste Seite*. Im Menü *Einfügen* finden Sie den Punkt *Fußzeile*. Dort können Sie die Fußzeile bearbeiten und einfügen. Diese beinhaltet üblicherweise die Seitennummerierung und den Autorennamen, meist nur den Nachnamen.

1.4.3.6 Verzeichnisse erstellen und einfügen

Eine wissenschaftliche Arbeit sollte folgende Verzeichnisse enthalten: Inhaltsverzeichnis, Abbildungs-/Tabellenverzeichnis und bei Bedarf ein Abkürzungsverzeichnis.

Inhaltsverzeichnis

Das Inhaltsverzeichnis können Sie unter dem Menü *Verweise/Inhaltsverzeichnis* einfügen (siehe Abbildung 1-13). Sie können hier zwischen verschiedenen Vorlagen wählen, dieses aber auch individuell gestalten.

Eingefügt wird das Inhaltsverzeichnis, indem Sie am Ende der vorherigen Seite einen Abschnittswechsel einfügen. Die vorherige Seite kann das Deckblatt, die Eidesstattliche Erklärung oder das Vorwort oder Danksagung sein. Danach wird der Cursor auf die nächste Seite gestellt, wo das Inhaltsverzeichnis beginnen soll, und mit dem Menü *Verweise/Inhaltsverzeichnis* wird es eingefügt. Beachten Sie, dass bei Bachelor- und Masterarbeiten die Gliederungsebene 4 nicht überschritten werden soll. Nur bei Dissertationen kann noch eine fünfte Ebene verwendet werden.

Abbildung 1-13: *Inhaltsverzeichnis erstellen*

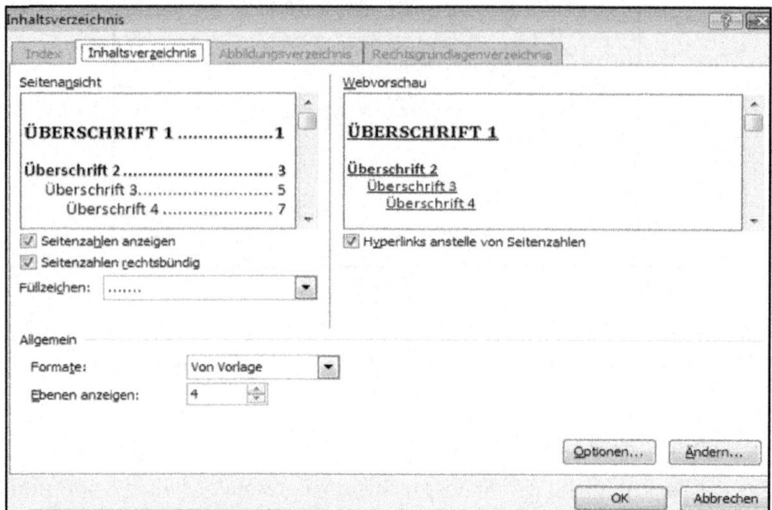

Abbildungs-/Tabellenverzeichnis

Das Abbildungs- und Tabellenverzeichnis wird üblicherweise nach dem Inhaltsverzeichnis eingefügt. Erstellt wird es, indem Sie im Menü *Verweise* auf *Abbildungsverzeichnis einfügen* gehen. Dort können Sie dann einstellen, um welche Art von Verzeichnis es sich handelt. Außerdem können Sie aus vordefinierten Formatvorlagen wählen oder benutzerdefiniert die Schriftart und Schriftgröße umstellen.

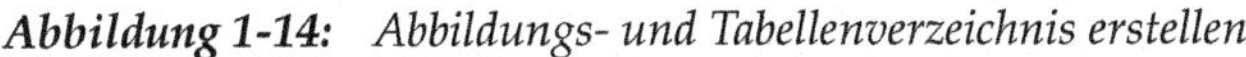

Abbildung 1-14: Abbildungs- und Tabellenverzeichnis erstellen

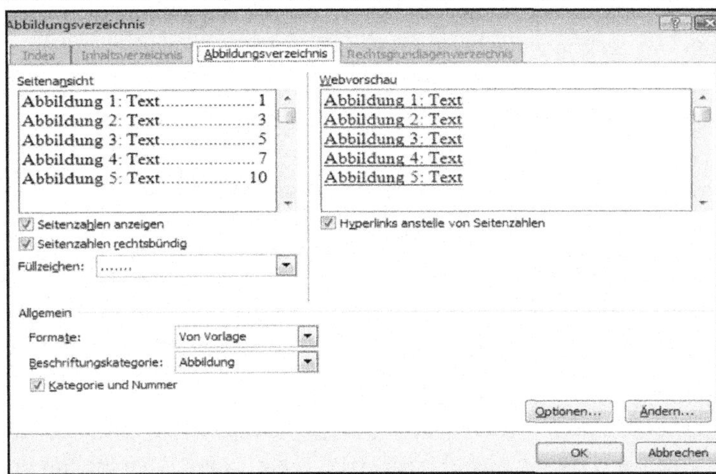

Word bietet Ihnen noch viele weitere praktische Funktionen, die Sie beim wissenschaftlichen Arbeiten mit dem Computer unterstützen. Empfehlenswert ist, dass Sie sich bei Bedarf in fachspezifische Bücher einlesen oder aber einfach die Hilfefunktion in Word aufrufen.

1.4.4 Gute wissenschaftliche Praxis

Um den moralischen Ansprüchen beim Verfassen einer wissenschaftlichen Arbeit nachzukommen, soll die gute wissenschaftliche Praxis aufrechterhalten und dadurch wissenschaftliches Fehlverhalten vermieden werden. Wissenschaftliches Fehlverhalten liegt dann vor, wenn bei wissenschaftlichen Arbeiten bewusst oder grob fahrlässig Falschangaben gemacht werden, geistiges Eigentum anderer verletzt oder als sein eigenes ausgegeben wird oder die Forschungstätigkeit anderer beeinträchtigt wird.

Im Speziellen liegt dieses Fehlverhalten vor bei:

- Plagiaten: Verletzung geistigen Eigentums urheberrechtlich geschützter Werke oder von anderen stammender wesentlicher wissenschaftlicher Erkenntnisse (Ideendiebstahl).
- Falschangaben: Erfindung oder Verfälschung von Inhalten, Daten und Quellen.
- Vorsätzliche Unbrauchbarmachung: von wissenschaftlich relevanten Informationsträgern (wie Bücher, Fragebögen, Dokumente etc.).
- Unbegründete Annahme wissenschaftlicher Autor- oder Mitautorenschaft (sogenanntes „Trittbrettfahrerprinzip").

In den Medien liest man immer wieder von Plagiatsvorwürfen gegen bekannte Persönlichkeiten, wie beispielsweise 2011 gegen den damaligen Verteidigungsminister Karl-Theodor zu Guttenberg oder 2013 gegen die damalige Bildungsministerin Annette Schavan. Das nachfolgende Beispiel zeigt an einem exemplarischen Fall, wie gefährlich es sein kann, ein Plagiat zu erstellen, und welche Konsequenzen der Studierende bzw. Absolvent daraus zu ziehen hat.

Artikel entnommen aus der Frankfurter Allgemeinen im März 2016:

Der Eklat ist rund fünf Jahre her: Eben noch durfte sich Karl-Theodor zu Guttenberg Bundesverteidigungsminister nennen, dann trat der aufstrebende CSU-Minister Anfang März 2011 von seinen Ämtern zurück. Die Schatten der Vergangenheit hatten ihn eingeholt. Zu Guttenberg hatte in seiner Doktorarbeit an der Universität Bayreuth abgeschrieben, ohne die Passagen zu kennzeichnen. „Der Fall zu Guttenberg war eine Besonderheit", erinnert sich Diethelm Klippel, der damals eine Untersuchung gegen zu Guttenberg einleitete - als Ombudsmann für Selbstkontrolle in der Wissenschaft an dessen ehemaliger Hochschule. „Erstens wegen der exponierten Stellung der Person. Und zweitens wegen der Dreistigkeit des Plagiats." Rund zwei Drittel der Arbeit hatte der Minister direkt aus anderen Texten übernommen, ohne die Quellen zu nennen. Ende Februar 2011 entzog die Universität Bayreuth dem Minister seinen Titel. Für die Politik war er damit erledigt.

Der Fall zu Guttenberg schlug hohe Wellen, Wissenschaftler diskutierten deutschlandweit, wie sich Plagiate fortan verhindern lassen könnten. Die Deutsche Forschungsgesellschaft und die Hochschulrektorenkonferenz (HRK) gaben Empfehlungen und Denkschriften ab, wie Universitäten mit strengeren Regeln Plagiaten vorbeugen könnten. Auch die Rechts- und Wirtschaftswissenschaftliche Fakultät der Uni Bayreuth veränderte ihre Promotionsordnung, verpflichtet seitdem ihre Doktoranden dazu, eine eidesstattliche Erklärung abzugeben. Doktoranden müssen darin versichern, sauber gearbeitet zu haben. [...]

Zuletzt haben die Plagiatsjäger nicht mehr nur die Arbeiten von Politikern und Berühmtheiten ins Visier genommen, sondern eher die von Wissenschaftlern. „Viele von ihnen betreuen heute selbst Doktoranden", sagt Dannemann. „Für die Qualität der Wissenschaft ist das fatal." Die Rechercheure von „VroniPlag" deckten in den vergangenen fünf Jahren mehrere Dutzend Plagiate von heutigen Wissenschaftlern auf. Besonders viele Fälle meldeten sie an das Universitätsklinikum Charité in Berlin und an die Uni Münster.

An der Charité hat man darauf reagiert. Zum einen scannt dort nun eine Anti-Plagiat-Software sämtliche Habilitationsschriften und einen großen Teil der Doktorarbeiten. „Finden wir Hinweise auf Plagiate, überprüfen wir die Arbeit gründlich", versichert Volker Bähr von der Geschäftsstelle Gute Wissenschaftliche Praxis an der Charité. Dann kontrolliert die Uni nicht nur die Zitate, sondern schaut auch die Originaldaten an. Zum anderen müssen Doktor- und Habilitationsanwärter an der Charité nun Lehrveranstaltungen zu guter wissenschaftlicher Praxis besuchen.

Letztlich – und da sind sich nahezu alle Universitätsangestellten einig – werden sich auch in Zukunft Plagiate nicht vollends verhindern lassen. Es helfe vor allem vorzubeugen, bestätigt HRK-Vizepräsidentin Ulrike Beisiegel. Nicht nur in entsprechenden Kursen zum wissenschaftlichen Arbeiten und durch eine intensive Betreuung von Studenten. Auch das Lehrpersonal selbst sollte regelmäßig trainiert werden, um Plagiate und mangelnde wissenschaftliche Sorgfalt erkennen zu können: „Die Betreuer einer Arbeit sind verantwortlich für die wissenschaftliche Qualitätskontrolle", sagt Beisiegel. Ihre Universität in Göttingen bietet deshalb mittlerweile sogenannte Teach-the-Teacher-Seminare an. Dort übt das Lehrpersonal für den Ernstfall.

Das Gesetz schreibt vor, dass der Verleihungsbescheid des Titels vom für die studienrechtlichen Angelegenheiten zuständigen Organ aufzuheben und einzuziehen ist, wenn sich nachträglich ergibt, dass der akademische Grad insbesondere durch gefälschte Zeugnisse erschlichen worden ist. International üblich ist eine Sperre an der Hochschule, Wiederholungstätern droht der Verweis von der Hochschule, Absolventen wird der Titel entzogen und es kommt meist zum Jobverlust. Derzeit müssen in Österreich und Deutschland Studierende, die beim Plagiieren ertappt werden, ihre Arbeit wiederholen, in Einzelfällen ist es zu einem Verweis von der Hochschule gekommen. An dieser Stelle muss aber erwähnt werden, dass diese Studenten meist sehr schwer oder gar keinen Betreuer mehr für ihre Arbeit finden.

Viele Universitäten helfen sich mit spezieller Software, um aus dem Internet kopierte Texte in wissenschaftlichen Arbeiten aufzuspüren, wie z.B. die Software Plagiarismfinder. Wer gerne seine Arbeit vorab selber durchchecken möchte, kann sich unter dem link http://www.plagiarismfinder.de/produkte/download eine kostenlose Testversion für 30 Tage herunterladen. Eine weitere Möglichkeit ist, seine Arbeit vorab unter PlagiatCheck.de hochzuladen und kostenlos überprüfen zu lassen.

Am besten ist es aber, alles, was man nicht selber verfasst hat, unbedingt zu zitieren und alle Quellen genau und korrekt anzugeben; dann ist man auf der sicheren Seite!

1.4.5 Inhaltliche Anforderungen

In der wissenschaftlichen Praxis existieren gewisse Gütekriterien, nach welchen die Qualität einer Arbeit beurteilt werden kann. Um den inhaltlichen Anforderungen an eine wissenschaftliche Arbeit zu entsprechen, müssen drei Kriterien erfüllt sein:

- Objektivität: die Aussagen müssen für jeden überprüfbar sein;
- Reliabilität: bei wiederholter Messung muss man zu demselben Ergebnis kommen (= Zuverlässigkeit);
- Validität: es wird das behandelt, was der Titel bzw. das Thema vorgibt (= Gültigkeit).

Objektivität

Objektivität bedeutet, dass die gewonnenen Erkenntnisse unabhängig von subjektiven Einflüssen des Erkennenden und intersubjektiv nachprüfbar sind. Es wird grundsätzlich zwischen Durchführungsobjektivität, Auswertungsobjektivität und Interpretationsobjektivität unterschieden. In der empirischen Sozialforschung wird die Durchführungs- und Auswertungsobjektivität relativ leicht durch Standardisierung der Untersuchungs- und Auswertungssituation erreicht. Ein Grundproblem bleibt in Bezug auf die Interpretationsobjektivität bestehen. Erkenntnisse werden immer als subjektgebunden angesehen, das heißt, sie sind an die Eigenschaften des Beobachters und seine Fähigkeit zu erkennen geknüpft. Um dennoch inhaltlich dem Kriterium der Objektivität zu entsprechen, ist es wichtig, alle Schritte beim wissenschaftlichen Arbeiten genau darzulegen, sodass eine intersubjektive Nachvollziehbarkeit jederzeit möglich ist.

Reliabilität

Die Reliabilität (= Zuverlässigkeit) bezeichnet die formale Genauigkeit wissenschaftlichen Arbeitens. Reliable wissenschaftliche Erkenntnisse und Ergebnisse sind frei von Zufallsfehlern, das heißt bei Wiederholung einer Forschungsarbeit, vor allem empirischer Untersuchungen, unter gleichen Rahmenbedingungen würde das gleiche Messergebnis erzielt. Reliabilität ist also die Replizierbarkeit der Ergebnisse unter gleichen Bedingungen. Dieses Gütekriterium kann nur dann erfüllt werden, wenn alle Schritte genau dokumentiert und alle übernommenen Textstellen mit Quellen versehen werden, sodass eine Wiederholung der Forschungsarbeit überhaupt möglich ist.

Validität

Unter Validität wird die Gültigkeit einer Forschungsarbeit und -methode verstanden. Inhaltlich soll auch tatsächlich das behandelt werden, was das Thema und die Forschungsfrage vorgibt. Die Beantwortung der Forschungsfrage ist ein wesentliches Beurteilungskriterium jeder wissenschaftlichen Arbeit. Das Kriterium der Validität ist nicht erfüllt, wenn beispielsweise im Rahmen der Arbeit kommunikationspolitische Maßnahmen in KMU untersucht werden sollen und hauptsächlich die Preispolitik thematisiert wird oder kommunikationspolitische Maßnahmen von Konzernen behandelt werden. Deshalb sollen in die Arbeit nur jene Inhalte aufgenommen werden, die zur Beantwortung der Forschungsfrage notwendig sind – alles andere weglassen!

Das Kriterium Validität muss auch bei empirischen Untersuchungen berücksichtigt werden. Beispielsweise überprüft man ein Erhebungsinstrument (Fragebogen, Beobachtungsleitfaden etc.) dahingehend, ob durch das Instrument wirklich das erfasst wird, was erfasst werden soll. Bei Experteninterviews könnte die Validierung so erfolgen, dass zum Beispiel eine Diskussion des Transkripts mit den beteiligten Personen zu einem späteren Zeitpunkt durchgeführt wird. So können diese bestätigen, dass ihre Aussagen inhaltlich richtig erfasst und verstanden wurden. Häufig kommt zur Validierung auch die Methode der Triangulation zur Anwendung. Dabei werden verschiedene Methoden, Forscher, Untersuchungsgruppen, lokale und zeitliche Settings sowie unterschiedliche theoretische Perspektiven in der Auseinandersetzung mit einem Phänomen oder einer Problemstellung kombiniert.

1.5 Zusammenfassende Tipps

1. Halten Sie sich beim Verfassen der wissenschaftlichen Arbeit an den idealtypischen Ablauf mit seinen vier Phasen vom Start bis zur Begutachtung. Die Erfahrung hat gezeigt, dass es nicht sinnvoll ist, Aufgaben vorzuziehen. Beispielsweise wird gerne das Konzept angefertigt, ohne vorher eine ausführliche Literaturrecherche durchgeführt zu haben, oder es wird aus Eile das nächstbeste Thema für eine Abschlussarbeit genommen, ohne Vorhandensein ausreichender Motivation. Manchmal wird auch der empirische Teil vorgezogen, obwohl man noch kaum Literaturrecherchen durchgeführt hat oder weiß, was man genau erforschen möchte. Gehen Sie besser step by step vor, sodass Sie den Überblick und die Freude am wissenschaftlichen Arbeiten behalten.
2. Nehmen Sie sich nicht den nächstbesten Betreuer und auch nicht jenen, der Ihnen am sympathischsten ist oder die besten Noten vergibt. Überlegen Sie sich gut, wer für Ihr Thema passend ist. Wählen Sie den Betreuer, der Sie fachspezifisch und methodisch am besten beraten kann. Bei Auftraggeberarbeiten ist es sinnvoll, noch einen unternehmenskundigen Experten auszuwählen, der Ihnen hinsichtlich praktischer Fragen hilfreich zur Seite steht.
3. Bevor Sie mit dem Schreiben beginnen, legen Sie sich eine den Richtlinien der Hochschule entsprechende Formatvorlage zurecht. Das Geschriebene im Nachhinein zu formatieren ist meist viel aufwendiger, als gleich von Anfang an formal korrekt zu arbeiten.
4. Bedenken Sie, dass Sie alles, was Sie von irgendeiner Quelle übernommen haben, zitieren müssen, selbst dann, wenn Sie den Inhalt oder die Zahlen, Grafiken, Modelle etc. adaptiert haben. Deshalb schreiben Sie bei jeder Kopie oder jedem Ausdruck gleich die vollständige Quellenangabe darauf. Dann ersparen Sie sich im Nachhinein viel Zeit und Mühe, eruieren zu müssen, um welche Quelle es sich gehandelt hat. Legen Sie sich am besten einen Ordner an, in welchem Sie alle Ihre Kopien, Studien, Journalartikel und sonstigen Unterlagen sammeln.
5. Damit Ihre Arbeit auch den inhaltlichen Anforderungen gerecht wird und Sie nicht vom Thema abkommen, empfiehlt es sich, die Forschungsfrage irgendwo zentral zu notieren, z.B. auf einem Post-it beim Arbeitsplatz, und immer beim Schreiben zu kontrollieren, ob der Inhalt der Beantwortung der Forschungsfrage dient. Wenn nicht, dann besser weglassen!

Weiterführende Literaturempfehlungen

Bereich Wissenschaftliches Arbeiten

Bänsch, A. (2008). *Wissenschaftliches Arbeiten.* München, Wien: Oldenbourg.

Dieter, K., & Büntingel, A. (2000). *Schreiben im Studium. Mit Erfolg.* Berlin: Cornelsen.

Esselborn-Krumbiegel, H. (2002). *Von der Idee zum Text. Eine Anleitung zum wissenschaftlichen Schreiben.* Paderborn: Ferdinand Schöningh.

Rössl, D. (2008). *Die Diplomarbeit in der Betriebswirtschaftslehre: ein Leitfaden.* Wien: Facultas.

Theisen, M. R. (2013). *Wissenschaftliches Arbeiten: Erfolgreich bei Bachelor- und Masterarbeit.* München: Vahlen.

Werder, L. (1996). *Lehrbuch des kreativen Schreibens.* Berlin: Schibri.

Wissenschaftstheorie

Backhaus, K. (2000). *Deutschsprachige Marketingforschung - Bestandsaufnahme und Perspektiven.* Stuttgart: Schäffer-Poeschel.

Raffé, H. (1995). *Grundprobleme der Betriebswirtschaftslehre.* Göttingen: Vandenhoeck & Ruprecht.

Schülein, A. J., & Reitze, S. (2002). *Wissenschaftstheorie für Einsteiger.* Wien: WUV.

Tetens, H. (2013). *Wissenschaftstheorie: Eine Einführung.* München: C. H. Beck.

2 Hilfreiche Tools und Techniken für das wissenschaftliche Arbeiten

Hat man sich erst einmal für ein Themengebiet entschieden und die Zustimmung vom Betreuer bekommen, geht es an die Bearbeitung. Vor allem der Beginn ist meist eine der schwierigsten Phasen im Schreibprozess. In diesem Kapitel werden daher einige Tipps vorgestellt, welche Ihnen helfen sollen, Schreibblockaden zu vermeiden. Zusätzlich wird erläutert, wie Sie mit gezieltem Selbstmanagement eine bessere Zeitplanung erreichen, um Abgabefristen einhalten zu können, und wie Sie mit wenig Stress und mehr Gelassenheit eine höhere Leistungsfähigkeit erreichen. Abschließend werden Ihnen diverse Speed Reading-Techniken vorgestellt, mit denen es möglich wird, sich einen schnelleren Literaturüberblick zu verschaffen.

2.1 Schreibblockaden vermeiden - keine Angst vor dem leeren Blatt

Wissenschaftliches Schreiben ist für einen erfolgreichen Studienverlauf und Hochschulabschluss entscheidend. Doch womit soll man beim Schreiben beginnen? Das erste Blatt zu füllen bereitet den meisten die größten Schwierigkeiten. Die häufigsten Probleme, die zu Schreibblockaden führen, sind ungenügende Betreuung wissenschaftlicher Arbeiten, Frustration über die eigenen Fähigkeiten, Schwierigkeiten damit, über diese Probleme zu sprechen, die lange Suche, ein Thema für die Arbeit zu finden, fehlende Hilfe beim Eingrenzen des Themas und schließlich das Verschleppen des Problems. Hinter vielen Schreibblockaden stehen auch emotionale Gründe. Sie erwachsen aus Unsicherheit und dem ängstlichen Bestreben, alles richtig zu machen. Dabei spielt der Leistungsdruck eine erhebliche Rolle, das Schreiben entwickelt sich zu einem Zwang. Das Geschriebene wird an zu hohen Maßstäben gemessen, wie zum Beispiel an literarischen Hochschultexten.

Typische Symptome für Schreibblockaden und Faktoren, die zu Schreibblockaden führen, zeigen sich wie folgt:

- Die Ideen bleiben aus und die Angst vor dem leeren Blatt wird immer größer.
- Man beginnt das Geschriebene immer wieder zu löschen und beginnt von vorne.
- Ablenkungen treten auf und führen zur Unkonzentriertheit.
- Durch die Angst, etwas Falsches zu schreiben, wird das Geschriebene immer unverständlicher.

- Durch unerwartete Reaktionen und Kritik anderer Gruppenmitglieder entsteht Angst vor dem Schreiben.
- Emotionale Lebenskrisen wirken sich negativ auf die Schreibfähigkeit aus.
- Die Formatierung wird aufwendig gestaltet, um den schlechten Inhalt auszugleichen.
- Das Schreiben wird zu lange aufgeschoben, die nötige Motivation fehlt.
- Das Schreiben wird als Qual empfunden.

Kommen Ihnen die einen oder anderen Punkte bekannt vor, so sollten Sie das Thema Schreibblockaden ernst nehmen und dieses Kapitel genauer studieren.

Vor Beginn einer wissenschaftlichen Arbeit ist es wichtig, dass man sich geistig darauf vorbereitet und so eine positive Einstellung entwickelt. Das Thema sollte so interessant wie möglich gestaltet werden. Denn wenn man sich mit seinem Thema identifizieren kann, kann man sich auch besser zum Schreiben motivieren.

Wichtig ist, so früh wie möglich mit dem Schreiben zu beginnen und einen realistischen Zeitplan festzulegen, indem man den geschätzten Arbeitsaufwand auf die verfügbare Zeit verteilt. Auf keinen Fall erst wenige Wochen vor dem Abgabetermin beginnen, weil sich sonst der Druck erhöht und Schreibblockaden meist die Folge sind. Am besten ist es, wenn man gleich nach dem OK seines Betreuers mit einer ausführlichen Literaturrecherche und dem Schreiben des Theorieteils startet. Der Text muss nicht von Anfang an final stimmen, es reicht, wenn man selber die Übersicht behält und sich alles Wichtige schon bei der Literaturrecherche notiert.

Eine hilfreiche App, die darin unterstützt, ein virtuelles Zettelchaos zu vermeiden und die Übersicht zu behalten, ist *Evernote*. Unter dem Link https://evernote.com/intl/de steht Evernote Basic kostenlos zur Verfügung. Mit dieser Software können Notizen erstellt und Aufgaben verfolgt werden, Inhalte, die man online findet, gespeichert, katalogisiert und mithilfe einer Suchfunktion wiedergefunden werden. Ein weiteres Feature ist, dass die Inhalte automatisch zwischen Smartphone und Computer synchronisiert werden.

2.1.1 Tipps zur Bewältigung von Schreibblockaden

Die Erfahrung hat gezeigt, dass es relativ leicht fällt, Schreibblockaden zu vermeiden, wenn man sich beim wissenschaftlichen Arbeiten an gewisse Regeln hält.

Man beginnt damit, die Themenstellung und seine zentrale Forschungsfrage zu präzisieren. Nach Möglichkeit nur eine Forschungsfrage aufstellen und bei Bedarf mit max. 2-3 Subfragen im Themengebiet der Hauptforschungsfrage ergänzen. Bei der anschließenden ausführlichen Literaturrecherche die Sekundärliteratur immer im Hinblick auf die Forschungsfrage durchforsten. Außerdem muss man darauf achten, sich nur auf die wichtigen Aspekte zu konzentrieren, jene, die zur Beantwortung der Forschungsfrage notwendig erscheinen. Damit vermeidet man, sich in einem Thema zu verirren und von der Fragestellung abzukommen.

Bei der Recherche und Materialbearbeitung ist es vorerst wichtig, sich einen Überblick zu verschaffen. Es gilt zu prüfen, ob genug und vor allem welche fachspezifische Literatur zur Verfügung steht. Wenn ausreichend Literatur vorhanden ist, gibt es auch mehr Quellen, an denen man sich orientieren kann, was wiederum den eigenen Gedankenfluss inspiriert. Daher immer auf genügend Quellen achten!

Der nächste Schritt ist, die zentralen Begriffe des Themas und der Forschungsfrage zu klären. Um wissenschaftliche Begriffe zu verstehen, bieten Fachwörterbücher, Fremdwörter- und Fremdsprachenwörterbücher Hilfestellung an. Prinzipiell gilt, so wenige Fremdwörter wie möglich zu verwenden bzw. nur jene in die Arbeit einzubauen, die man auch wirklich versteht und erklären kann.

Beim Lesen von wissenschaftlichen Texten ist es erforderlich, die Texte auch wirklich zu verstehen und zu wissen, was der Autor damit sagen will. Liest man immer nur Texte auf einem zu hohen Niveau, kann schnell Unmotiviertheit auftreten. Man ist überfordert und bekommt eine negative Einstellung, und diese führt zu Schreibblockaden. Während des Lesens der Sekundärliteratur empfiehlt es sich, wichtige Inhalte gleich zu exzerpieren, d.h. zusammenzufassen und in die eigene Arbeit zu übernehmen. Dadurch behält man leichter den Überblick und konzentriert sich schneller auf das Wesentliche. Nicht vergessen, überall auch gleich die Quelle anzugeben.

Verläuft man sich in ein falsches Thema, verliert man den roten Faden und die Textzeilen ergeben keinen Zusammenhang. Oft merkt der Autor das erst später. Das hat zur Folge, dass ein großer Teil des Textes zu streichen oder neu zu überarbeiten ist. Deshalb machen Sie sich gleich vorab eine grobe Struktur und definieren die Hauptkapitel, die in die Arbeit aufgenommen werden sollen. Diese gilt es, während der Literaturaufarbeitung gleich mit Inhalt zu füllen, egal ob die Sätze zusammenpassen. Die logischen Zusammenhänge können auch zu einem späteren Zeitpunkt noch hergestellt werden.

Für die Ideensammlung bieten sich diverse Kreativitätstechniken an, die nachfolgend exemplarisch erläutert werden.

2.1.2 Kreativitätstechniken

Bei der Anwendung von Kreativitätstechniken ist Voraussetzung, dass man sich bereits intensiv mit einem wissenschaftlichen Thema auseinandergesetzt hat, vor allem mittels ausführlicher Literaturrecherche, und so über ein fundiertes Wissen verfügt. Die Techniken sollen vor allem in der Startphase helfen, die leeren Blätter sinnvoll zu füllen und den Schreibbeginn zu erleichtern.

Faszination und Irritation

Bei dieser Methode werden auf einem Blatt Papier zwei Fragen notiert, welche miteinander in Beziehung stehen.

- Was fasziniert mich an dem Thema?
- Was irritiert mich an dem Thema?

Die Antworten geben Aufschluss über die persönliche Motivation, sich mit dem gewählten Thema zu befassen, über den Erkenntnisrahmen, in dem das Thema steckt, aber auch über die Schwierigkeiten, die auf den Autor zukommen, sowie die Vorarbeiten, die zu leisten sind, und über die Hindernisse, die zu überwinden sind. Besonders hilfreich bei dieser Methode ist, dass der Autor auf mögliche Probleme gefasst ist und es dadurch nicht so leicht passieren kann, dass während des Schreibens Frustrationen auftreten und das Schreiben so ins Stocken gerät.

Pro und Kontra

Auch diese Methode kann das eigene Gesichtsfeld erweitern. Dabei werden wieder zwei Fragen verwendet:

- Was spricht für das Thema?
- Was spricht gegen das Thema?

Durch die sofortige Konfrontation mit möglichen Gegenargumenten wird das logische Denken geschärft, mögliche Schwachstellen werden besonders früh erkannt und Begründungszusammenhänge sichtbar. Dabei kommt es oft zu neuen Ideen für die Argumentation und die Schwerpunkte werden neu gesetzt.

Zu beachten ist bei dieser Fragetechnik, dass die Antworten als ganze Sätze formuliert werden sollen, da sich der Gedankengang erst während des Schreibens richtig entfaltet. Simple Stichwörter hingegen führen nicht in den Schreibfluss hinein, sondern sind mit Ankerplätzen gleichzusetzen. Der Vergleich von Pro und Kontra führt den Autor direkt in die Argumentation hinein. Indem der Verfasser die Argumente prüft, erfährt er, wie ergiebig seine Fragestellung ist.

Individuelles Brainstorming und Mind Mapping

Brainstorming basiert auf dem Gesetz der freien Assoziation. Beim individuellen Brainstorming wird alleine gearbeitet. Zuerst wird das Thema formuliert und dazu alle Einfälle notiert. Quantität geht vor Qualität, das freie Spiel der Einfälle ist erwünscht. Erst in einem zweiten Schritt bewertet man die Einfälle. Die nicht praktikablen und gefühlsmäßig falschen Ideen werden ausgesondert. Die besten werden in einem Text, sprich der wissenschaftlichen Arbeit, zusammengefasst.

Eine Weiterentwicklung von Brainstorming ist das Mind Mapping. Die Mind Map weist vier grundlegende Eigenschaften auf:

- Der Gegenstand der Aufmerksamkeit zentralisiert sich in einem Bild.
- Die Hauptthemen des Gegenstandes strahlen vom Zentrum wie Äste aus.
- Die Äste tragen Schlüsselbilder oder Schlüsselwörter. Die Bilder oder Wörter werden auf einer mit dem Zentralbild verbundenen Linie in Druckbuchstaben ge-

schrieben. Themen, die eine untergeordnete Bedeutung haben, werden als Zweige dargestellt, die mit Ästen höheren Niveaus verbunden sind.

- Die Äste werden zu einem Gefüge und sind miteinander durch Knotenpunkte verbunden.

Mind Maps werden durch Farben, Bilder und Mehrdimensionalität intensiver und überschaubarer gestaltet. Dies fördert die Kreativität, das Gedächtnis und speziell den Rückruf von Informationen. Handgeschriebene Mind Maps lassen sich nur schwer überarbeiten, deshalb empfiehlt sich die Verwendung einer Software, wie beispielsweise *Docear,* mit deren Hilfe es möglich ist, Gedankengänge zu ändern, zu löschen oder neu anzuordnen. Neben dieser integrierten Mind-Mapping-Anwendung kann diese Software auch zur Literaturverwaltung eingesetzt werden und empfiehlt zusätzlich dem Nutzer relevante Artikel aus über 2 Millionen wissenschaftlichen Artikeln in der eigenen Datenbank.

Freewriting

Beim Freewriting wird die innere Sprache aktiviert und bringt dabei den inneren Bewusstheitsstrom aufs Papier. Dabei muss man sich eine Zeitgrenze setzen und ohne jede Zurückhaltung seine Gedanken in Wortfetzen, ohne Rücksicht auf Formatierung, Grammatik und Rechtschreibung, aufs Papier bringen. Freewriting hat den Vorteil, dass es Ihnen einen schnellen Schreibstart gibt und das Schreiben erheblich erleichtert. Außerdem macht es kreativ und verleiht dem Geschriebenen Inhalt und Kraft. Gerade bei Themen, zu denen dem Autor nichts einfällt, wird Freewriting gerne verwendet, da es das Thema locker angeht und dabei hilft, die inneren Kontrollen zu unterlaufen, die die Schreibblockade verursachen.

Clustering

Beim Clustering wird der Schreibstart aus einem zentralen Impuls assoziativer Ideen entwickelt. Diese Methode beruht auf der spontanen Aktivierung beider Gehirnhälften. Die linke Gehirnhälfte steuert rationales und analytisches Denken und die rechte Gehirnhälfte sorgt für das gesamte Bild, Kreativität und Gefühle. Im Clustering arbeiten diese zwei Gehirnhälften zusammen und die Arbeitsteilung wird aufgehoben. Beim Clustering wird das zu behandelnde Thema mittig auf ein weißes Blatt Papier geschrieben und eingekreist. Danach werden am besten die Augen geschlossen und man stellt sich eine Assoziationskette vor. Dann beginnt man aus den Einfällen, die man dazu hat, ein Cluster (Klumpen) zu bilden, indem man alle Assoziationen einträgt, einkreist und mit einem Strich oder Pfeil mit der nächsten Vorstellung verbindet. Sobald die Ideen für einen Impuls ausgehen, beginnt man mit der Entfaltung einer Idee an einer anderen Stelle des Clusters, wobei man wieder vom Zentrum ausgeht. Die Zuordnung der Ideen erfolgt intuitiv und es wird nachträglich nichts verändert. Es werden viele brauchbare Ideen entwickelt und die Gedanken ungehindert entfaltet. Diese Assoziationskette wird so lange weiterentwickelt, bis eine Schreibidee entsteht.

Strukturbaum

Beim Strukturbaum wird als erstes ein Zentralbegriff gebildet, und für diesen werden verschiedene Kategorien gesammelt, in welche dann Begriffe eingeordnet werden können. Das hat den Vorteil, dass viele verschiedene Facetten des Begriffes beleuchtet werden, ohne dabei den weiterführenden Assoziationen zu folgen. Jede Kategorie lässt sich weiter differenzieren. Dabei wird geprüft, in welche Subkategorien sich die Kategorie einteilen lässt. Auch die Subkategorien lassen sich weiter untergliedern. Wichtig dabei ist es, dass es nicht darauf ankommt, die Kategorien klar voneinander zu unterscheiden, sondern darauf, die Einengung des eigenen Blicks zu vermeiden.

Analogierad

Das Analogierad wird eingesetzt, um neue Verbindungen zwischen bekannten Ideen zu entdecken. Es wird folgendermaßen vorgegangen: Im ersten Schritt werden alle Einfälle zu dem Thema auf ein großes Blatt Papier notiert. Dabei werden die Merkmale von nur einem Begriff gesammelt und versucht, sie auf mögliche andere Begriffe zu übertragen. Bei manchen Merkmalen ist das sofort möglich, andere zeigen keine Ähnlichkeiten. So kommt das Analogierad in Gang. Als Treffer werden jene Merkmale bezeichnet, die einen komplexen Suchvorgang auslösen. Dieser Vorgang bildet ungewöhnliche Analogien, welche unser Denken aktivieren. Beim zusammenfassenden Lesen kann man das Rad sowohl von innen nach außen als auch von außen nach innen lesen.

2.2 Selbstmanagement durch Zeitplanung

Zeitplanung ist das Kernstück jeglicher Arbeitsmethodik sowie eines erfolgreichen Selbstmanagements. Bereits Goethe hat einmal gesagt: „Wer keine Zeit hat, der kann sie lediglich nicht einteilen!" Oder anders formuliert: Zeitplanung ist reine Prioritätensetzung!

Studien zufolge wird der Nutzungsgrad des menschlichen Leistungspotentials in der Wirtschaft auf nur 30 bis 40 Prozent geschätzt. Das ist darauf zurückzuführen, dass meist klare Ziele sowie eine effiziente Planung, Übersicht und Prioritätensetzung, d.h. eine Konzentration auf das Wesentliche, fehlen. Dies gilt sinngemäß auch für das wissenschaftliche Schreiben. Arbeiten werden oft nicht fristgerecht fertig, weil entweder die nötige Motivation fehlt oder die Arbeitsweise nicht optimal ist. Die Folge ist ein chronischer Zeitmangel.

Setzen Sie sich daher einmal in Ruhe hin und denken Sie über die Verwendung und Nutzung der Ihren zur Verfügung stehenden Zeit nach. Für welche Tätigkeiten wenden Sie den Großteil Ihres Zeitbudgets auf? Wo gibt es eventuelle Störfaktoren, die es zu vermeiden gilt, wie:

- ein ständig läutendes Telefon,

- nicht Nein sagen können,
- falsche Prioritäten setzen und sich auf Kleinkram konzentrieren oder
- mangelnde Selbstdisziplin, Dinge konsequent umzusetzen.

Meistens erledigt man zuerst solche Aufgaben, zu denen man sowieso motiviert ist. Alle anderen werden sehr gerne so lange aufgeschoben, bis es höchste Zeit ist, diese zu erledigen. Stress, Unlust und Zeitdruck sind die Folge. Die Verwendung einer Wichtigkeits-Motivations-Matrix kann helfen, erst gar nicht in solche Situationen zu kommen.

2.2.1 Wichtigkeits-Motivations-Matrix

Um ganzheitlichen Erfolg bei der Umsetzung Ihrer Prioritäten zu erzielen, setzen Sie die Motivation für eine Aufgabe mit deren Wichtigkeit in Beziehung. Dabei wird die Wichtigkeit einer Aufgabe von deren Wert bestimmt. Der Wert der Aufgabe wiederum misst sich daran, in welchem Maß die Erledigung dieser Aufgabe Sie der Erreichung Ihres Ziels näher bringt.

Für meine Ziel-Erreichung nützlich => wertvolle Aufgabe => wichtige Aufgabe!

Um zu beurteilen, ob eine Aufgabe eine wertvolle und wichtige Aufgabe ist, empfiehlt sich nachfolgende Vier-Quadranten-Darstellung (Abbildung 2-1) in Anlehnung an die Eisenhower-Methode, die Aufgaben und Ziele nach ihrer Wichtigkeit, aber auch nach ihrer Dringlichkeit klassifiziert.

Abbildung 2-1: *Wichtigkeits-Motivations-Matrix*

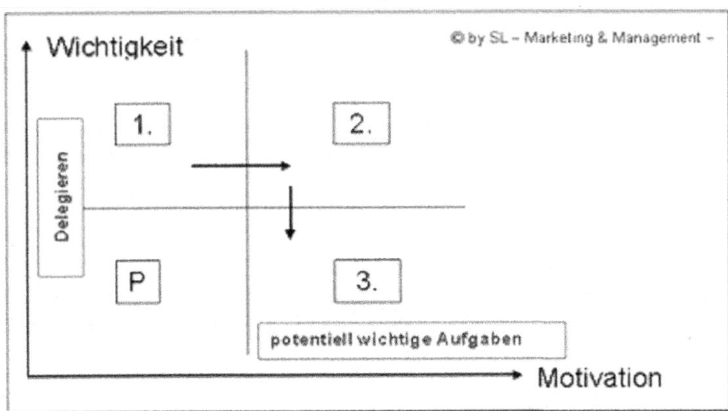

Zur Erklärung dieser Matrix:

1. Aufgaben, die wichtig sind, aber nicht motivieren (oder sogar demotivieren).
2. Aufgaben, die wichtig sind und motivieren.
3. Aufgaben, die weniger wichtig sind, aber motivieren.
P. Aufgaben, die weniger wichtig sind und auch nicht motivieren.

Wenn man vom Alltag ausgeht, erledigen die meisten Menschen meistens sofort die Aufgaben, die sie motivieren und die wichtig sind (2. Quadrant). Die Aufgaben, die wichtig sind und uns nicht motivieren (1. Quadrant), werden aufgeschoben, bis sie dringend werden und der Energieaufwand zur Lösung dieser Aufgaben enorm ansteigt. Deshalb empfiehlt sich nachfolgende Vorgehensweise:

Nehmen Sie sich die wichtigste Aufgabe, die Ihnen am wenigsten Spaß macht, zuerst vor (1. Quadrant). Wenn Sie Ihre Tagesleistungs-Kurve genau kennen, dann ist es am besten, diese Aufgaben im Leistungsmaximum zu erledigen. Dieses liegt bei den meisten Menschen am Vormittag zwischen 8.00 Uhr und 11.00 Uhr, ca. zwei bis drei Stunden nach dem Aufstehen.

Abbildung 2-2: *Durchschnittliches Leistungsmaximum im Tagesverlauf*

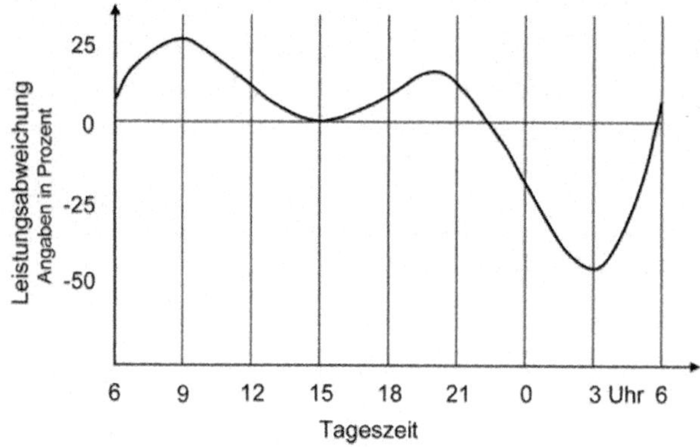

Für jene Aufgaben, die wichtig sind und die Sie motivieren und Spaß machen (2. Quadrant), haben Sie meist immer noch genügend Energie, diese zu erledigen. Aufgaben, die nicht so wichtig sind, bei denen Sie aber Spaß haben (3. Quadrant), können auf verborgene Talente und Potentiale hinweisen und sollten deshalb nicht vernachlässigt werden. Aufgaben, die Sie vielleicht sogar demotivieren (P), sollten – wenn möglich – delegiert werden, wobei dies nicht immer durchführbar ist.

Jeder Mensch hat einen individuellen Tagesablauf, der sich im Laufe des Lebens gefestigt hat. Manchmal ist es aber sinnvoll, aus diesen Routinen herauszukommen. Dafür gibt es zwei gute Möglichkeiten:

1. Sie beobachten sich in der Zeit, in der Ihnen eine nicht motivierende Aufgabe leicht von der Hand geht. Hier liegt dann ein Leistungshoch vor. In der Zeit, in der Ihnen eine motivierende Aufgabe schwer fällt, liegt ein Leistungstief.

2. Wenn Sie es etwas genauer herausfinden wollen, nehmen Sie zwei Aufgaben (eine motivierende und eine nicht motivierende, die beide wichtig sein müssen!) und verteilen diese über einen gewissen Zeitraum (z. B. eine Woche oder einen Monat) zu unterschiedlichen Zeiten im Tagesablauf. Dabei beobachten sie sich genau.

Die Konsequenz für den Planungs-Alltag ist nun, dass Sie neben der üblichen Vergabe der Prioritäten eine Reihenfolge-Ziffer (1, 2, 3) vergeben und sich innerhalb der Prioritäten an dieser Reihung konsequent orientieren. Die zukünftige Beachtung der Beziehung von Wichtigkeit und Motivation für eine Aufgabe sichert Ihnen den entscheidenden Vorteil für erfolgreiches Selbstmanagement durch Zeitplanung, im Alltag wie auch beim wissenschaftlichen Arbeiten.

Tabelle 2-1: *Aufgaben-Prioritäten-Matrix*

Aufgabe	Priorität	Reihenfolge
Spaß haben	A	3
Büro aufräumen	A	2
Freunde treffen	B	3
Literaturrecherche	A	1

2.2.2 Weitere Tools für Ihr Selbstmanagement

Im Selbstmanagement gibt es eine Reihe von Hilfestellungen und Tools, die Studenten dabei helfen, sich im Zuge einer wissenschaftlichen Arbeit besser zu organisieren. Die nachfolgende Auflistung bietet einen guten Überblick.

Delegieren von Aufgaben

Im Laufe des Studiums kommt es vor, dass eine wissenschaftliche Arbeit, wie beispielsweise eine Seminararbeit, in Zusammenarbeit mit mehreren Personen zu verfassen ist. Hier müssen Aufgaben untereinander aufgeteilt, also delegiert werden. Durch diese Arbeitsaufteilung wird Zeit eingespart. Eine andere Möglichkeit ist, fremde Hilfe von außen, wie zum Beispiel Freunde oder die Familie, hinzuzunehmen. Diese können bei Zeitdruck hilfreich sein und einzelne Arbeiten erledigen, wie Bücher in die Bibliothek zurückbringen, Korrektur lesen etc. Bei begrenztem Zeitbudget ist es wichtig, Aufgaben, die nicht relevant für den Erfolg sind, wegzulassen, um sich so Ressourcen frei zu halten.

Die Delegation von Aufgaben während des Studiums ist eine gute Vorübung für die Arbeitswelt im späteren Leben. Folgende Aspekte sind bei der Delegation besonders zu beachten und demjenigen mitzuteilen, der die Aufgabe übernimmt:

- Was soll getan werden?
- Warum soll es getan werden?
- Wie soll es getan werden?
- Bis wann soll es getan werden?

Persönlicher Coach

Ein Studiencoach hilft Angelegenheiten während des Studiums zu reflektieren und zu entscheiden bzw. Lösungsansätze zu finden. Ein solcher Coach kann aus dem Freundes- und Bekanntenkreis oder der Familie kommen, er kann sich im Kreis der Studienkollegen befinden, es kann jemand von einer Beratungsstelle an der jeweiligen Institution sein oder auch ein Dozent oder studienerfahrener Mensch. Dieser Coach leistet im Idealfall emotionale und psychische Unterstützung, er hilft mit bei der Karriereunterstützung während des Studiums, bietet wertvolle Hilfe als Diskussionspartner und gibt ehrliches Feedback.

Aufschieben von Aufgaben

Das Aufschieben von Aufgaben ist im Zuge einer Projektarbeit der größte Zeitdieb. Es darf nicht zur Gewohnheit und damit zu einem Teil des eigenen Lebensstils werden. Ein Grund dafür ist eine fehlende Planung. Aufgaben, die als unangenehm aufgefasst werden, werden aufgeschoben oder erst gar nicht erledigt. Jede Aufgabe, die keinen Endtermin hat, wird nur halbherzig ausgeführt. Folglich ist es sehr wichtig, sich fixe Termine zu setzen und diese auch konsequent einzuhalten.

Setzen von Teilaufgaben

Die Aufgabe, eine wissenschaftliche Arbeit zu schreiben, ist sehr umfangreich und man läuft leicht Gefahr, den Überblick zu verlieren. Daher sollten Teilaufgaben gebildet werden, die vom Umfang und Zeitbudget überschaubar sind. Dabei schätzt man die Wichtigkeit und die Dringlichkeit der einzelnen Aufgaben ab, z.B. mithilfe der Wichtigkeits-Motivations-Matrix. Unwichtige Entscheidungen können schnell getroffen werden, da sie meist keine großen Konsequenzen zur Folge haben. Im Gegensatz dazu sollten wichtige Entscheidungen über einen Zeitraum von einigen Tagen wohl durchdacht werden. Setzen Sie sich für jede dieser Aufgaben einen Termin, bis wann diese Aufgabe erledigt sein soll.

Arbeitsmethodik

Die Arbeitsmethodik ist das Prinzip der Effizienz. Kosten und Nutzen werden gegeneinander abgewogen, indem man versucht, möglichst viel mit dem geringsten Aufwand zu erreichen. Bei der Arbeitsmethodik im Zuge einer wissenschaftlichen Arbeit geht es darum, seine Zeit so zu planen und zu nutzen, dass man sein Ziel, die Fertigstellung einer soliden wissenschaftlichen Arbeit, mit dem kleinstmöglichen Aufwand erreichen kann. Effizientes Arbeiten beschäftigt sich mit der Frage, auf welche Weise eine Aufgabe getan wird und wie man diese noch effizienter durchführen kann. Nur die Aufgaben müssen erledigt werden, die für die wissenschaftliche Arbeit relevant sind. Es ist erforderlich, die wichtigen Aufgaben von den unwichtigen zu trennen, um sich auf erstere besser konzentrieren zu können. Hier empfiehlt sich die Verwendung einer Prioritäten-Rangliste (vgl. dazu Tabelle 2-1).

Persönliches Ablagesystem

Zu einem effizienten Selbstmanagement gehört auch das persönliche Ablagesystem zu optimieren. 80 Prozent der in Ordnern und Mappen archivierten Daten und Dokumente werden nie wieder angesehen. Man sollte sich die Frage stellen, welche Konsequenz es hat, wenn stapelweise aufbewahrte Unterlagen weggeworfen werden. Denn das penible Aufbewahren von Dokumenten geschieht meist nur aus einer Unsicherheit heraus und verschwendet unnötig die vorhandenen Ressourcen.

Ein Kennzeichen für ein gutes Ablagesystem ist eine verhältnismäßig kleine Zahl von Kategorien. Viele Kategorien erhöhen nur die Speicherkapazitäten oder benötigen viele Ordner. Das Ablagesystem kann entweder mit dem PC durchgeführt werden oder mit Ablagefächern und Ordnern.

2.3 Weniger Stress - mehr Gelassenheit - höhere Leistungsfähigkeit

Stress hat sich zu einem Alltagsphänomen in unserer schnelllebigen Gesellschaft entwickelt. Im schlimmsten Fall kann er in das hilflose Erleben von Erschöpfung und Ausgebranntsein (Burnout) münden. Daher ist es besonders wichtig, unsere Ressourcen für Gesundheit, Leistungsfähigkeit und Gelassenheit zu stärken, sodass es zu keiner Überforderungssituation kommt.

Die beste Methode des Stressmanagements ist, den Stress mit seinen negativen Auswirkungen durch gutes Zeitmanagement zu verhindern. Nun wird man, trotz gutem Zeitmanagement, immer wieder aufgrund verschiedener Faktoren Stresssituationen ausgesetzt sein. In allen Lebensbereichen gibt es Auslöser für Stress, welche individuell verschieden sind. In der Literatur wird zwischen inneren und äußeren Stressauslösern (Stressoren) unterschieden. Zu den äußeren zählen unter anderem Lärm, Hitze, Zeit- und Leistungsdruck. Zu den inneren Stressoren gehören Hunger, Durst, Müdigkeit, aber auch Ängste, Sorgen oder Befürchtungen. Die wichtigsten Auslöser für Stress im Rahmen einer wissenschaftlichen Arbeit sind Zeitdruck, Terminknappheit und diverse Befürchtungen, wie beispielsweise, dass zu wenig geeignete Literatur vorhanden ist oder dass die Arbeit nicht gut genug ist.

Nachfolgend werden Ihnen Strategien nähergebracht, die helfen sollen, stressigen Situationen gelassener entgegenzusehen und somit leistungsfähig zu bleiben.

2.3.1 Strategien zur Stressbewältigung

Um Stress bei einer wissenschaftlichen Arbeit zu minimieren, gibt es eine Reihe von Strategien, die nachfolgend beschrieben werden. Eine der wichtigsten ist, positiv zu denken!

Positives Denken

Es ist erwiesen, dass das Unterbewusstsein alle Befehle ausführt, die ihm das Bewusstsein in Form von Urteilen und Überzeugungen zukommen lässt. Denkt man also negativ, so muss das Bewusstsein aufgrund seiner einfachen Struktur annehmen, dass man negativ sein will. Es beginnt das Negative zu verstärken, bis es schließlich auch eintritt. Daher ist es wichtig, positiv und konstruktiv zu denken.

Das positive Denken ist eine einfache Strategie zur Stressbekämpfung.

Dabei ist es wichtig, die positiven Seiten der Situation zu sehen. Selbst wenn man dadurch die Realität etwas verzerrt, ist es dennoch für die Gesundheit und den Erfolg förderlich. Mit positivem Denken kann man den Stressfaktoren das Bedrohungspotential nehmen, indem man sich überlegt, wie wichtig es wirklich ist, z.B. die wissenschaftliche Arbeit noch in dieser Woche fertigzustellen, oder ob es reicht, diese nächste Woche abzugeben.

Gespräche mit vertrauten Personen

Gespräche helfen sehr gut, um Abstand zu einer Situation, wie in unserem Fall zur wissenschaftlichen Arbeit, zu gewinnen. Wenn man mit vertrauten Personen über Probleme und Wünsche spricht, dient das nicht nur dem Stressabbau, sondern kann auch zur Lösung der Stress verursachenden Probleme führen. Wichtig ist es, in dem Fall mit positiv bzw. optimistisch eingestellten Personen zu sprechen.

Bei Gesprächen sollte man aufpassen, dass das Gegenüber keine „Schönmalerei" von Fakten betreibt. Dies passiert beispielsweise, wenn man mit Studenten aus höheren Semestern spricht und sie erzählen, dass das Verfassen der wissenschaftlichen Arbeit ganz einfach war und sie nur ein paar Tage dafür gebraucht haben. Damit wollen sie der betreffenden Person die Angst nehmen. Dies erzeugt jedoch noch mehr Stress, weil sich der Betreffende fragt, warum er so lange braucht und warum ihm diese Aufgabe so viele Probleme bereitet.

Jeder Mensch kann selber am besten einschätzen, wie lange er ungefähr für seine Aufgaben braucht. Lieber den Zeithorizont etwas länger ansetzen, sodass man im Idealfall schon ein paar Tage vor der Deadline fertig ist und die Arbeit nochmals sorgfältig Korrektur lesen kann.

Sport zum Stressabbau

Sport ist ein sehr gutes Mittel, um einerseits eine höhere Stressresistenz aufzubauen und andererseits schon vorhandenen Stress wieder abzubauen. Der menschliche Körper ist darauf ausgelegt, sich zu bewegen und physische Leistung zu erbringen. Regelmäßiges körperliches Training steigert das Wohlbefinden, die Gesundheit und langfristig auch das Selbstvertrauen. Zusätzlich dient Sport dazu, neue soziale Kontakte zu knüpfen. Durch all diese Vorteile, die sportliche Betätigung mit sich bringt, senkt sich die Stressanfälligkeit und man reagiert auf die Stressoren einer wissenschaftlichen Arbeit wesentlich ruhiger.

Sport wirkt jedoch nicht nur vorbeugend, sondern auch Stress abbauend. In einer Stresssituation werden dem Körper sämtliche Energiereserven zur Verfügung gestellt, da der Körper auf ein Flucht- oder Kampfgeschehen vorbereitet wird. Allerdings kann man in den heutigen Stresssituationen meistens nicht flüchten oder kämpfen, somit bleibt diese Energie ungenutzt und staut sich im Körper auf. Dies kann auf Dauer zu erheblichen gesundheitlichen Problemen führen. Mit sportlicher Betätigung setzt man diese aufgestaute Energie frei und hat auf ganz natürliche Weise Stress abgebaut. Gleichmäßige Bewegungsformen wie Schwimmen oder Laufen sind hier besonders gut geeignet, aber auch Entspannungstechniken wie Yoga, Qi Gong oder Tai Chi.

Stabilitätszonen

Ein weiteres Mittel zur Reduktion von Stress ist die Schaffung von Stabilitätszonen. In der Literatur werden diese auch als Anker für das persönliche Gleichgewicht bezeichnet. Die Stabilitätszonen sind individuell verschieden. Für manche Menschen ist es die Familie, Freunde, der Partner oder der Arbeitsplatz. In Bezug auf Stabilität ist es außerdem wichtig, die psychische Stabilität zu stärken. Diese basiert hauptsächlich auf guter Ernährung, regelmäßiger Bewegung und vor allem genügend Schlaf. Eine verbesserte Stabilität führt zu mehr Ausgeglichenheit, welche wiederum hilft, in stressigen Situationen ruhig zu bleiben und klare Gedanken zu fassen.

Humor und positive Erlebnisse

Das Sprichwort „Lachen ist die beste Medizin" hat seine Berechtigung. Oft verstärkt man den Stress dadurch, dass man die Situation dramatisiert und sich immer mehr hineinsteigert. Für diese Methode gegen Stress und schlechte Laune muss man drei Minuten lang lächeln, selbst wenn man sich zunächst dazu zwingen muss. Bald wird man bemerken, dass die Laune plötzlich besser wird. Grund dafür ist, dass nicht nur Leute, die innerlich gut gelaunt sind, nach außen lächeln, sondern auch Leute, die nach außen lächeln, beginnen, innerlich bessere Laune zu haben. Sieht man auch in einer schwierigen Situation das Komische, hat man dem Stressauslöser schon viel von seinem Bedrohungspotential genommen.

Erlebnisse, über die man sich freut, erhöhen somit die Stresstoleranz. Deshalb ist es von Vorteil, möglichst viele positive Erlebnisse, über die man sich freuen kann, zu haben. Jedoch haben viele Menschen verlernt, sich auch über Kleinigkeiten oder alltägliche Dinge zu freuen. Lernt man wieder, sich zumindest einmal täglich über irgendetwas zu freuen, hat man einen großen Beitrag zur Verringerung seiner Stressanfälligkeit geleistet.

Fähigkeiten aufbauen

Um den Stress bei einer wissenschaftlichen Arbeit zu vermindern, ist die Bereitschaft, neue Fähigkeiten aufzubauen, von großer Bedeutung. Denn je mehr Wissen und Können man in Bezug auf seine wissenschaftliche Arbeit hat, desto besser bewältigt man den Stress, den diese Aufgabe verursacht. Hat man sich in das Thema seiner wissenschaftlichen Arbeit gut eingelesen und informiert, wird man beim Schreiben der Arbeit wesentlich weniger Stress haben als jemand, der vollkommen unvorbereitet mit dem Schreiben beginnt.

2.3.2 Entspannungsübungen

Die nachfolgenden, einfach zu erlernenden und wenig zeitaufwendigen Entspannungsübungen eignen sich sehr gut, um sich kurzfristig während einer wissenschaftlichen Arbeit zu entspannen.

Blaues Wasserglas

Der Trick mit dem Wasserglas ist eine einfache und trotzdem effektive Entspannungsübung. Man nimmt dabei ein durchsichtiges Glas und füllt es mit stillem Wasser. Danach stellt man das Glas auf eine blaue Unterlage, wobei Experimente gezeigt haben, dass sich eine hellblaue Unterlage am besten eignet. Nun muss man das Wasserglas 5 bis 10 Minuten betrachten. Dabei bekommt man den Eindruck, dass man ein Glas mit blauem Wasser vor sich hat. Diese vermeintliche Färbung strahlt Ruhe, Stille und Entspannung aus. Danach trinkt man das Glas aus und nimmt diese Eigenschaften in sich auf.

Stift fällt zu Boden

Der Trick mit dem Stift ist ebenso simpel. Man braucht nur einen Stift oder einen anderen kleinen Gegenstand. Zuerst setzt man sich bequem auf einen Stuhl und öffnet die Knie etwas. Danach beugt man sich leicht nach vorne und stützt die Unterarme auf den Knien ab. Den Stift hält man möglichst leicht zwischen Daumen, Zeige- und Mittelfinger. Nun schließt man die Augen und sagt sich in Gedanken, dass die eigene Hand immer entspannter und entspannter wird. Man konzentriert sich ausschließlich auf diese Worte und beachtet den Stift nicht mehr. Nach einiger Zeit hört man, dass der Stift zu Boden gefallen ist, denn die Muskulatur hat sich völlig entspannt. Bei geübten Personen dauert dies etwa drei Minuten, anfangs dauert es meist etwas länger.

Natürliche Atmung

Seine natürliche Atmung wiederzufinden ist eine weitere Methode, um sich kurzfristig zu entspannen. Ist man gestresst, neigt man dazu, verkrampft zu atmen. Diese Übung soll die natürliche Atmung, auch Zwerchfellatmung genannt, wiederherstellen. Dies erreicht man dadurch, dass man sich seine eigene Atmung bewusst macht. Man setzt sich dafür aufrecht hin und atmet einige Male tief ein und aus. Dabei sollte man die ganze Aufmerksamkeit dem Ausatmen widmen. Man wird sofort bemerken, dass das Einatmen ohnehin automatisch funktioniert. Nach kurzer Zeit wird man seinen eigenen Atemrhythmus im entspannten Zustand erkennen. Zählt man während des Atemvorgangs gedanklich bis 4, kann der Atemrhythmus wie folgt aussehen: 1 – Einatmen; 2 und 3 – Ausatmen; 4 – kurze Pause. Legt man nun die linke Hand oberhalb des Nabels flach auf den Bauch, spürt man, wie sich die Bauchdecke hebt und senkt. Wenn man sich ein paar Tage lang täglich beim Atmen beobachtet, wird man feststellen, dass man zu seiner natürlichen Zwerchfellatmung zurückgekehrt ist.

Zauberwort

Entspannung durch ein Zauberwort ist ein Tool, das sich der Konditionierung (einer Methode aus der Verhaltensforschung) bedient. Ziel ist es, ein bestimmtes Wort mit dem Gefühl tiefer Entspannung zu verbinden. Dies erreicht man, indem man sich vorstellt, völlig frei von Stress, in Ruhe und Entspannung zu sein. Man kann dafür auch eine Entspannungstechnik anwenden. Wenn man nun ruhig und entspannt ist, verbindet man dieses Gefühl mit einem persönlichen Zauberwort und sagt dieses fünfmal. Danach ist dieses Wort mit dem Zustand der Ruhe und Entspannung geistig verflochten. Wenn man dies danach öfters übt, erreicht man den gewünschten Entspannungszustand allein durch das Aussprechen dieses Wortes. Welches Wort man dafür verwendet, ist prinzipiell egal, jedoch ist es von Vorteil, ein Wort zu verwenden, das positiv ist und im Zusammenhang mit Stressbewältigung steht, wie z.B. „Ruhe" oder „Ich bin entspannt".

Pause machen

Wichtig ist, beim Schreiben immer wieder auch kurze Pausen einzuplanen. Um kurz abzuschalten und seine Gedanken neu zu ordnen, bieten diverse Apps für Smartphones und Tablets einen mehr oder weniger sinnfreien Zeitvertreib, wie z.B. das Spiel *Paper Toss*. In diesem kostenlosen Spiel geht es darum, Punkte zu sammeln, indem zerknüllte Papierkugeln in den Büromülleimer geworfen oder Gegenstände nach nervigen Kollegen geschmissen werden.

2.4 Speed Reading - schneller lesen, Zeit sparen

Jeder, der viel lesen muss, kennt die Situation, dass sich Berge von ungelesenen Büchern, Zeitschriften und andere Schriftstücke türmen, die durchgearbeitet werden sollen. Mit der sogenannten „Schnell-Lese-Methode" (Speed Reading) schafft man es, diese Informationsflut leichter zu bewältigen, bei maximaler Lesegeschwindigkeit und minimalem Aufwand.

Die durchschnittliche Lesegeschwindigkeit liegt in etwa bei 200 bis 400 Wörter pro Minute, wobei sich die meisten Menschen am unteren Ende dieser Skala bewegen. Unter Zeitdruck bzw. durch Erhöhung der Motivation kann die Geschwindigkeit auf bis zu 400 Wörter pro Minute gesteigert werden. Das Textverständnis liegt bei dieser Geschwindigkeit bei nur noch 50 bis 70 Prozent.

Tabelle 2-2: *Lesegeschwindigkeit und Textverständnis*

Leser	Lesegeschwindigkeit	Verständnis
1. Schlecht	10 - 100	30 - 50%
2. Durchschnittlich	200 - 240	50 - 70%
3. Gut	400	70 - 80%
4. Top 1 in 100	800 - 1000	Über 80%
5. Top 1 in 1000	Über 1000	Über 80%

Durch die Techniken des Speed Readings kann mit etwas Übung eine Lesegeschwindigkeit von 1.000 Wörtern pro Minute leicht erreicht werden. Möglich ist dies dadurch, dass man das volle Potential des Auge-Gehirn-Systems ausnutzt. Das Auge besteht aus 125.000.000 lichtempfindlichen Sehzellen, die es uns ermöglichen, nicht nur ein Wort, sondern ein ganzes Wortfeld aufzunehmen. Zusätzlich ist unser Gehirn in der Lage, die aufgenommenen Informationen pro Blick innerhalb eines Bruchteiles einer Sekunde zu verarbeiten und zu speichern. Zusammengefasst kann man vier verschiedene Gruppen von Lesern definieren.

Tabelle 2-3: *Lesetypen und Lesegeschwindigkeiten*

Lesetyp	Lesegeschwindigkeit
Ungeübter, erwachsener Leser	90 bis 160 Wörter pro Minute
Geübter Normalleser	200 bis 250 Wörter pro Minute
Geschulter Leser	500 Wörter pro Minute
Perfekter Leser	900 Wörter pro Minute

Ziel der Speed-Reading-Methode ist es, zumindest ein geschulter Leser mit 80 Prozent Textverständnis zu werden. Es empfiehlt sich, zunächst einen Selbsttest zu machen, um seine eigene Lesegeschwindigkeit und sein Textverständnis herauszufinden. Ein solcher Test findet sich bei Buzan (2013) in seinem Buch „Speed Reading - Schneller lesen - mehr verstehen - besser behalten". Erst dann kann daran gearbeitet werden, mittels Speed Reading beides zu verbessern. Macht man nach einer intensiven Übungsphase den Selbsttest noch einmal, dann sollte man einen Fortschritt erkennen.

2.4.1 Funktionsweise von Speed Reading

Die Schnell-Lese-Methode funktioniert so, dass das innere Mitsprechen beim Lesen unterdrückt wird. Der Finger fährt dabei in einer definierten Linie über die Seite. Die dabei ausgelösten Nervenaktivitäten ersetzen die Sub-Vokalisation. Diese Lesemethode beruht auf der Erkenntnis, dass das Auge den zu lesenden Text auch mit hoher Geschwindigkeit aufnehmen kann. Zudem kann das Gehirn den aufgenommenen Text bei höheren Geschwindigkeiten (ab 400 Wörter pro Minute) wesentlich besser verarbeiten als bei normaler Lesegeschwindigkeit (ca. 200 Wörter pro Minute). Die Idee ist nun, die Augenbewegung so zu trainieren, dass ein Text schneller erfasst werden kann. Dabei versucht man vor allem zwei bremsende Effekte auszuschalten:

1. das ständige Zurückkehren zu Wörtern, Sätzen oder Absätzen, von denen man glaubt, man hätte sie falsch oder gar nicht verstanden.
2. ein unwillkürliches Zurückkehren der Augen zu Wörtern und Sätzen, die man gerade erst gelesen hat. Dies ist zumeist ein unbewusster Vorgang.

Man kann das Auge bei seinen Bewegungen unterstützen, indem man eine einfache Lesehilfe benutzt, wie z.B. einen Bleistift oder ein Lineal. Beim Lesen wird diese Lesehilfe auf der Zeile, die man gerade liest, leicht mitgeführt. Dadurch wird das Auge dabei unterstützt, gleichmäßig und geradlinig dem Text zu folgen. Außerdem wird die Konzentration verbessert und die Aufmerksamkeit erhalten. Dadurch lässt sich die Geschwindigkeit um 20 bis 30 Prozent steigern und das Textverständnis um bis zu 10 Prozent.

Das Auge bewegt sich beim Lesen nicht fließend über den Text. Es hält an bestimmten Stellen an, nimmt ein Wort oder eine Gruppe von Worten auf und geht dann zum nächsten Haltepunkt. Einen solchen Haltepunkt nennt man Fixierung. Der nächste Schritt zum schnelleren Lesen besteht darin, die Anzahl dieser Fixierungen zu verringern. Untersuchungen haben gezeigt, dass ungeübte Leser ungefähr doppelt so viele Fixierungen machen wie notwendig. Das Auge kann aber pro Fixierung eine ganze Gruppe von Worten aufnehmen, und die Worte gelangen auch dann ins Gehirn, wenn man sich dessen nicht unmittelbar bewusst ist. Man kann daher guten Gewissens bei weniger Fixierungen mehr Worte pro Fixierung aufnehmen und dadurch die Lesegeschwindigkeit steigern. Mit zunehmender Übung lernt das Auge, die richtigen Stellen für die Fixierung automatisch zu finden.

Ein weiterer Schritt beim Speed Reading besteht darin, mehrere Zeilen gleichzeitig zu lesen. Man geht dazu über, jede zweite Zeile (oder Zeilengruppe) rückwärts zu erfassen. Das klingt zunächst kompliziert, ist aber eine reine Übungs- und Gewöhnungssache. Regelmäßig zu üben ist für Speed Reading ungemein wichtig!

Der leichte und zuverlässige Erfolg durch Schnell-Lesen hat drei einfache Ursachen:

- Schnelleres Lesen verhindert das gedankliche Abschweifen, beispielsweise den Effekt, nach dem Lesen einer ganzen Seite nicht mehr zu wissen, was da eigentlich stand, weil man mit den Gedanken ganz woanders war.
- Schnell-Lesen verbessert den Lesevorgang selbst. Der Text wird in systematischen Sprüngen durchwandert. Durch optimierte Augenbewegung wird nichts überlesen und Rücksprünge werden vermieden.
- Das systematische Lesen größerer Blöcke verhilft zu einer leichteren Sinnauffassung und mittelbar dadurch zu besserem Verstehen.

Schnell-Lesen ist somit nicht nur eine Arbeitsmethode, sondern auch eine Denkmethode. Man nutzt dadurch die Kapazität des Kurzzeitgedächtnisses besser aus. Innerhalb der sogenannten Gegenwartsdauer unseres Gehirns begegnen wir mehr Argumenten und Gesichtspunkten und die Zusammenhänge lassen sich besser erkennen. Ohne dass wir von diesen Zusammenhängen wissen, verbessert sich das Schnell-Lesen, Verstehen und Verarbeiten des Lesestoffes. Das Schnell-Lesen kann und muss man trainieren. Dazu sind gezielte Übungen hilfreich, wie jene zur Verbreiterung der Blickspanne. Sie soll nicht nur breiter werden als bisher, sondern jeweils ungefähr die gleiche Breite umfassen. Gleichzeitig trainiert man, seine Blickspanne in möglichst gleichmäßigen und präzise gesetzten Sprüngen zu bewegen. Zusätzlich ist es sinnvoll, Augenübungen zu machen, die im nachfolgenden Kapitel vorgestellt werden.

2.4.2 Lesetechniken und Methoden des Speed Readings

In diesem Kapitel werden sechs ausgewählte Lesetechniken und Methoden vorgestellt, welche helfen sollen, das periphere Sehvermögen sowie die fotografische Fähigkeit des Auge-Gehirn-Systems zu verbessern. Die Übungen sollten zunächst bei sehr hoher Geschwindigkeit geübt werden, am besten bei schon gelesenen Texten. Es wird nicht das Textverständnis angestrebt, sondern das Gehirn soll sich an hohe Geschwindigkeiten gewöhnen.

2.4.2.1 Lesetechniken des Speed Readings

Nachfolgend werden jene sechs Methoden nach Buzan (2013) beschrieben, die beim wissenschaftlichen Arbeiten am sinnvollsten erscheinen.

1. Der Zwei-Zeilen-Schwung

Beim doppelten Zeilenschwung wird eine Lesehilfe (z.B. Stift, Lineal, Stricknadel etc.) gleichmäßig unterhalb von zwei Zeilen bewegt. Bei der Rückwärtsbewegung wird die Lesehilfe ca. 1 cm vom Blatt abgehoben und danach wieder gleichmäßig entlang den nächsten zwei Zeilen bewegt.

Diese Methode dient dazu, sein vertikales und horizontales Sehvermögen zu nutzen.

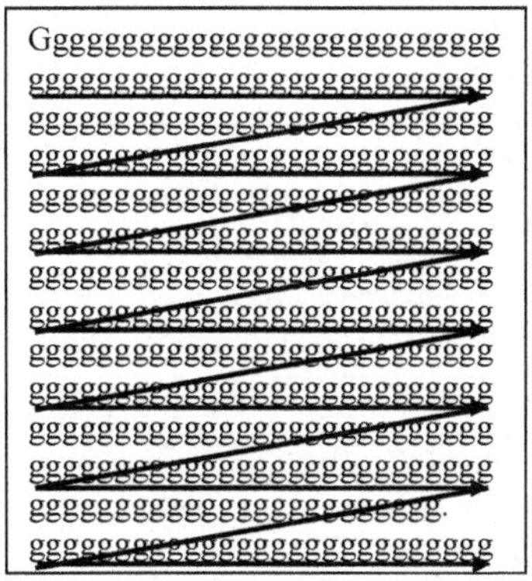

2. Der variable Zeilenschwung

Der variable Zeilenschwung ist dem Zwei-Zeilen-Schwung sehr ähnlich.

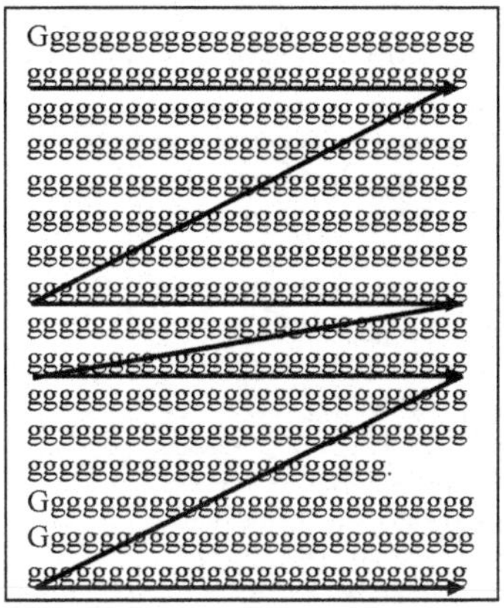

Der Unterschied ist, dass man so viele Zeilen wie möglich auf einmal aufnimmt. Fortgeschrittene Leser nehmen normalerweise zwischen zwei und sechs bis acht Zeilen mit einer Lesebewegung auf.

3. Der Rückwärtsschwung

Der Rückwärtsschwung (bzw. das Rückwärtslesen) hat den Vorteil, dass man die Lesegeschwindigkeit verdoppeln kann, indem man die Rückwärtsbewegung ebenfalls zur Informationsaufnahme nutzt. Dies passiert so, dass man ca. fünf Wörter pro Fixierung aufnimmt. Das Gehirn bringt dann automatisch diese Fixierungen in die richtige Ordnung.

4. Die „S"-Methode

Die „S"-Methode verbindet den Vorwärts- und Rückwärtsschwung miteinander und kann als Einzeilenschwung, Zweizeilenschwung oder als variable Bewegung angewandt werden.

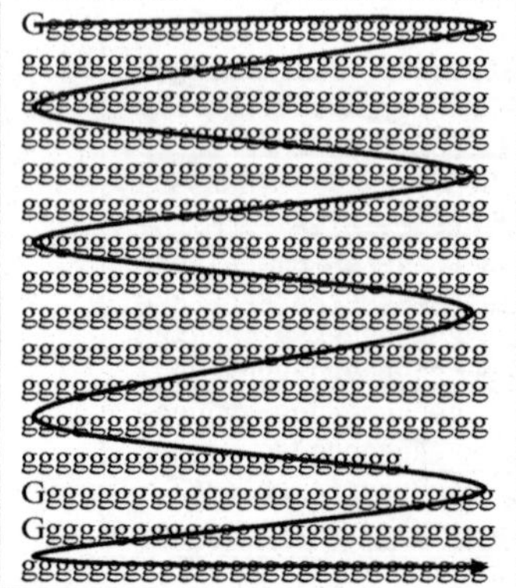

5. Die vertikale Wellenbewegung

Die vertikale Wellenbewegung wirkt auf den ersten Blick, als würde man bei dieser Methode in gerader Linie in der Mitte der Seite hinunter lesen.

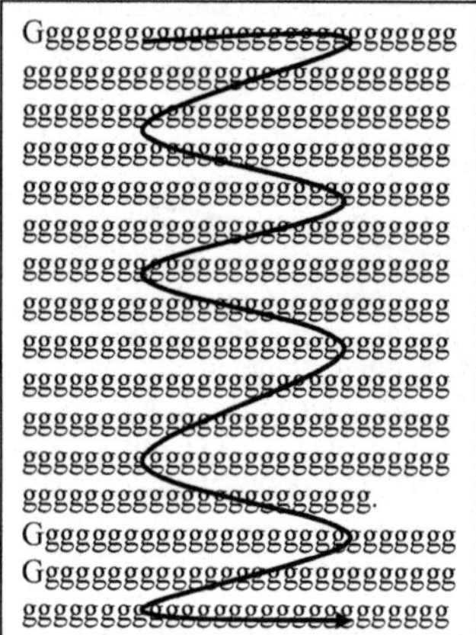

In Wirklichkeit bewegen sich dabei die Augen in rhythmischen Wellen gleichmäßig nach links und rechts den Mittelteil der Seite hinunter. Hier wird das Vorwärts- und Rückwärtslesen kombiniert.

6. Die beidseitige Lesehilfe

Bei dieser Methode benötigt man zwei Lesehilfen, am besten einen Finger auf einer Seite und die übliche Lesehilfe auf der anderen. Beide sollen sich gleichmäßig den Rand hinunterbewegen, während die Augen den dazwischen liegenden Text aufnehmen.

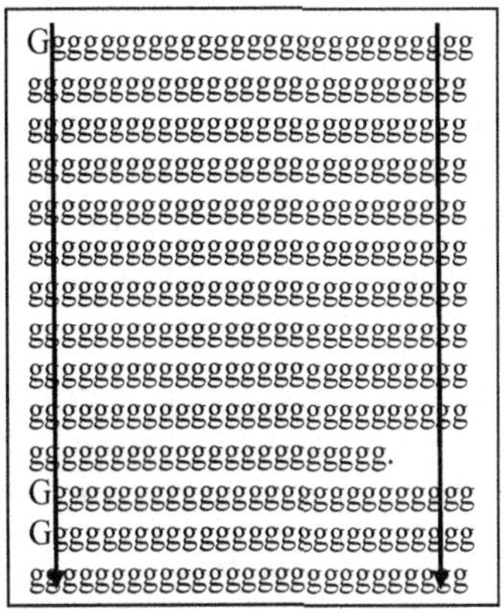

```
Gggggggggggggggggggggggggggg
gggggggggggggggggggggggggggg
gggggggggggggggggggggggggggg
gggggggggggggggggggggggggggg
gggggggggggggggggggggggggggg
gggggggggggggggggggggggggggg
gggggggggggggggggggggggggggg
gggggggggggggggggggggggggggg
gggggggggggggggggggggggggggg
gggggggggggggggggggggggggggg
ggggggggggggggggggggggg.
Gggggggggggggggggggggggggggg
Gggggggggggggggggggggggggggg
gggggggggggggggggggggggggggg
```

Diese Technik ist sehr gut geeignet, das Gehirn die Bewegungsrichtung der Augen bestimmen zu lassen. Daher ist es nicht nötig, die Augen auf bestimmte Flächen zu konzentrieren, das Gehirn arbeitet in dem Fall automatisch.

2.4.2.2 Methoden des Speed Readings

Besonders für wissenschaftliche Texte empfehlen sich für das erfolgreiche Schnell-Lesen zwei praktische Methoden, um den Inhalt des komplexen Textes zu verstehen, die SQ3R-Methode und die PQ4R-Methode.

SQ3R-Methode

Diese Methode ist bekannt als eine der wirkungsvollsten Strategien für das Lesen wissenschaftlicher Texte aller Art, besonders dann, wenn vom Gelesenen viel zu merken ist. Bei der SQ3R-Methode geht man in fünf Schritten vor:

1. Schritt - Überblick verschaffen: Bevor man zu lesen beginnt, ist klarzustellen, was der Inhalt des Textes ist. Zuerst liest man das Inhaltsverzeichnis und die Zusammenfassung. Dadurch stellt man sich besser auf die Literaturquelle ein und setzt das Speed Reading wirkungsvoller ein.

2. Schritt - Fragen: Der nächste Schritt bei der SQ3R-Methode ist es, Fragen über den zu lesenden Text zu formulieren. Mit Fragestellungen orientiert man sich besser beim Lesen und infolgedessen werden Antworten gezielt gesucht. Ein sehr hilfreiches Instrument dafür sind die „W-Fragen": Was? Warum? Wozu? Wie? Wer? Wo? Wann?

3. Schritt - Lesen: Beim Lesen von wissenschaftlichen Texten hat man sich besonders auf die Überschriften, hervorgehobene Wörter wie auch auf Fachausdrücke und Fremdwörter zu konzentrieren, und somit wird das Verständnis angekurbelt.

4. Schritt - Rekapitulieren: Nachdem man nun mit Hilfe von SQ3R- und Speed Reading-Methoden den Text gelesen hat, ist es an der Zeit zu wiederholen. Am besten

schreibt man sich dazu einige Notizen auf und versucht so den Inhalt des Gelesenen wiederzugeben.

5. Schritt - Repetieren: Der letzte Schritt ist, den Text oder auch das Buch bzw. die wissenschaftliche Arbeit einmal quer zu lesen. Das bedeutet, dass man das Buch durchblättert und dabei auf jeder Seite nicht länger als ein paar Sekunden verweilt. Man könnte das Querlesen auch zum Überblick verschaffen verwenden, es ist aber zu beachten, dass Querlesen alleine nicht reicht, um einen Text zu verstehen.

PQ4R-Methode

Diese Methode empfiehlt sich speziell für das Lesen und Kontrollieren von wissenschaftlichen Arbeiten. Man geht dabei in vier Schritten vor:

1. Schritt - Vorprüfung: Auch bei dieser Methode ist es wichtig, sich zuerst einen Überblick zu verschaffen. Also soll man die wissenschaftliche Arbeit zur Hand nehmen und im Inhaltsverzeichnis die Kapitel und Abschnitte genau studieren.

2. Schritt - Fragen: Wie auch bei der SQ3R-Methode sind im Anschluss Fragen an den Text zu stellen. Hierzu sind die bereits formulierten Forschungsfragen der Arbeit heranzuziehen.

3. Schritt - Lesen: Erst nachdem man die ersten zwei Schritte erledigt hat, ist es sinnvoll, mit Speed Reading zu beginnen. Beim Lesen ist darauf zu achten, ob die vorher vorbereiteten Fragen beantwortet wurden.

4. Schritt - Nachdenken: Wichtig ist es, den Text nicht einfach nur zu lesen, sondern darüber nachzudenken und der Arbeit, dem Buch oder sonstigem kritisch gegenüberzustehen.

2.4.3 Externe und interne Leseumgebung

Bei der externen Leseumgebung sollte man darauf achten, dass alle notwendigen Hilfsmittel, die man zum Lesen braucht, auch griffbereit sind. Ein Stift soll zum Notieren bereitliegen sowie ein Zettel, ein Glas Wasser usw. Denn muss man diese Dinge erst während des Lesens besorgen, so kommt es zu einer Unterbrechung im Lesen, die die Konzentration stört. Das Licht ist ein wesentlicher Faktor. Ideal ist eine Leselampe, die den Text gleichmäßig beleuchtet, aber nicht zu stark ist. Das Licht soll jedoch nicht von hinten einfallen, damit keine störenden Schatten projiziert werden. Außerdem ist die Körperhaltung ausschlaggebend für den Leseerfolg. Bei einer guten Haltung sind beide Füße am Boden, die Knie im rechten Winkel abgewinkelt und die Wirbelsäule ist gestreckt. Der Abstand der Augen vom Lesematerial soll in etwa 50 cm betragen. Durch diese Haltung erhält das Gehirn die optimale Sauerstoffzufuhr, außerdem signalisiert diese Haltung, dass es aufpassen muss. Beim Lesen ist es auch von Vorteil, wenn Ruhe herrscht. Musik lenkt ab, genauso wie Besucher. Daher empfiehlt es sich, sich beim Lesen dorthin zurückzuziehen, wo man nicht gestört wird.

Ruhe ist ein wichtiges Element, nicht nur die äußere Ruhe, sondern auch die innere Ruhe, die neuronale Entspannung. Wenn man in Gedanken mit etwas anderem beschäftigt ist, sinkt automatisch die Konzentration. Eine Möglichkeit, die innere Ruhe wiederherzustellen, ist, sich auf ein sinnloses Wort zu konzentrieren. In Gedanken wiederholt man dieses Wort so lange, bis alle störenden Impulse verschwunden sind. Dies ist eine Form von Meditation. Diese Fähigkeit lässt sich besonders gut trainieren und kann auch in anderen Bereichen hilfreich sein.

Zusätzlich gilt es zu beachten, dass jeder Mensch eine andere Zeit zum Lesen bevorzugt. Welche nun die richtige für einen selbst ist, muss durch Austesten herausgefunden werden, denn die richtige Zeit ermöglicht es, sich besser zu konzentrieren und mehr zu verstehen.

Weiterführende Literaturempfehlungen

Buzan, T. (2000). *Speed Reading. Schneller lesen – mehr verstehen – besser behalten.* Heidelberg: mvg.

Buzan, T., & Buzan, B. (2013). *Das Mind-Map-Buch. Die beste Methode zur Steigerung ihres geistigen Potenzials.* Landsberg: mvg.

Hansen, K. (2001). *Zeit- und Selbstmanagement. Handlungsspielräume erkunden, Zeitsouveränität erlangen, in Netzwerken agieren.* Berlin: Cornelsen.

Linneweh, K., Heufelder, A. & Flasnoecker, M. (2010). *Balance statt Burn-out: Der erfolgreiche Umgang mit Stress und Belastungssituationen.* München: Zuckschwerdt.

Scott, M. (2001). *Zeitgewinn durch Selbstmanagement. So kriegen sie ihre neuen Aufgaben in den Griff.* Frankfurt/NewYork: Campus.

Seiwert, L. J. (2009). *Mehr Zeit für das Wesentliche: So bestimmen Sie Ihre Erfolge selbst durch konsequente Zeitplanung und effektive Arbeitsmethodik.* München: Goldmann.

Wagner-Link, A. (2014). *Aktive Entspannung und Streßbewältigung. Wirksame Methoden für Vielbeschäftigte.* Renningen-Malmsheim: Expert-Verlag.

3 Von der Idee zur fertigen wissenschaftlichen Arbeit

3.1 Der Weg zur Themenstellung leicht gemacht

Im Laufe des Studiums an einer Hochschule steht jeder irgendwann vor der Entscheidung, eine Themenstellung eigenständig zu wählen, welche im Rahmen einer wissenschaftlichen Arbeit behandelt werden soll. Bei Hausarbeiten und meistens auch bei Seminararbeiten wird das Thema vom Lehrveranstaltungsleiter vorgegeben. Hingegen ist dieses bei Masterarbeiten und meist auch bei Bachelorarbeiten im Normalfall selber zu suchen. Manchmal schreiben Institute oder Professoren Themen aus. Firmen und andere externe Auftraggeber kommen ebenfalls auf Hochschulen zu und möchten gewisse Themenstellungen bearbeitet haben. Deshalb erkundigen Sie sich bei Interesse, ob es auch an Ihrer Hochschule solche Auftragsarbeiten gibt.

Die Themensuche ist erfahrungsgemäß kein einfaches Unterfangen und kann viel Zeit in Anspruch nehmen. Daher wird empfohlen, einen dementsprechenden Vorlauf einzuplanen und rechtzeitig mit der Themensuche zu beginnen.

In Kapitel 1.4.1 wurde der idealtypische Ablauf einer wissenschaftlichen Arbeit in seinen Grundzügen vorgestellt, begonnen mit der Sammlung von Fragestellungen und möglichen Interessensgebieten bis hin zur Begutachtung der eingereichten Endversion. In den nachfolgenden Kapiteln wird dieser Prozess nun detailliert erklärt.

3.1.1 Das passende Thema finden

Jede Themenfindung beginnt zunächst damit, dass man sich eine Ideensammlung anlegt. Am besten ist es, wenn man sich dazu ein leeres Blatt nimmt und dieses in drei Spalten einteilt:

1. Spalte: Thema
2. Spalte: mögliche Fragestellungen, die zum Thema passen
3. Spalte: eventuelle Notizen zum Thema bzw. zu den Fragestellungen

Die Methode kann mit einem systematischen Brainstorming verglichen werden; man notiert sich alle Gedanken und wägt erst in einem zweiten Schritt ab, welche Themen besser aussortiert werden sollen.

Abbildung 3-1: *Vorlage für Ideensammlung*

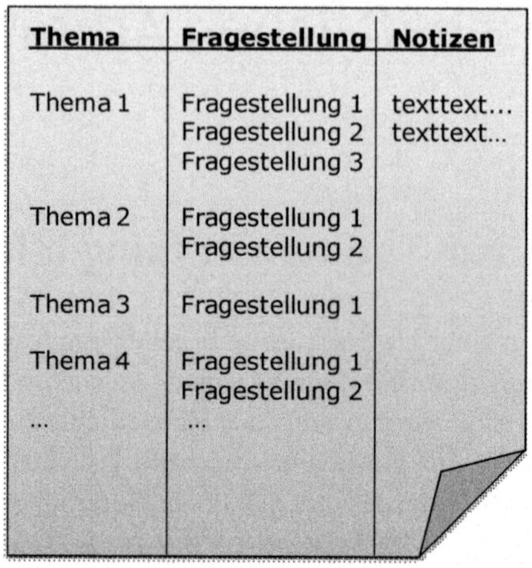

Thema	Fragestellung	Notizen
Thema 1	Fragestellung 1 Fragestellung 2 Fragestellung 3	texttext... texttext...
Thema 2	Fragestellung 1 Fragestellung 2	
Thema 3	Fragestellung 1	
Thema 4	Fragestellung 1 Fragestellung 2	
...	...	

Um überhaupt einmal zu Ideen zu gelangen, empfiehlt sich beispielsweise eine ausführliche Recherche in diversen Zeitschriften. Sehr gut geeignet sind vor allem Fach- und Wirtschaftsmagazine, wie z.B. Format, Gewinn, Trend, Wirtschaftswoche oder Manager Magazin, Harvard Business Manager u.v.m. Beiträge aus dem Radio oder dem Fernsehen und vor allem das Internet können ebenfalls Ideenbringer sein. Hilfreich ist es auch, sich gleich in Vorlesungen und Seminaren Notizen zu machen, sobald eine Fragestellung auftritt, die von Interesse ist. Auch im Nachhinein können alte Vorlesungsskripte und Lehrbücher durchgeblättert werden, um nach interessanten Themen zu suchen.

Eine der effizientesten Methoden ist es, sich ein paar Stunden Zeit zu nehmen und sich in die Bibliothek zu setzen und vor Ort Bücher, Zeitschriften, Internet und sonstige Unterlagen durchzusehen und sich dabei in der Ideensammlung Notizen zu machen.

Hat man nur eine Idee für ein Thema, aber noch keine Fragestellungen, dann bleibt in der Ideensammlung die entsprechende Spalte (hier die 2. Spalte) zunächst leer. Im Zuge der anschließenden Literaturrecherche ergeben sich dann meist geeignete Fragestellungen. Man erspart sich diesen Prozess der Themensuche, wenn man gleich von vornherein persönliche Fragen hat, die man beantwortet haben möchte.

Hat man erst einmal seine Ideensammlung abgeschlossen, geht es nun an die Themenauswahl. Klären Sie in einem ersten Schritt ab, ob Arbeiten mit demselben Thema vorhanden sind. Hier gehen Sie so vor, dass Sie zunächst an Ihrer eigenen Hochschule entweder in der Bibliothek und noch besser in einer Online-Datenbank nachsehen und in einem zweiten Schritt den Verbundkatalog der wichtigsten Bibliotheken in Ihrem Land heranziehen. Sind Sie fündig geworden, dann soll Sie das nicht abhalten, das

Thema dennoch zu bearbeiten. Wichtig ist nur, dass entweder die Fragestellungen unterschiedlich sind oder dass Sie die Fragestellung zumindest methodisch anders bearbeiten oder anders aufbauen. Oftmals ist es gar nicht notwendig, die gesamte Arbeit durchzulesen, da die Fragestellung meist schon aus dem Titel oder dem Abstract hervorgeht.

Beispiel
Thema: Kundenbindung im deutschsprachigen Lebensmitteleinzelhandel
Fragestellung: Welche Kundenbindungsmaßnahmen können helfen, die Kundenbindung im deutschsprachigen Lebensmitteleinzelhandel zu verbessern?

Diese Fragestellung kann einerseits aus Kundensicht behandelt werden, andererseits aus Sicht der Händler beantwortet werden. D.h. es können methodisch beispielsweise Kundenbefragungen gemacht werden oder Experteninterviews. Weiters könnte hier die Fragestellung getrennt werden in Kundenbindungsmaßnahmen am Point of Sale (direkt im Geschäft) oder aber mit Hilfe von Onlineinstrumenten. Es könnte zu dieser Fragestellung auch eine Fallbeispielanalyse gemacht werden, indem man ein exemplarisches Unternehmen analysiert und allgemeine Aussagen ableitet.

Danach beginnt man mit der Literatursuche, um zu sehen, zu welchen der übriggebliebenen Fragestellungen (ca. drei Fragestellungen) auch ausreichend Literatur vorhanden ist. Hier scheiden im Normalfall manche Fragestellungen aus, da entweder kaum Quellen vorhanden sind oder die vorhandenen Quellen nicht mehr aktuell sind. Im Idealfall sollten 5 bis 20 aktuellere Beiträge in der Fachliteratur vorhanden sein und zusätzlich Lehrbuchbeiträge existieren.

Nach diesem anfänglichen groben Literaturüberblick versucht man sich schließlich für ein Themengebiet zu entscheiden, aus welchem ein bis zwei präzise Fragen abgeleitet werden, die sogenannte(n) Forschungsfrage(n) (siehe Kapitel 3.1.2).

In einem nächsten Schritt gilt es, für die Themenstellung einen passenden Betreuer zu finden. Im Rahmen eines persönlichen Gespräches mit dem potentiellen Betreuer wird abgeklärt, ob sich das Thema für eine wissenschaftliche Arbeit eignet oder adaptiert werden muss bzw. ob ein anderer Betreuer besser geeignet wäre. Bereiten Sie sich gut auf dieses Gespräch vor und nehmen Sie ein schriftliches Rohkonzept (vgl. Kapitel 3.1.3) mit. Zeigen Sie dem Betreuer, dass Sie sich mit Ihrem Thema schon ausführlich beschäftigt haben und sich auch schon in die Literatur eingelesen haben. Je konkreter Sie Ihrem gewünschten Betreuer erläutern können, was Sie im Rahmen Ihrer wissenschaftlichen Arbeit machen wollen, desto besser stehen Ihre Chancen, akzeptiert zu werden. Ein wesentlicher Fokus gilt dabei der „zentralen" Forschungsfrage.

3.1.2 Die „zentrale" Forschungsfrage

Viele wissenschaftliche Arbeiten, egal ob es sich dabei um eine Seminar-, Bachelor- oder Masterarbeit handelt, drohen zu scheitern, weil die Themenstellung und Zielsetzung zu breit gehalten wird. Themenstellungen wie beispielsweise „Die Kommunikationspolitik", „Online-Marketing in der Tourismusbranche“, „Industrie 4.0“ oder „Qualitätsmanagement im Handel“ machen eine sinnvolle Bearbeitung unmöglich.

Tipp
Man kann nicht alles erforschen; lieber nur einen Aspekt herausgreifen und diesen dafür möglichst eng und tief behandeln.

Die Formulierung einer präzisen Forschungsfrage ist deshalb notwendig und hilfreich, weil sie einerseits zur exakten Themenfindung beiträgt und andererseits die Qualität und den Stoffumfang einer wissenschaftlichen Arbeit bestimmt. Sie dient zur Strukturierung der Arbeit und unterstützt bei der Methoden- und Literaturauswahl. Deshalb sollte man sich für die Formulierung dieser „zentralen“ Fragestellung ausreichend Zeit nehmen. Diese Forschungsfrage soll im Rahmen der Arbeit beantwortet werden. Eine wissenschaftliche Arbeit ist daher nichts anderes als ein schriftlicher Argumentationsvorgang zur Beantwortung der gewählten Fragestellung.

Diese Fragestellung (Forschungsfrage) soll einen eindeutigen Problembezug aufweisen, die Beantwortung muss einen Erkenntnisgewinn bringen. Hier gilt es zu beachten, dass dieser Erkenntnisgewinn nicht nur für einen selber gilt, sondern auch für externe Zielgruppen erkennbar sein soll (= realtheoretisches Wissenschaftsverständnis).

Passende Forschungsfragen werden als sogenannte "W-Fragen" formuliert: Was? Wie? Warum? Weshalb? Wodurch? Womit? Aus ihnen müssen das Ziel und der Zweck der wissenschaftlichen Arbeit erkennbar sein. Eine gute Forschungsfrage beinhaltet meist ein bis zwei Unterfragen. Diese liefern zusätzliche Ansatzpunkte dafür, welche Informationen zur Beantwortung der Forschungsfrage recherchiert werden müssen, und bieten somit eine hilfreiche Kapitelgrundlage.

Nachfolgend finden sich einige Kriterien, weshalb Forschungsfragen ungeeignet sein können.

Sie beinhalten unrichtige Vorannahmen.

Beispiel
Weshalb gehen Frauen lieber einkaufen als Männer?

Sie sind so unklar formuliert, dass es keine Antwort gibt.

Beispiel
Warum schaffen es Händler nicht, andere Kunden an ihr Geschäft zu binden?

Die Frage ist in sich widersprüchlich.

Beispiel
Warum kaufen jüngere Personen lieber im Internet ein, wenn auch viele ältere Personen gerne im Internet bestellen?

Die Frage ist nur eine „Scheinfrage", d.h. sie ist als verkleidete Behauptung verfasst.

Beispiel
Ist eine aktive Kundenbindung eine geeignete Vorgehensweise im Customer Relationship Management im Handel?

Es handelt sich um eine beeinflussende, tendenziöse Frage.

Beispiel
Wie kann die für die Umwelt so wichtige Mülltrennung in den Haushalten verstärkt werden?

Eine geeignete Forschungsfrage kann einem von fünf Fragetypen entsprechen: Beschreibung, Erklärung, Prognose, Gestaltung und Kritik oder Bewertung.

Abbildung 3-2: *Fünf mögliche Fragetypen als geeignete Forschungsfrage*

Fragetyp	Leitfrage	Beispiel
Beschreibung	Was ist der Fall? Wie sieht die „Realität" aus?	Wie hat sich der Lebensmitteleinzelhandel (LEH) seit 1960 verändert?
Erklärung	Warum ist etwas der Fall?	Warum hat sich der österr. LEH seit 1960 in einer bestimmten Art und Weise verändert?
Prognose	Welche Veränderungen werden künftig eintreten?	Wie wird sich künftig der österr. LEH verändern?
Gestaltung	Welche Maßnahmen sind geeignet, um ein bestimmtes Ziel zu erreichen?	Wie kann das Greißlersterben im österr. LEH aufgehalten werden?
Kritik/Bewertung	Wie ist ein bestimmter Zustand zu bewerten?	Wie ist die Diskontentwicklung im österr. LEH im Hinblick auf die Greißler zu bewerten?

Der **Fragetyp der „Beschreibung"** versucht gewisse Entwicklungen und Tatsachen darzustellen oder aufzuzeigen. Dieser Typ wird eher selten für wissenschaftliche Arbeiten herangezogen, da hier in der Regel nur ein geringer Erkenntnisgewinn ersichtlich ist bzw. die praktische Verwertbarkeit sehr eingeschränkt ist.

Der **Fragetyp „Erklärung"** beschäftigt sich damit herauszufinden, warum sich etwas in einer bestimmten Art und Weise verändert hat. Er versucht Ursachen aufzudecken und Hintergründe zu erfragen. Bei dieser Fragestellung empfiehlt es sich, neben einer ausführlichen Literaturrecherche auch Experten heranzuziehen, um Erklärungen abzusichern.

Der **Fragetyp „Prognose"** versucht Entwicklungen oder Veränderungen vorauszusagen, zu prognostizieren. In diesen Themenbereich fällt auch die Trendforschung, die von der Scientific Community sehr zwiespältig betrachtet wird. Einerseits liefert sie zwar wertvolle Gedankenanstöße, andererseits wird sie aber oft wegen mangelnder Überprüfbarkeit als nicht valide und reliabel dargestellt. Dieser Fragetyp gestaltet sich bei der Beantwortung meist etwas schwieriger. Hier reicht erfahrungsgemäß eine reine Literaturrecherche nicht aus. Hier sollten im Idealfall Experteninterviews oder Delphibefragungen durchgeführt werden.

Beim **Fragetyp „Gestaltung"** geht es darum herauszufinden, welche Maßnahmen geeignet sind, um ein bestimmtes Ziel zu erreichen. Hier soll der Schwerpunkt auf Implikationen und Handlungsempfehlungen gelegt werden. Bei diesem Fragetyp handelt es sich meist um Auftragsarbeiten, d.h. es sollen Möglichkeiten herausgefunden werden, wie man einem bestimmten praktischen Problem am besten begegnet.

Der fünfte **Fragetyp, die „Kritik/Bewertung"**, beschäftigt sich damit zu ermitteln, wie ein bestimmter Zustand einzuschätzen ist. Hier ist fundiertes Expertenwissen zu dem ausgewählten Thema notwendig. Er ist einer der schwierigsten Fragetypen und sollte nur dann gewählt werden, wenn man mit einer bestimmten Thematik sehr vertraut ist. Man kann sich auch damit helfen, dass Experten herangezogen werden und diese Bewertungen, z.B. in Form von Interviews oder Fokusgruppendiskussionen, in die Arbeit einfließen.

Zusammengefasst sind die häufigsten Fragetypen, die in einer wissenschaftlichen Arbeit von Studenten gewählt werden, die „Erklärung" und die „Gestaltung". Von Fragestellungen, bei denen der Kern bereits deckend behandelt worden ist und somit wenig Erkenntnispotential vorhanden ist, ist abzuraten. Daher empfehle ich den Fragetyp „Beschreibung" als eigenständige Arbeit zu vermeiden.

3.1.3 Konzept als schriftlicher Arbeitsplan

Bevor man mit dem Verfassen einer wissenschaftlichen Abschlussarbeit beginnt, ist es erforderlich, dass man seinem Betreuer zunächst ein Konzept, auch Exposé oder Disposition genannt, vorlegt. Dies ist deshalb notwendig, um zu zeigen, welche Problemstellung im Rahmen der Arbeit behandelt werden soll, wie man dabei methodisch vorgehen möchte und welche themenspezifische Literatur bereits gesichtet wurde. Bevor ein solches Konzept/Exposé überhaupt geschrieben werden kann, muss vorab eine ausführliche Literaturrecherche durchgeführt werden. Es reicht nicht, seine eigenen Gedanken auf Papier festzuhalten, sondern auch im Konzept soll bereits literaturgestützt argumentiert werden.

Dieses Konzept dient als schriftlicher Arbeitsplan, den man nach der Freigabe durch den Betreuer umzusetzen versucht.

Das Konzept sollte folgende Punkte beinhalten:

- **Titelblatt**
Enthält, wenn von der Hochschule nichts anderes vorgegeben wurde, den Arbeitstitel, Name, Matrikelnummer, Datum, Fachgebiet und Betreuer. Beachten Sie, ob es von Seiten der Hochschule Vorschriften hinsichtlich des Layouts und der Formatierung gibt.

Auf dem Titelblatt findet sich der Arbeitstitel, nicht die Forschungsfrage!

- **Inhaltsverzeichnis (optional)**
Dieses gibt einen besseren Überblick über die Struktur des Konzepts.

- **Ausgangssituation und Problemstellung**
Hier wird auf ca. ein bis zwei A4-Seite beschrieben, wie sich die IST-Situation im Hinblick auf den Themenbereich darstellt. Dies sollte auf die Problemstellung hinführen und auch erkennbar machen, weshalb es wichtig ist, dieses Thema aufzugreifen. Auch bereits in der Ausgangssituation des Konzeptes werden verwendete Quellen zitiert.

In welchem Kontext ist die Arbeit zu sehen? Welche theoretische bzw. praktische Relevanz besitzt das Thema? Auf welchem Wissen wird die Arbeit aufgebaut? Welche Sekundärstudien gibt es in diesem Bereich? Zu welchen Ergebnissen sind diese gekommen? Welche Fragestellungen konnten beantwortet werden bzw. welche sind offen geblieben?

- **Zielsetzung und Forschungsfrage**
In diesem Abschnitt soll eindeutig erwähnt werden, welche(s) Ziel(e) mit der wissenschaftlichen Arbeit erreicht werden soll(en). Die Forschungsfrage wird dargestellt, eventuelle Unterfragen werden hinzugefügt. Die Forschungsfrage soll den Erkenntnisgewinn ersichtlich machen sowie klar und präzise formuliert werden. Der Umfang beträgt ca. eine halbe bis eine A4-Seite.

Was ist die eigentliche Fragestellung meiner Forschung? Was will ich wissen? Was ist für eine externe Zielgruppe relevant? Was ist das Ziel der Arbeit? Was ist Nicht-Ziel der Arbeit?

- **Methodische Vorgehensweise**
Hier wird überblicksmäßig beschrieben, welche Methode(n) bei der Bearbeitung der Forschungsfrage angewandt werden. Falls es sich um eine empirische Arbeit handelt, wird nicht nur die Vorgehensweise im Theorieteil beschrieben, sondern auch, wie man im Empirieteil vorgehen möchte. Hier empfiehlt es sich, sich einerseits in die Fachliteratur zum Thema „Wissenschaftstheorie“ einzulesen, sich andererseits auch mit der empirischen Sozialforschung, d.h. mit den qualitativen und quantitativen Forschungsmethoden, auseinanderzusetzen. Handelt es sich um eine reine Literaturarbeit

ohne empirischen Teil, muss trotzdem konkretisiert werden, welche Forschungsmethoden zur Anwendung kommen werden. Der Umfang beträgt ca. eine A4-Seite.

Mit welchen Methoden will ich meine wissenschaftliche Fragestellung (Forschungsfrage) beantworten (Literaturarbeit, empirische Arbeit mit qualitativer und/oder quantitativer Forschungsmethode)? Welche Begründung habe ich für die geplante(n) Methode(n)?

- **Aufbau der Arbeit**

In diesem Abschnitt wird grob skizziert, wie die wissenschaftliche Arbeit aufgebaut werden soll. Dies kann natürlich noch kein endgültiges Inhaltsverzeichnis sein, sondern dient nur als erste Orientierung. Es reicht, die Hauptkapitel sowie mögliche Unterkapitel bis zur zweiten Formatierungsebene (d.h. zum Beispiel Kap. 2.1, Kap. 2.2, usw.) anzuführen. Ein roter Argumentationsfaden muss erkennbar sein. Man spricht in diesem Zusammenhang von einem logisch-deduktiven Aufbau der Arbeit.

Aus welchen Bestandteilen wird die Arbeit aufgebaut? In welche Hauptkapitel wird sich die Arbeit grob gliedern?

- **Literaturverzeichnis**

Im Literaturverzeichnis sollen sich jene Quellen finden, die im Konzept zitiert wurden, aber auch jene, die man bereits gesichtet hat und als für das Thema geeignet empfindet. Im Idealfall werden mindestens 10 bis 15 Quellen angegeben Auch themenbezogene, qualitativ hochwertige, nationale und internationale wissenschaftliche Journals dürfen bei den Quellen nicht fehlen.

Welche Quellen werde ich verwenden bzw. habe ich bereits gesichtet oder in meinem Konzept zitiert?

- **Zeitplan (optional)**

Erstellen Sie sich einen groben Zeitplan, z.B. in Tabellenform, in welchem Sie die einzelnen Schritte Ihres Arbeitsprozesses festhalten und mit einer konkreten Zeitangabe versehen, bis wann Sie diesen Schritt erledigen werden, am besten in Kalenderwochen. Bauen Sie auf alle Fälle auch einen Puffer für Unvorhersehbares, wie z.B. eine Grippewelle, ein. Dieser Zeitplan hilft Ihnen, Ihre Arbeit termingerecht fertigzustellen.

Der Nettoumfang des Konzeptes, sprich ohne Titelblatt und Literaturverzeichnis, wird in etwa fünf A4-Seiten betragen. Die Qualität des Konzeptes entscheidet meist auch über die Betreuungszusage! Je sorgfältiger und konkreter das Konzept geschrieben wird, desto leichter wird man sich außerdem beim anschließenden Verfassen der wissenschaftlichen Arbeit tun.

3.2 Die richtige Literatur zum Thema

Beginnt man für seine gewählte Themenstellung passende Literatur zu suchen, wird sich schnell eine Fülle an Literatur bemerkbar machen, die es zu durchforsten gilt. Nicht jede Literaturquelle, die man in Bibliotheken findet, ist auch für eine wissenschaftliche Arbeit geeignet. Wie man aber die richtige Literatur für seine wissenschaftliche Arbeit findet, wird in diesem Kapitel genauer erklärt.

Zunächst ist es wichtig, dass man sich einen Überblick über die vorhandene Literatur im ausgewählten Themenbereich verschafft. Erst dann kann aus dieser eingegrenzten Selektion die passende Literatur ausgewählt werden.

3.2.1 Literaturüberblick verschaffen

Bevor man überhaupt mit der Bearbeitung einer wissenschaftlichen Themenstellung beginnt, gilt es, sich zu vergewissern, ob auch ausreichend Literatur vorhanden ist. Optimal ist es, wenn mindestens 5 bis 10 aktuellere Beiträge aus Fachbüchern und Fachzeitschriften vorhanden sind und zusätzlich Lehrbuchbeiträge existieren. Hiervon ausgenommen sind populärwissenschaftliche Quellen, wie Tageszeitungen, belletristische Werke, Fachmagazine und Praktikerbücher, die keinen Anspruch auf Wissenschaftlichkeit erheben, sowie unseriöse Internetquellen, bei denen kein Autor ersichtlich ist. Fragestellungen, für die kaum Literatur vorhanden ist, sind bei Bachelorarbeiten sowie Masterarbeiten eher zu vermeiden.

Der erste Literaturüberblick hilft in der Startphase, eventuelle alternative Fragestellungen zu reduzieren und sich schließlich für eine zu entscheiden.

Für die Literaturrecherche stehen neben der klassischen Recherche in Bibliotheken noch andere Möglichkeiten zur Verfügung. Die Recherche kann in nationalen oder internationalen Datenbanken mithilfe von Schlagwortlisten erfolgen. Weiter besteht die Möglichkeit, in Bibliothekskatalogen zu recherchieren. Dies kann vor Ort in einer Bibliothek, aber auch von einem externen PC aus erfolgen. Zusätzlich bietet das World Wide Web eine Vielfalt an Literaturquellen, die es auf ihre Brauchbarkeit hin zu prüfen gilt. Es existiert im Internet ein Navigations- und Schulungssystem, LOTSE, das speziell für Studierende entwickelt wurde. Es bietet Hilfe beim Erlernen wissenschaftlicher Arbeitstechniken und Informationen zur Suche und Beschaffung von Literatur. Außerdem unterstützt es beim Finden und Bewerten fachspezifischer und interdisziplinärer Informationsressourcen sowie einführender Links zu Datenbanken und Katalogen, in denen eine Recherche nach konkreten wissenschaftlichen Fragestellungen möglich ist. Das System findet sich unter dem Link https://lotse.sub.uni-hamburg.de/.

3.2.1.1 Recherche in Bibliothekskatalogen und Datenbanken

Um sich in möglichst kurzer Zeit einen umfangreichen Literaturüberblick zu schaffen, empfiehlt sich zunächst die Suche in Bibliothekskatalogen und Datenbanken. Am besten beginnt man bei seiner Stammbibliothek und weitet die Suche auf regionale und nationale Bibliotheken aus. Sollte eine Bibliothek nicht in Reichweite liegen, so kann man sich gegen einen Unkostenbeitrag Bücher und Zeitschriften per Fernleihe zuschicken lassen. Manchmal besteht auch die Möglichkeit, dass man sich in Datenbanken digitale Werke gleich direkt ausdrucken kann, oft sogar kostenlos.

Für eine umfassende Literaturrecherche sollten sowohl Bibliothekskataloge als auch Literaturdatenbanken benutzt werden. Der Grund dafür ist, dass Bibliothekskataloge den Bestand an Büchern, Zeitschriften oder anderen Medien einer oder mehrerer Bibliotheken nachweisen, allerdings in der Regel keine einzelnen Artikel aus Büchern und Zeitschriften. In Literaturdatenbanken hingegen finden sich Literaturquellen unabhängig vom physischen Bibliotheksbestand. Bücher werden sowohl in Bibliothekskatalogen als auch in Literaturdatenbanken inhaltlich erschlossen, einzelne Artikel nur in Literaturdatenbanken.

Die Bibliothekskataloge sind immer in gewisse Kategorien unterteilt, sodass die Suche nach bestimmten Quellen einfacher wird.

Meist liegt folgende Unterteilung vor:

- Onlinekatalog: führt Recherchen in den Beständen der Haupt- und Institutsbibliotheken der jeweiligen Hochschule durch;
- Lehrbuchsammlung: der jeweiligen Hochschule;
- Master-/Diplomarbeiten: der jeweiligen Hochschule;
- Dissertationen: der jeweiligen Hochschule;
- Zeitschriften: Im Katalog „Zeitschriften" können Recherchen nach Zeitungen und Zeitschriften der jeweiligen Bibliothek und der Institutsbibliotheken der Hochschule durchgeführt werden;
- Elektronische Zeitschriften: Die Suche nach elektronischen Zeitschriftentiteln bietet einen schnellen und strukturierten Zugang zu wissenschaftlichen Zeitschriften. Jedoch sind nicht alle dieser Zeitschriften in einer Volltextversion kostenlos zugänglich. Je nachdem, welche Lizenzvereinbarung die jeweilige Hochschule getroffen hat, wird eine bestimmte Anzahl an Zeitschriften freigeschaltet. Für die anderen Zeitschriften gibt es die Möglichkeit eines kostenpflichtigen Downloads.

Österreichweit gibt es zusätzlich einen Verbundkatalog, mit dem Recherchen in den Beständen aller österreichischen Universitätsbibliotheken durchgeführt werden können.

- Verbundkatalog: Hier können Recherchen in den Beständen aller österreichischen Universitätsbibliotheken durchgeführt werden.

- Zeitschriften: Im Teilkatalog „Zeitschriften" des österreichischen Verbundkatalogs können Recherchen nach Zeitungen und Zeitschriften in österreichischen Bibliotheken durchgeführt werden. Er umfasst alle fortlaufenden Publikationen, wie Zeitungen, Zeitschriften, zeitschriftenartige Werke (Jahrbücher, Geschäftsberichte etc.) sowie Schriftenreihen.

Ausgewählte Bibliothekskataloge in Deutschland:

- Virtueller Katalog der Universität Karlsruhe (www.ubka.uni-karlsruhe.de/kvk.html)
- Bibliotheken und Online-Kataloge in Deutschland (www.bsz-bw.de/bibldienste/deutsch.html)
- Gutes Verzeichnis von online abfragbaren Bibliothekskatalogen (www.grassgis.de/bibliotheken/kataloge.html)
- Deutsche Zeitschriftendatenbank (ZDB): zur Suche nach Zeitschriften und Zeitungen
- OPAC des BibliotheksVerbundes Bayern
- Gesamtkatalog der Deutschen Nationalbibliothek Berlin/Frankfurt am Main/Leipzig
- Dissertationen und Habilitationsschriften in gedruckter oder elektronischer Form unter www.dissonline.de; hier kann direkt nach Online-Dissertationen und Habilitationen (seit neustem auch aus dem Bestand der Schweizerischen Nationalbibliothek) recherchiert werden
- HeBIS-Verbundkatalog und HBZ-Verbundkatalog
- Verbundkatalog öffentlicher Bibliotheken im Gemeinsamen Bibliotheksverbund (GBV)
- Katalog des Südwestdeutschen Bibliotheksverbundes
- Staatsbibliothek zu Berlin: Online-Katalog (StaBiKat)

Ausgewählte Bibliothekskataloge in Österreich:

- Online-Kataloge aus Wien des Österreichischen Bibliothekenverbundes: enthält wichtige Bibliotheken, wie die Österreichische Nationalbibliothek, die Medizinische Universität Wien, die Technische Universität Wien, die Universität für Bodenkultur Wien, die Universität Wien, Veterinärmedizinische Universität Wien sowie die Wirtschaftsuniversität Wien
- Online-Kataloge aus den Bundesländern des Österreichischen Bibliotheken-Verbundes
- Katalog des WIFO - Österreichisches Institut für Wirtschaftsforschung
- Katalog des IHS - Institut für Höhere Studien
- Verbundkatalog der österreichischen Landesbibliotheken
- Online-Katalog der Büchereien Wien

Ausgewählte Virtuelle Fachbibliotheken:

- Vascoda: Portal Virtueller Fachbibliotheken
- b2i: Wissenschaftsportal Bibliotheks-, Buch- und Informationswissenschaften
- EconBiz: Virtuelle Fachbibliothek Wirtschaftswissenschaften
- FACHPORTALpaedagogik.DE: Fachportal Pädagogik
- GEO-LEO: Virtuelle Fachbibliothek zu Geographie, Thematische Karten etc.
- historicum.net: Geschichtswissenschaften im Internet
- infoconnex: Informationsdienst für Pädagogik, Sozialwissenschaften, Psychologie
- Slavistik-Portal: Virtuelle Fachbibliothek Slavistik
- ViBSoz: Virtuelle Fachbibliothek Sozialwissenschaften
- ViFaOst: Virtuelle Fachbibliothek Osteuropa
- ViFaPol: Virtuelle Fachbibliothek Politikwissenschaft
- ViFaRecht: Virtuelle Fachbibliothek Recht
- ViFaPsy: Virtuelle Fachbibliothek Psychologie
- Vlib-AAC: Virtuelle Fachbibliothek Angloamerikanischer Kulturraum

Sonstige bibliothekarisch relevante Internetressourcen:

- Bibliothekenverzeichnis der European Business Schools Librarians' Group (EBSLG) (http://www.ebslg.org)
- Bibliotheksglossar (http://www.bibliotheks-glossar.de): zweisprachiges (D/E) bibliothekarisches Wörterbuch
- hbz (http://digilink.digibib.net/wk/links.pl): Werkzeugkasten zu verschiedensten bibliotheksrelevanten Themen

Die nachfolgende Tabelle 3-1 bietet nochmals einen zusammenfassenden Überblick über alle relevanten Hochschulbibliotheken in Deutschland.

Tabelle 3-1: Hochschulbibliotheken in Deutschland

A bis E	F bis L	M bis Z
RWTH Aachen	Uni Frankfurt/Main	Uni Magdeburg
Uni Augsburg	Uni Frankfurt/Oder	Uni Mainz
Uni Bayreuth	Uni Freiburg im Br.	Uni Mannheim
FU Berlin	Uni Giessen	Uni Marburg
HU Berlin	Uni Göttingen	TU München
TU Berlin	Uni Greifswald	LMU (Uni) München
FHTW Berlin	Fernuni Hagen	Uni Münster
Uni Bielefeld	Uni Halle	Uni Oldenburg
Ruhr-Uni Bochum	Uni Hamburg	Uni Osnabrück
Uni Bonn	Uni Hannover	Uni Paderborn
TU Braunschweig	Uni Heidelberg	Uni Passau
Uni Bremen	PH Heidelberg	Uni Potsdam
TU Chemnitz	Uni Hohenheim	Uni Regensburg
TU Clausthal	TU Illmenau	Uni Saarbrücken
TU Cottbus	Uni Jena	Uni Siegen
TU Darmstadt	Uni Kaiserslautern	Uni Stuttgart
Uni Dortmund	Bibliotheksportal Karlsruhe	Uni Trier
TU Dresden	Uni Kassel	Uni Tübingen
Uni Duisburg-Essen	Uni Kiel	Uni Ulm
Uni Düsseldorf	Uni Köln	Uni Weimar
FH Düsseldorf	Uni Konstanz	Uni Würzburg
Uni Erlangen-Nürnberg	Uni Leipzig	Uni Wuppertal
	Uni Lüneburg	

3.2.1.2 Recherche im Internet

Die Recherche im Internet erfolgt in erster Linie mit Websuchmaschinen. Diese machen den Volltext von Dokumenten im Internet suchbar. Sie werden verwendet, wenn das Thema mit Suchbegriffen schon genau umschrieben werden kann oder wenn konkrete Personen, Institutionen etc. gesucht werden. Ebenfalls als hilfreich erweisen sich sogenannte Webverzeichnisse, d.h. Sammlungen von Adressen von Webressourcen, die nach bestimmten Themen sortiert sind. Sie erlauben einen einfachen Einstieg in eine Recherche und bieten einen Überblick über ein Thema.

Wissenschaftliche Suchmaschinen

Eine zentrale Websuchmaschine für wissenschaftliche Recherchen ist Google Scholar (http://scholar.google.de), die auch Hinweise zur Zitationshäufigkeit gibt. CiteSeerX (http://citeseer.ist.psu.edu) ermöglicht die Websuche nach Volltextartikeln zu betriebswirtschaftlichen Themen. EBSCO-Online beinhaltet Volltexte von Zeitschriften der WWZ Bibliothek (Fachbereichsbibliothek für Wirtschaftswissenschaften, Soziologie und Politologie) mit Suchfunktion (www-us.ebsco.com/online/Reader.asp). Verschiedene BWL-Datenbanken finden sich bei German Information Network (www.gbi.de).

Wissenschaftliche Verzeichnisse

Ein allgemeiner wissenschaftlicher Webkatalog mit einer sehr übersichtlichen Browsingstruktur ist BUBL Information Service (http://bubl.ac.uk) ist. Für Webressourcen aus dem Bereich der Sozialwissenschaften empfiehlt sich intute: social sciences (http://www.intute.ac.uk/socialsciences). Resources for Economists on the Internet (http://rfe.org) und das Inomics EconDirectory (http://www.inomics.com) sind vorwiegend englischsprachige Verzeichnisse mit dem Schwerpunkt Volkswirtschaftslehre. Das Datenbank-Infosystem DBIS (http://rzblx10.uni-regensburg.de/dbinfo/fachliste.php?lett=l) ist ein Verzeichnis von freien und kostenpflichtigen Recherchedatenbanken im Web. Ein praktischer Tipp zur Literaturrecherche im Internet ist, die Websites ausgewählter themenspezifischer Forschungsinstitutionen heranzuziehen. Im wirtschaftswissenschaftlichen Bereich bieten nachfolgende österreichische und deutsche Institute brauchbare Informationen:

- Institut für Höhere Studien (http://www.ihs.ac.at)
- KMU Forschung Austria (http://www.kmuforschung.ac.at)
- Österreichisches Institut für Wirtschaftsforschung (http://www.wifo.ac.at)
- Statistik Austria (http://www.statistik.at/)
- AC Nielsen (http:// www.acnielsen.de/site/index.shtml)
- Wiener Institut für Internationale Wirtschaftsvergleiche (http://www.wiiw.ac.at)
- Statistisches Bundesamt (http://www.destatis.de)
- EU (http://europa.eu.int)

Bewerten von Internetquellen

Der Gebrauch von allgemeinen Suchmaschinen, wie beispielsweise Google, führt zu einer Fülle von Internetseiten, von denen man nicht auf den ersten Blick weiß, wie zuverlässig sie sind und ob sie für wissenschaftliche Zwecke geeignet sind. Der nachfolgende Kriterienkatalog soll helfen, Internetquellen auf ihre Brauchbarkeit für wissenschaftliche Arbeiten zu prüfen.

1. Als erstes sollte man sich die Frage stellen, ob der Autor der Seite benannt ist. Kann er Referenzen anführen (etwa ein akademischer Titel), die ihn als Experten ausweisen? Ist eine Kontaktadresse ersichtlich?
2. Wer betreibt den Server (Universität, andere Forschungseinrichtung, Regierung, Privatperson)?
3. An welches Publikum richtet sich die Seite? Ist die Ausrichtung der Seite eher wissenschaftlich oder eher kommerziell? Erscheint Werbung auf der Seite?
4. Gibt der Autor seine Quellen vollständig an?
5. Ist der Text logisch gegliedert und in sinnvolle Abschnitte unterteilt? Ist der Text vollständig oder stellt er nur einen Ausschnitt eines längeren, gedruckten Textes dar? Sind die Informationen eher oberflächlich oder detailliert? Ist die Navigation innerhalb der Seite einfach und klar verständlich?
6. Gibt es eine seiteninterne Suchfunktion, die eine Recherche erleichtert?

7. Dienen Graphiken und Animationen einem Zweck oder sind sie nur Dekoration, die vom eigentlichen Thema ablenkt? Wird die Option „Nur Text" angeboten, mit der man die grafischen Elemente ausschalten kann?
8. Wie sorgfältig ist die Seite erstellt worden? Gibt es viele Rechtschreib- oder Tippfehler oder veraltete, „blinde" Links?
9. Wann wurde die Seite erstellt? Wann wurde zum letzten Mal ein Update erstellt? Werden die Informationen regelmäßig aktualisiert? Sind die Links noch aktuell oder hat sich die Zieladresse geändert? Sind die Links kommentiert oder ggf. bewertet?

Grundsätzlich gilt: Vergleichen Sie die Relevanz, Inhalt und Qualität der Internetquelle gegenüber Printmedien und elektronischen Ressourcen Ihrer Hochschulbibliothek und fragen Sie sich, ob die vorliegende Website für Ihre wissenschaftliche Arbeit wirklich besser geeignet ist.

3.2.1.3 Recherchen in wissenschaftlichen Zeitschriften

Beim Verfassen einer wissenschaftlichen Arbeit ist es wesentlich, die neuesten themenrelevanten Erkenntnisse aufzugreifen und auf diesen aufzubauen. Deshalb ist es so wichtig, wissenschaftliche Fachzeitschriften (Journals) zu sichten, da in diesen der aktuelle Stand der Wissenschaft veröffentlicht wird. Es gibt eine Fülle von Fachzeitschriften, die in ihrer Qualität sehr unterschiedlich sind. International üblich ist es, aus allen weltweit vorhandenen wissenschaftlichen Journals eine Rangliste zu erstellen, die von A+ über A, B, C bis D und E reichen kann:

- von A+, A = diese Journals stehen für ein extrem restriktives Begutachtungsverfahren und geringe Annahmequote der Beiträge;
- bis D, E = diese sind thematisch spezialisierte Zeitschriften, die weniger selektiv bei der Annahme von Beiträgen sind.

Bezüglich der Einstufung einzelner Journals besteht nicht immer Einigkeit in der Scientific Community. So kommt es, dass unterschiedliche Bewertungen auch zu verschiedenen Ergebnissen führen.

Tipp
Unter dem nachfolgenden Link ist eine Liste der Wirtschaftsuniversität Wien erhältlich, die eine vergleichende Bewertung aller Zeitschriften mit hoher Reputation unter Wirtschaftswissenschaftlern aufzeigt: https://www.wu.ac.at/mitarbeitende/infos-fuer-forschende/wu-journalratings-leistungspraemien/.
Ein weiteres empfehlenswertes Journal Ranking, welches vom Verband der Hochschullehrer für Betriebswirtschaft herausgegeben wurde, findet sich unter: http://vhbonline.org/vhb4you/jourqual/.

Wissenschaftliche nationale und internationale Journals findet man am leichtesten und schnellsten in Online-Datenbanken. Je nachdem, welche Lizenzvereinbarung die jeweilige Hochschule getroffen hat, wird eine bestimmte Anzahl an Zeitschriften freigeschaltet, d.h. diese sind in einer Volltextversion kostenlos zugänglich. Für die anderen Zeitschriften gibt es die Möglichkeit eines kostenpflichtigen Downloads. Die Abstracts der Zeitschriftentitel sind in beiden Fällen frei zugängig.

Folgende wirtschaftswissenschaftliche Forschungsdatenbanken sind am häufigsten an Hochschulen vorhanden:

- ABI/INFORM® Proquest (http://www.proquest.com)
- EBSCO Business Source Premier (http://www.ebscohost.com/academic/business-source-premier)

Weitere wirtschaftswissenschaftliche Datenbanken, die hilfreich bei der Suche nach wissenschaftlichen Artikeln sind und an den meisten Hochschulbibliotheken zur Verfügung stehen, sind:

- Emerald Insight
- ScienceDirect
- SpringerLink

Da alle diese Datenbanken englischsprachig sind, muss die Stichwortsuche auch auf Englisch erfolgen.

Eine weitere Möglichkeit, wissenschaftliche Artikel zu finden, bietet Google Scholar (http://scholar.google.at/). Manche Zeitschriftentitel stehen dort kostenlos als Download zur Verfügung, andere nur als Abstract. Je nachdem, ob man in englischer oder deutscher Sprache sucht, erscheinen englische oder deutschsprachige Artikel.

Bei der Fülle der Zeitschriftentitel ist es nicht immer leicht, die passenden auszuwählen. Nach den wichtigsten Themengebieten geordnet sind nachfolgende Zeitschriftentitel aus Betreuersicht empfehlenswert. Die Liste erhebt aber keinesfalls Anspruch auf Vollständigkeit, sondern stellt nur eine selektive Auswahl geeigneter nationaler und internationaler Journals dar.

Zeitschriftentitel Marketing

- Journal of Marketing
- Journal of Marketing Research
- Journal of Consumer Research
- International Journal of Research in Marketing
- European Journal of Marketing
- Marketing ZFP
- der markt - International Journal of Marketing

Zeitschriftentitel Handel

- Journal of Retailing
- Journal of Retailing and Consumer Research
- International Journal of Retail and Distribution Management
- Jahrbuch der Handelsforschung

- Journal of Personal Selling and Sales Management
- Lebensmittelpraxis international

Zeitschriftentitel ABWL

- Management Science
- Acadamy of Management Journal
- Strategic Management Journal
- Journal für Betriebswirtschaft (JfB)
- Schmalenbachs Zeitschrift für betriebswirtschaftliche Forschung (ZfbF)
- Die Betriebswirtschaft (DBW)
- Betriebswirtschaftliche Forschung und Praxis (BFuP)
- Wirtschaftswissenschaftliches Studium (Wist)
- Harvard Business Review

Zeitschriftentitel Rechnungswesen und Controlling

- Journal of Financial and Quantitative Analysis
- Journal of Accounting and Economics
- Accounting Review
- Journal of Business Finance and Accounting
- Steuer und Wirtschaft
- European Accounting Review
- European Journal of Finance

Zeitschriftentitel Organisation und Personal

- Organization Science
- Journal of International Business Studies (JIBS)
- Journal of Economic Behavior and Organization
- International Journal of Human Resource Management
- Journal of Applied Behavioral Science
- Zeitschrift für Personalforschung (ZfP)

3.2.2 Passende Literatur auswählen

Zu Beginn jeder wissenschaftlichen Arbeit sieht man sich meist einer Fülle von themenspezifischen Literaturquellen gegenüber, aus denen es nun gilt, die wesentlichen Quellen und Informationen herauszufiltern. Dafür ist es zunächst wichtig, zu jedem anvisierten Themenbereich die Problemlandschaft zu analysieren. Die Beantwortung nachfolgender Fragestellungen hilft bei der Auswahl passender Literatur.

1. Worum geht es grundsätzlich? Ist eine Problemzerlegung möglich?
2. Welche zentralen Begriffe und Kernbereiche beinhaltet das Thema?
3. Welche mögliche Antwort gibt es auf die gewählte Forschungsfrage?
4. Wo könnten sich Lösungsansätze finden?

5. Welche Erkenntnisse und Studien gibt es bereits zu diesem Problem?
6. Welche bestehenden Ansätze zur Problemlösung gibt es?

Es ist auch hilfreich, sich die Literaturverzeichnisse von themenrelevanten Bachelor- und Masterarbeiten, Dissertationen und Speziallehrbüchern anzusehen, um auf Ideen zu kommen, welche Literaturquelle wertvolle Informationen beinhaltet. Hier gilt es dann, sich die Originalquelle zu beschaffen und diese zu zitieren. Wichtig ist immer, die aktuellste Literatur zuerst zu sichten und nicht zu alte Quellen oder alte Auflagen zu verwenden. Ältere Quellen sind nur dann erlaubt, wenn es sich um die Originalquelle handelt, in welcher der Beitrag zum ersten Mal veröffentlicht wurde bzw. es seither keine neueren Erkenntnisse gegeben hat. Sekundärzitate sind nur dann zulässig, wenn die Originalquelle vergriffen ist und nicht mehr beschafft werden kann (vgl. dazu Kapitel 3.6.3).
Die oberste Regel bei der Auswahl der passenden Literatur ist somit: Immer den aktuellsten Stand der Wissenschaft im gewählten Themenbereich aufgreifen und darauf aufbauen!

3.3 Wissenschaftliche Arbeiten logisch gliedern

Wissenschaftliche Arbeiten haben grundsätzlich drei Kernbestandteile: eine Einleitung, einen Hauptteil und einen Schlussteil. Diese drei Teile müssen schlüssig und nachvollziehbar aufeinander aufbauen, ein durchgängiger Fluss der Arbeit muss ersichtlich sein. Auch bei den einzelnen Haupt- und Unterkapiteln muss bei der literaturgestützten Argumentation ein „roter Faden" erkennbar sein. Die Struktur einer wissenschaftlichen Arbeit geht grundsätzlich bereits aus der zentralen Forschungsfrage hervor, da die zentralen Begriffe bereits aussagen, welche Themen in der Arbeit unbedingt vorkommen müssen.

Beispiel
Forschungsfrage: Kann durch Kultursponsoring das Image eines Konsumgüter-Unternehmens aus Sicht der Konsumenten beeinflusst werden?
Hauptkapitel: Kultursponsoring, Imagebildung, Zusammenhang zwischen Kultursponsoring und Image von Konsumgüterunternehmen

Bevor aber auf diese allgemeinen Gliederungsgrundsätze detailliert eingegangen wird, werden zunächst noch die einzelnen Kernbestandteile einer wissenschaftlichen Arbeit konkreter erläutert.

3.3.1 Kernbestandteile einer wissenschaftlichen Arbeit

Jede wissenschaftliche Arbeit besteht aus mindestens drei inhaltlichen Teilen:

- **Einleitung**: mit ca. 10 Prozent des Nettoumfangs der Arbeit;
- **Hauptteil**: welcher 70 bis 80 Prozent des Netto-Seitenumfangs umfasst, je nachdem, wie lang der Schlussteil ausfällt und ob eine empirische Studie inkludiert wird, die entsprechend mehr Seiten erfordert;
- **Schlussteil**: mit 10 bis 20 Prozent, je nachdem, wie ausführlich die Handlungsempfehlungen und das Fazit ausfallen. Bei Auftraggeberarbeiten wird der Schlussteil sicher länger ausfallen, da dem Auftraggeber die Handlungsempfehlungen meistens wichtiger sind als theoretische Ausführungen und Modelle.

Diese drei Kernbestandteile sollen eine logisch-schlüssige Argumentationslinie aufweisen, d.h. der Aufbau muss sich an einem „roten Faden" orientieren. Vom Nettoumfang spricht man dann, wenn man nur den inhaltlichen Teil der Arbeit meint, ohne den technischen Apparat und die Servicekapitel. Zum technischen Apparat gehören Deckblatt, Titelblatt sowie alle Verzeichnisse (Inhalts-, Abbildungs-, Tabellen-, Abkürzungs- und Literaturverzeichnis). Zu den Servicekapiteln zählen das Vorwort, die Danksagung, das Abstract und der Anhang. Der Nettoumfang plus der technische Apparat und die Servicekapitel sind der Bruttoumfang. Dieser kann so lang wie nötig sein, limitiert wird immer nur der Nettoumfang.

3.3.1.1 Einleitung

Der erste Kernbestandteil jeder wissenschaftlichen Arbeit ist die Einleitung. Hat man erst einmal ein konkretes Konzept (Exposé) verfasst, so kann man aus diesem sehr gut das einleitende Kapitel verfassen. Meist werden aber vor allem die Ausgangssituation und die Zielsetzung in der eigentlichen Arbeit noch um Inhalt und Quellen ergänzt. Die Einleitung enthält normalerweise die nachfolgenden Bestandteile.

Jede Arbeit beginnt mit einer Ausgangssituation, die in die Problemstellung mündet. Hier soll zunächst darauf eingegangen werden, wie sich die Ist-Situation der gewählten Thematik bis dato darstellt. Diese Darstellung soll bereits auf fundierten Literaturquellen beruhen, literaturgestützte Ableitungen und Kommentare sind selbstverständlich zulässig. In der Problemstellung wird nochmals verdeutlicht, welche Konsequenzen sich aus dieser Ausgangssituation ergeben und weshalb es wichtig erscheint, das Thema aus praktischen und theoretischen Gründen zu behandeln.

Das nächste Unterkapitel befasst sich mit der Zielsetzung. Hier soll detailliert beschrieben werden, was konkret im Rahmen der Arbeit erforscht wird und welche Forschungsfrage(n) beantwortet werden soll(en). Auch eventuelle Unterfragen können zur Forschungsfrage formuliert werden, um das Forschungsziel genau einzugrenzen. Diese sollen sich aber im Bereich der Forschungsfrage befinden und nicht neue Themenbereiche aufgreifen.

Beispiel
Ziel dieser Arbeit ist es, dem Leser zu Beginn eine Übersicht über die derzeitige Marktsituation im Lebensmitteleinzelhandel zu geben und somit die Problematik der

Marktsättigung und Marktkonzentration hervorzuheben. Des Weiteren werden Differenzierungsstrategien und deren Risiken diskutiert. Im letzten Kapitel wird der Einsatz von Nischenprodukten im Lebensmitteleinzelhandel und dessen Akzeptanz beim Kunden erarbeitet. Abgeleitet von den oben genannten Problemstellungen soll somit im Rahmen dieser Arbeit folgende Forschungsfrage beantwortet werden: Wie können Nischenprodukte als Differenzierungsmöglichkeit im österreichischen Lebensmitteleinzelhandel genutzt werden?

In der Einleitung sollte sich auch die methodische Vorgehensweise befinden. Hier wird darauf eingegangen, welcher Forschungszugang im Theorieteil und welches Forschungsdesign im Empirieteil verwendet werden. Wissenschaftstheoretische Gesichtspunkte und Begrifflichkeiten werden dort einfließen.

Beispiel
Diese Masterarbeit besteht aus zwei Teilen: dem Literaturteil und der empirischen Untersuchung. Im Literaturteil kommt die Methode der logischen Deduktion zur Anwendung, das heißt, dass erklärte Phänomene (Explanandum) logisch deduktiv aus allgemeinen Gesetzen abgeleitet werden. Die Themenstellung soll möglichst objektiv bearbeitet werden und das Ergebnis soll neu dargestelltes Wissen sein. Im Zentrum dieser Arbeit steht die Beantwortung der Forschungsfrage. Im empirischen Teil sollen verschiedene Verpackungstests dargestellt werden, um anschließend eine Testmethode, die Fokusgruppendiskussion, zur Durchführung auszuwählen. Die Ergebnisse der empirischen Arbeit sollen Forschungslücken füllen und die zuvor ausgearbeitete Literatur untermauern und ergänzen.

Danach sollte in groben Zügen erläutert werden, wie die wissenschaftliche Arbeit aufgebaut wird. Es empfiehlt sich, nur auf die Hauptkapitel einzugehen und nicht das Inhaltsverzeichnis wortgetreu wiederzugeben.

Üblicherweise befindet sich in der Einleitung noch ein Kapitel, in welchem die zentralen Begriffe voneinander abgegrenzt und definiert werden. Dieses Kapitel Begriffsdefinitionen kann aber auch ein eigenständiges Hauptkapitel nach der Einleitung sein, je nachdem, wie umfangreich dieses ausfällt. Darin werden folgende Fragen geklärt: Wie werden die zentralen Begriffe im Rahmen der Arbeit verstanden? Wodurch unterscheiden sich diese von ähnlichen Begriffen, oder werden sie synonym verstanden? Was wird nicht behandelt? Welche Definitionen finden sich in der Literatur und wie sieht man selber den Begriff? Wichtig ist, hier noch keine theoretischen Abhandlungen und Modelle zu behandeln, sondern nur die zentralen Begriffe zu definieren, voneinander abzugrenzen und eine Arbeitsdefinition zu finden, welche im Rahmen der Arbeit Gültigkeit hat. Die zentralen Begriffe ergeben sich meist aus der Forschungsfrage. Wichtig ist, nicht zu viele Begriffe zu behandeln – üblich sind zwei bis drei.

Beispiel zur Begriffsabgrenzung von Konsumentenverhalten:
Konsumentenverhalten im engeren Sinn ist das Verhalten der Menschen beim Kauf und Konsum von wirtschaftlichen Gütern laut Kroeber-Riel & Weinberg (2003). Hin-

gegen ist Konsumentenverhalten im weiteren Sinn das Verhalten der Letztverbraucher von materiellen und immateriellen Gütern.
Konsumentenverhalten ist der Ablauf von Prozessen, bei dem Konsumenten alleine oder in der Gruppe Produkte, Dienstleistungen, Ideen oder Erfahrungen auswählen, kaufen, benutzen oder wegwerfen. Das Hauptziel ist die Bedürfnisbefriedigung. Jeder Mensch egal welchen Alters hat Bedürfnisse, die von Grundbedürfnissen bis hin zu Liebe und Ansehen reichen. Werbefachleute müssen dieses Konsumentenverhalten verstehen, um Produkte bewerben zu können (Solomon, Bamossy, & Askegaard, 2001, S. 22 ff.).
Die Autorin setzt die Begriffe Konsumentenverhalten und Kaufentscheidung synonym. Folgende Begriffsabgrenzung wird verwendet: Beides erklärt das Verhalten, welches beim privaten Kauf von Produkten, sowohl materieller als auch immaterieller Güter, entsteht. Das Kaufverhalten bei Dienstleistungen wird in dieser Arbeit nicht beschrieben.

Nachdem die Einleitung abgeschlossen ist, folgt der Hauptteil der wissenschaftlichen Arbeit.

3.3.1.2 Hauptteil

Der Hauptteil einer wissenschaftlichen Arbeit ist ausschließlich auf die Problemstellung und die Bearbeitung der Forschungsfrage auszurichten. Eine themenspezifische Schwerpunktsetzung ist notwendig. D.h. je enger und tiefer das Thema behandelt wird, desto besser. Allgemeinwissen oder allgemein Bekanntes sollte nicht in die Arbeit aufgenommen werden. Um sicherzugehen, ob gewisse Inhalte in die Arbeit eingehen sollen, empfiehlt sich folgende Prüffrage: Ist dieser Inhalt ein notwendiger Teilschritt in der fragestellungsbezogenen Argumentationskette? Wenn ja, dann kommt dieser Inhalt in die Arbeit. Wenn nein, besser weglassen!

Beispiel
Die Arbeit befasst sich mit frauenspezifischer Werbung im Fernsehen. Themenbereiche wie die vier P's im Marketing oder eine detaillierte Behandlung aller kommunikationspolitischen Instrumente haben in der Arbeit nichts verloren. Der Fokus sollte auf dem kommunikationspolitischen Instrument Fernsehwerbung liegen.

Die Argumentationskette zur Beantwortung der Forschungsfrage muss lückenlos sein! Gleichzeitig sollten sich keine Wiederholungen in der Arbeit befinden. Der Hauptteil sollte grundsätzlich logisch-deduktiv aufgebaut werden, das heißt, man beginnt zuerst mit den allgemeinen themenspezifischen Inhalten und Modellen und wird dann immer spezieller und geht mehr ins Detail. Man kann sich die Vorgehensweise wie einen Trichter vorstellen, der oben breiter ist und nach unten immer enger wird.

Das nachfolgende Beispiel in der Abbildung 3-3 demonstriert, wie bei der Beantwortung der Forschungsfrage „Wie kann mit gezielter frauenspezifischer Fernsehwerbung die Kaufentscheidung von Frauen beeinflusst werden?" vorgegangen werden könnte.

Abbildung 3-3: Argumentationskette zur Beantwortung der Forschungsfrage

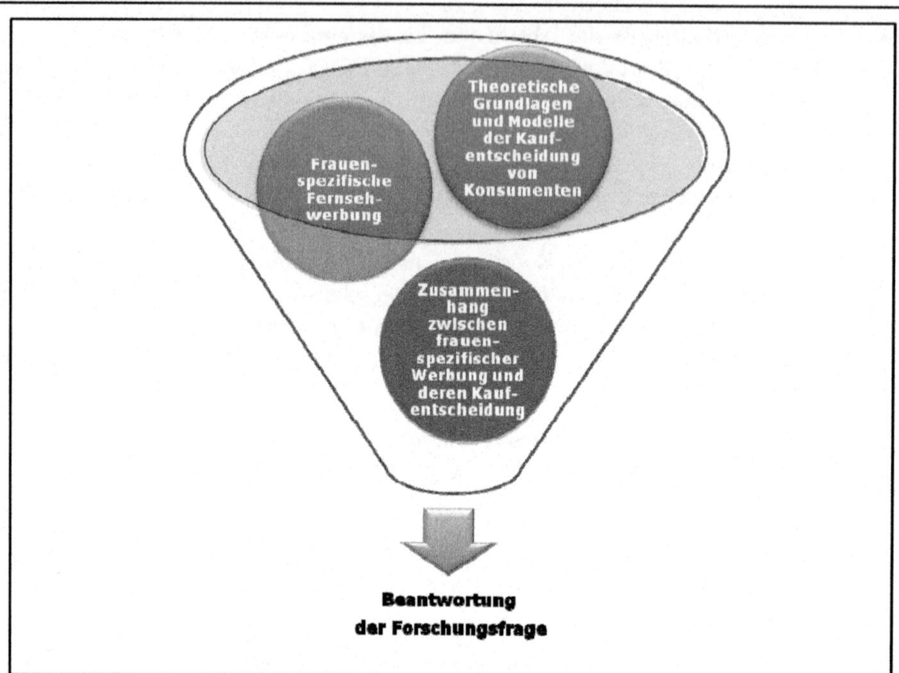

Wie viele Haupt- und Unterkapitel in den Hauptteil einbezogen werden, hängt von der jeweiligen Themenstellung ab. Die allgemeinen Gliederungsrichtlinien sowie das Finden einer passenden Argumentationslinie werden in den nachfolgenden Kapiteln behandelt.

Falls die Arbeit eine empirische Studie enthalten soll, besteht der Hauptteil aus einem Theorieteil und einem Empirieteil. Beide sollen aufeinander aufbauen. Im Idealfall werden zuerst die theoretischen Inhalte abgehandelt, welche dann durch eine empirische Studie ergänzt oder überprüft werden.

3.3.1.3 Schlussteil

Der dritte Kernbestandteil einer wissenschaftlichen Arbeit ist der Schlussteil. Dieser enthält die Zusammenfassung der Arbeit sowie die zentralen Ergebnisse – einschließlich der Beantwortung der Forschungsfrage(n) – auf ca. ein bis zwei A4-Seiten. Je nach Thema und Problemstellung folgt danach entweder ein Fazit oder ein Ausblick. Handlungsempfehlungen anzufügen macht vor allem dann Sinn, wenn es sich um eine Auftraggeberarbeit handelt. In diesem Fall sollte das Schlusskapitel etwas ausführlicher sein und sich beim Seitennettoumfang der 20-Prozent-Grenze annähern.

In das Schlusskapitel könnte man zusätzlich aufnehmen, welche Aspekte noch offen geblieben sind, ergänzt um eine Erläuterung und Begründung, warum diese nicht mehr behandelt wurden. Hinweise auf weiterführende Forschungsarbeiten sollten in diesem Fall auch enthalten sein.

Wichtig ist, zu beachten, dass die eigene Arbeit durchgängig einer kritischen Reflexion unterzogen werden sollte. Das heißt, auch zentrale Ergebnisse oder ein Forschungsdesign, welche nicht den gewünschten Erfolg gebracht haben, sollten erwähnt werden, die Problematik erläutert und eventuelle Fehler mit Verbesserungsvorschlägen aufgezeigt werden.

Grundsätzlich sollten im Schlussteil keine neuen Themenbereiche mehr aufgegriffen werden. Bereits behandelte Inhalte, welche im Rahmen des Hauptteiles auch schon zitiert wurden, müssen im Schlussteil nicht mehr zitiert werden. Vor allem in der Zusammenfassung sollten keine neuen Zitate und Literaturquellen eingebaut werden.

Der Schlussteil wird bei wissenschaftlichen Arbeiten sehr gerne vernachlässigt, da die Zeit meist drängt und man gerne seine Arbeit abschließen möchte. Aber gerade dieser Teil findet normalerweise beim Leser wieder mehr Beachtung als manche Kapitel im Hauptteil, vor allem die theoretischen Kapitel. Die Handlungsempfehlungen beispielsweise werden von einem Auftraggeber normalerweise sehr genau studiert, da er diese ja gerne realisieren möchte oder als Gedankenanstoß nutzt. Deshalb sollte auf eine sorgfältige Erstellung Wert gelegt werden.

3.3.2 Allgemeine Gliederungsgrundsätze

Generell gibt es fünf allgemeine Grundsätze für das logische Gliedern, die beim Abfassen einer wissenschaftlichen Arbeit zu beachten sind.

1. Ein Hauptkapitel muss mindestens zwei Unterkapitel beinhalten, d.h. gibt es beispielsweise im Kapitel 3 einen Unterpunkt 3.1, dann hat auch ein Unterpunkt 3.2 zu folgen.

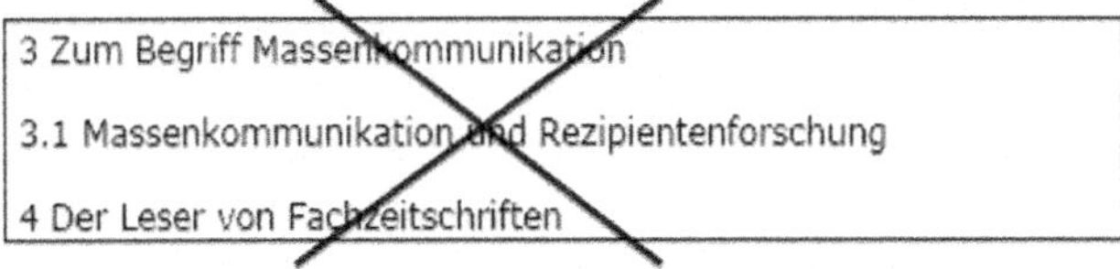

2. Die Unterkapitel sollten keine wortgetreuen Wiederholungen des Hauptkapitels beinhalten, die Überschriften sollten sich eindeutig voneinander unterscheiden. Deshalb Gliederungen wie die nachfolgende vermeiden:

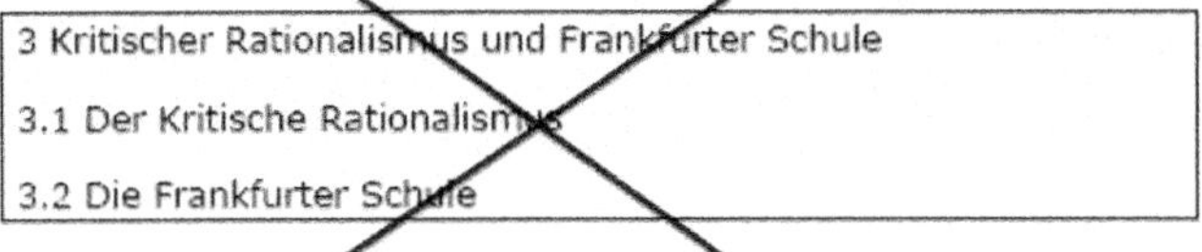

Besser unterschiedliche Formulierungen verwenden, wie zum Beispiel:

> 3 Die Wertediskussion in den Sozialwissenschaften
>
> 3.1 Der Kritische Rationalismus
>
> 3.2 Die Frankfurter Schule

3. Inhalte, die nicht unmittelbar zum Thema gehören, dennoch aber erwähnenswert sind, sollten in einem „Exkurs" gesondert ausgewiesen werden.

> 3 Zum Begriff Massenkommunikation
>
> 3.1 Die Funktion von Massenkommunikation
>
> 3.2 Massenkommunikation und Rezipientenforschung
>
> 3.3 Exkurs: Die demokratiepolitische „Schweigespirale"

4. Bei der Gliederung sollte eine gewisse Anzahl an Gliederungsebenen nicht überschritten werden. Als Richtlinie gelten bei Seminararbeiten vier Gliederungsebenen, bei Bachelor- oder Masterarbeiten sollen fünf Ebenen nicht überschritten werden. Ist dennoch eine zusätzliche Überschrift notwendig, dann wird diese nur mit Fettschrift markiert, aber nicht als Formatierungsebene ins Inhaltsverzeichnis aufgenommen.
5. Der Textumfang pro Gliederungspunkt bzw. Kapitel sollte mindestens eine halbe A4-Seite betragen. Alle kürzeren Texte bekommen keine eigene Formatierungsebene, sondern nur eine Überschrift in Fettschrift oder auch kursiv.

3.3.3 Eine Argumentationslinie finden

Neben den allgemeinen Gliederungsgrundsätzen existieren noch weitere Richtlinien, wie man eine wissenschaftliche Arbeit am besten strukturiert und aufbaut.

Eine davon ist die vollständige Untergliederung. Das bedeutet, dass alle in der Überschrift und im nachfolgenden Text erwähnten Punkte dann auch in der Kapitelungergliederung vorkommen müssen. Dabei sollen aber die Unterpunkte keine wortgetreuen Wiederholungen der übergeordneten Punkte sein.

Beispiel für richtige Gliederung
2.4 Betriebsstrukturelle Bestimmungsfaktoren
Betriebsstrukturelle Bestimmungsfaktoren von Handelsunternehmen umfassen die Sortimentsausrichtung, das Preis- und Qualitätsniveau, die Betriebsform ... Im folgenden Abschnitt werden die betriebsstrukturellen Bestimmungsfaktoren von Handelsunternehmen erörtert. Diese umfassen die Sortimentsausrichtung, ...

2.4.1 Sortimentsausrichtung
... Inhalt
2.4.2 Preis- und Qualitätsniveau
... Inhalt

Beispiel für falsche Gliederung
2.4 Betriebsstrukturelle Bestimmungsfaktoren
Die Sortimentsausrichtung stellt eine der betriebsstrukturellen Bestimmungsfaktoren im Handel dar und lässt sich in hinkunftsbezogene und herkunftsbezogene Sortimente untergliedern...
2.4.1 Sortimentsausrichtung
... Inhalt
2.4.2 Preis- und Qualitätsniveau
... Inhalt

Des Weiteren zu beachten ist die richtige Zuordnung von Ober- und Unterpunkten. Im Detail heißt das, dass Themenmengen auf demselben Gliederungsniveau nicht zueinander im Unterordnungsverhältnis stehen dürfen. Sie finden unten links eine falsche Gliederung, da die Kommunikationspolitik ein absatzpolitisches Instrument ist und somit dieselbe Gliederungsebene haben muss wie die anderen Instrumente. Rechts ist die richtige Gliederung.

Beispiele

Falsch (durchgestrichen)	Richtig
1. Absatzpolitische Instrumente 1.1 Produktpolitik 1.2 Preispolitik 1.3 Distributionspolitik 2. Kommunikationspolitik 3. Finanzpolitische Instrumente	1. Absatzpolitische Instrumente 1.1 Produktpolitik 1.2 Preispolitik 1.3 Distributionspolitik 1.4 Kommunikationspolitik 2. Finanzpolitische Instrumente

Selbstverständlich kann das Thema Kommunikationspolitik dann nochmals in einem Hauptkapitel genauer thematisiert werden, wenn es so wichtig erscheint. Dennoch muss es aber zwecks Vollständigkeit vorher in die Aufzählung aufgenommen werden.

Der Grundsatz der kriterienreinen Untergliederung besagt, dass Untergliederungen nach inhaltlich zweckmäßig erscheinenden Kriterien erfolgen müssen. Ein- und dasselbe Thema kann nach unterschiedlichen Kriterien gegliedert werden, aber es darf nur jeweils ein Kriterium verwendet werden. Es darf zu keiner Vermischung von Gliederungskriterien für einzelne Untergliederungen kommen. Stellenwert und Gliederungsebene müssen übereinstimmen.

Die nachfolgenden Beispiele zeigen, dass die Produktpolitik entweder nach den Produktlebenszyklusphasen unterteilt werden kann oder aber auch nach den einzelnen Produkteigenschaften. Eine Vermischung dieser Unterteilungen ist aber nicht möglich.

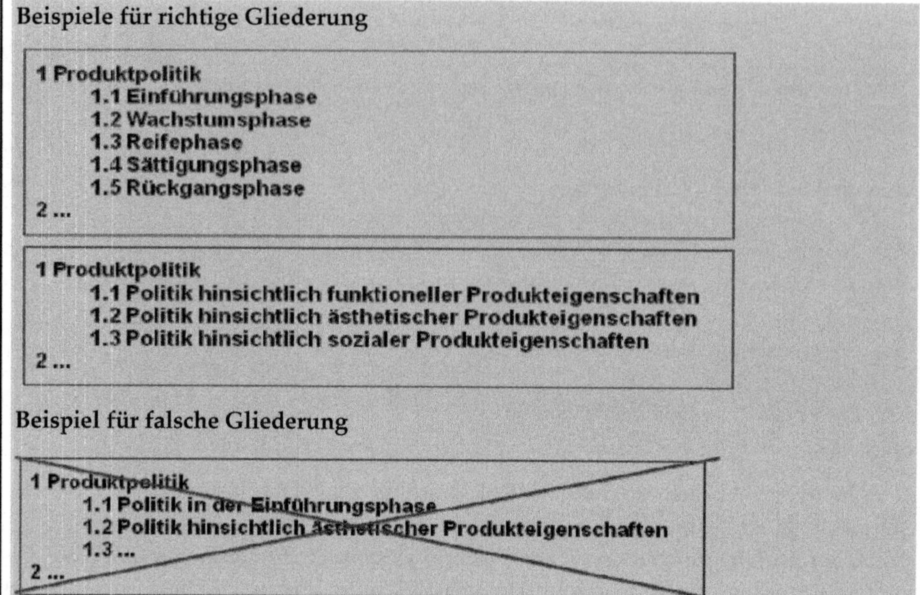

Beispiele für richtige Gliederung

1 Produktpolitik
- 1.1 Einführungsphase
- 1.2 Wachstumsphase
- 1.3 Reifephase
- 1.4 Sättigungsphase
- 1.5 Rückgangsphase

2 ...

1 Produktpolitik
- 1.1 Politik hinsichtlich funktioneller Produkteigenschaften
- 1.2 Politik hinsichtlich ästhetischer Produkteigenschaften
- 1.3 Politik hinsichtlich sozialer Produkteigenschaften

2 ...

Beispiel für falsche Gliederung

1 Produktpolitik
- 1.1 Politik in der Einführungsphase
- 1.2 Politik hinsichtlich ästhetischer Produkteigenschaften
- 1.3 ...

2 ...

3.4 Formale Richtlinien einhalten

Für jede wissenschaftliche Arbeit gibt es üblicherweise von der Hochschule oder dem Institut vorgegebene Richtlinien, welche bei der formalen Gestaltung wissenschaftlicher Arbeiten eingehalten werden sollen. Der Einhaltung dieser Richtlinien wird ein hoher Stellenwert beigemessen, da dadurch in erster Linie die Nachvollziehbarkeit erleichtert wird. Weitere Zwecke, die durch formale Richtlinien erfüllt werden sollen, sind folgende:

- Der Überblick über den Argumentationsgang wird erleichtert, indem die Arbeit eine formal korrekte Struktur aufweist. Dadurch weiß der Verfasser, welche Teile wie aneinandergereiht werden sollen. Man spricht auch vom Ordnungsschema wissenschaftlicher Arbeiten (vgl. dazu Kapitel 3.4.1).
- Die Lesbarkeit wird verbessert, wenn gewisse Richtlinien hinsichtlich der Basisformatierungen, wie Randeinstellungen, Kopf- und Fußzeile etc., und schriftbezogene Formatierungen beachtet werden.
- In der Arbeit getroffene Aussagen können nachvollzogen werden, wenn sie ihren Quellen zugeordnet und somit zitiert werden.

An dieser Stelle wird darauf hingewiesen, dass es hinsichtlich der formalen Gestaltung wissenschaftlicher Arbeiten die unterschiedlichsten Richtlinien gibt, d.h. es gibt nicht „den einzig richtigen" formalen Aufbau.

Üblicherweise werden von Hochschulen, Instituten, Verlagen und Zeitschriften eigene Regeln vorgegeben, welche bei den unterschiedlichen Typen von wissenschaftlichen Arbeiten eingehalten werden sollen. Daher ist es notwendig, sich noch vor Beginn des Schreibens an passender Stelle zu informieren und eine dementsprechende Formatvorlage zu definieren. Dies erleichtert das Abfassen der Arbeit, da der Fluss des Schreibens durch Formatierungen nicht gestört wird. Außerdem kann viel Zeit gespart werden, da eine nachträgliche Formatierung meist aufwendiger ist, als diese gleich zu Beginn zu definieren.

3.4.1 Ordnungsschema wissenschaftlicher Arbeiten

Der ordnungsgemäße Aufbau einer wissenschaftlichen Arbeit hängt grundsätzlich von dem jeweiligen Typ ab. Gewisse Elemente sind nur für Bachelor- und Masterarbeiten verpflichtend, nicht aber für Seminararbeiten, wie z.B. eine eidesstattliche Erklärung, ein Vorwort oder ein Abstract.

Nachfolgende Elemente werden für Bachelor- und Masterarbeiten empfohlen:

Titelblatt
Eine entsprechende Vorlage liegt meist bei jener hochschulischen Stelle auf, welche die formalen Richtlinien festsetzt. Elemente, die darauf enthalten sein sollen, sind: Titel der Arbeit, Institution, eventuell Lehrveranstaltungsname und Betreuer, Vor- und Nachname, Ort, Datum.

Eidesstattliche Erklärung
Eine entsprechende Vorlage liegt ebenso meistens vor. Mit dieser Erklärung bestätigt man, dass die Arbeit eigenständig verfasst wurde und zum ersten Mal als Prüfungsarbeit vorgelegt wird. Dieses Blatt muss eigenhändig unterschrieben und mit einem Datum versehen werden.

Vorwort (optional)
Dieses enthält persönliche Anmerkungen, wie z.B., weshalb das Thema gewählt wurde, welche Personen einen beim Verfassen der Arbeit unterstützt haben, diverse Danksagungen etc. Der Umfang beträgt maximal eine A4-Seite.

Sperrvermerk (optional)
Es besteht die Möglichkeit, Arbeiten, deren Veröffentlichung rechtliche oder wirtschaftliche Interessen des Auftraggebers verletzen würde oder schwerwiegende Nachteile für den Verfasser bringen könnte, für maximal fünf Jahre durch einen Sperrvermerk von der Veröffentlichung zurückzuhalten. Die Vergabe eines Sperrvermerkes muss normalerweise bei der Institutsleitung unter Angabe der Gründe mittels eines Formulars schriftlich beantragt werden. Das unterschriebene Formular wird in die fertige Arbeit eingebunden.

Abstract

Dieses beinhaltet auf maximal einer halben A4-Seite die Problemstellung und Zielsetzungen, die methodische Vorgehensweise und die zentralen Ergebnisse der Arbeit. Das Abstract wird üblicherweise in englischer Sprache verfasst, manche Institutionen fordern ein deutsches und ein englisches Abstract mit jeweils ca. 10 Zeilen.

Inhaltsverzeichnis

Das Inhaltsverzeichnis stellt die Struktur der Arbeit in Form von Haupt- und Unterkapiteln dar. Es beinhaltet alle nummerierten Gliederungsebenen. Dabei muss auf Verständlichkeit und Sinnhaftigkeit geachtet werden. Mehr als vier Untergliederungsebenen bei Seminararbeiten und fünf Ebenen bei Bachelor- oder Master-/Diplomarbeiten sollten zwecks einfacher Lesbarkeit vermieden werden.

Abbildungs- und/oder Tabellenverzeichnis

Getrennte Abbildungsverzeichnisse (Bilder, Grafiken, Diagramme) und Tabellenverzeichnisse werden nur dann erstellt, wenn auch eine dementsprechende Anzahl von Darstellungen in der Arbeit vorhanden ist. Sind nur wenige oder keine Tabellen vorhanden, dann findet keine Trennung statt. In diesem Fall wird ein gemeinsames Abbildungsverzeichnis erstellt, indem alle Darstellungen in der Reihenfolge, in der sie im Text erscheinen, durchnummeriert werden und mit ihrer Bezeichnung und Seitenangabe in das Verzeichnis aufgenommen werden (vgl. dazu Kap. 3.4.4).

Abkürzungsverzeichnis

Generell gilt, mit Abkürzungen sparsam umzugehen, da diese den Lesefluss stören. Eine Ausnahme stellen die gängigen und somit bekannten Abkürzungen dar. Alle in der Arbeit verwendeten nicht gängigen Abkürzungen müssen im Abkürzungsverzeichnis in alphabetischer Reihenfolge ausgewiesen werden. Als nicht gängig gelten jene, die nicht im „DUDEN Rechtschreibung" enthalten sind. Gängige Abkürzungen, wie z.B. (zum Beispiel), vgl. (vergleiche), S. (Seite), d.h. (das heißt) etc. gehören nicht in das Abkürzungsverzeichnis.

Einleitung, Hauptteil, Schlussteil

Die Kernbestandteile einer wissenschaftlichen Arbeit wurden bereits in Kapitel 3.3.2 behandelt.

Literaturverzeichnis

Alle im Text zitierten Quellen müssen auch in das Literaturverzeichnis aufgenommen werden. Während im Text in Form von Kurzbelegen zitiert wird, erfolgt im Literaturverzeichnis das Zitieren mittels Vollbeleg (siehe dazu Kapitel 3.6). Die Quellen werden in alphabetischer Reihenfolge geordnet. Manchmal wird verlangt, dass eine Gruppierung nach bestimmten Quellentypen, wie Monographien, Zeitschriften, Internetquellen etc., vorgenommen wird. Innerhalb dieser Gruppierungen erfolgt wieder eine alphabetische Reihung.

Anhang

Ein Anhang ist nicht zwingend erforderlich, vor allem bei kurzen Seminararbeiten meist wenig zweckmäßig. Hier gilt es, das verwendete Material, wie bspw. Bilder, Grafiken, Tabellen etc., direkt in den Text einzubauen. Handelt es sich aber um umfangreiches ergänzendes Material, wie statistische Auswertungen, zusätzliche Tabellen, Abbildungen, Bilder, verwendete Fragebögen, Transkriptionen von Interviews etc., ist es sinnvoll, diese am Ende der Arbeit in einem Anhang zu sammeln. Der Anhang besteht aus einem Deckblatt mit der Bezeichnung Anhang und auf der nachfolgenden Seite folgt das Anlagenverzeichnis in Tabellenform. Die einzelnen Teile des Anhangs werden üblicherweise mit römischen Ziffern bezeichnet, die Seitennummerierung erfolgt fortlaufend arabisch.

Beispiel Anlagenverzeichnis

Anhang I Fragebogen.................................. 82
Anhang II Transkription Experteninterviews........ 84
Anhang III Statistische Auswertungen.................. 89
Anhang IV Bildmaterial..................................... 95

3.4.2 Basisformatierungen

Die Formatierungsrichtlinien sind meist von der jeweiligen Hochschule oder dem Institut vorgegeben und lassen wenig Spielraum. Die Einhaltung dieser Grundeinstellungen sichert einerseits die Vergleichbarkeit der wissenschaftlichen Arbeiten untereinander und erleichtert andererseits die Erstellung der wissenschaftlichen Arbeit. Sollten keine Formatierungsrichtlinien vorgegeben sein, dann kann eine Orientierung an den nachfolgenden Basisformatierungen erfolgen.

Papierformat

Papier: weiß, 70 - 90 g/m3; DIN A4 (210 x 297 mm); Hochformat; einseitig, einspaltig

Randeinstellungen

links: 3,5 cm, rechts: 2 cm, oben/unten: 3 cm
Kopf-/Fußzeile: einzeilig; Abstand jeweils 1,5 cm vom oberen/unteren Rand

Kopf- und Fußzeile

Trennlinien unter der Kopf- und über der Fußzeile
Kopfzeile: fakultativ: Arbeits- bzw. Abschnittsüberschriften links
Fußzeile: fakultativ: Autorenname(n) links; obligatorisch: arabische Seitennummerierung rechts

Seitennummerierung

Alle Seiten sind, beginnend mit der Einleitung und abschließend mit dem Literaturverzeichnis, mit arabischen Ziffern fortlaufend zu nummerieren. Die restlichen Servicekapitel (wie z.B. der Anhang) sowie der technische Apparat (z.B. Vorwort, diverse Verzeichnisse etc.) werden üblicherweise mit römischen Ziffern versehen.

3.4.3 Schriftbezogene Formatierungen

Die schriftbezogenen Formatierungsrichtlinien sind ebenfalls meist vorgegeben. In der Folge werden gängige Normen empfohlen.

Schriftart und Schriftgröße

Die gesamte Arbeit ist nur in einer Schriftart zu verfassen, idealerweise in „Times New Roman" oder „Arial". Hinsichtlich der Schriftgröße gilt:

- Text und Verzeichnisse: 12 Punkt
- Fußnoten: 10 Punkt
- Kopf-/Fußzeilen: 11 Punkt
- Abbildungs- und Tabellenbeschriftung: 10 Punkt

Zeilenabstände und Absatzformate

Der Zeilenabstand sollte folgendermaßen gewählt werden:

- Text: 1½-zeilig
- Fußnoten, Kopf-/Fußzeilen, Literaturverzeichnis: 1-zeilig, hängend 0,75 cm

Als Absatzformat empfiehlt sich generell „Blocksatz" mit automatischer Silbentrennung und als Absatzabstand eine Zeilenschaltung (= 1 Leerzeile, 6pt) nach jedem Absatz.

Überschriftenformate

Bei Überschriften gelten nachfolgende Formatvorschriften als Richtlinien:

- vor und nach jeder Überschrift eine Zeilenschaltung (= 1 Leerzeile)
- vor der Überschrift Ebene 1 eine neue Seite beginnen
- keine Überschrift als letzte Zeile einer Seite
- mehrzeilige Überschriften vermeiden, 1-zeilig formatieren
- Einzug: 0 cm links und 0 cm rechts
- nicht in Überschriften zu verwenden sind Fußnoten und Satzzeichen, wie Punkte, Doppelpunkte, Ruf- und Fragezeichen etc.

Folgende Überschriftenformate sind üblich:

Überschriftenformate:

1 Überschrift Ebene 1 (16 pt, fett, neue Seite, linksbündig)

1.1 Überschrift Ebene 2 (14 pt, fett, linksbündig)

1.1.1 Überschrift Ebene 3 (12 pt, fett, linksbündig)

1.1.1.1 Überschrift Ebene 4 (12 pt, linksbündig)

1.1.1.1.1 Überschrift Ebene 5 (12 pt, kursiv, linksbündig)

Fußnoten
Fußnoten werden laufend nummeriert und am Ende der jeweiligen Seite angeführt. Der entsprechenden Textstelle werden diese durch eine hochgestellte arabische Zahl zugeordnet. Manchmal sind Fußnoten in einem wissenschaftlichen Text nicht oder nur im geringen Ausmaß erwünscht, daher vorher diesbezüglich informieren. Der Fußnotentext erfolgt in der Regel im Absatzformat „Blocksatz", in Schriftgröße 10 pt und in der Schriftart des Haupttextes.

Hervorhebungen im Text
Sollen in einer wissenschaftlichen Arbeit inhaltlich bedeutsame Stichworte bzw. Kernaussagen, die dem leichteren Verstehen des Textes dienlich sind, hervorgehoben werden, empfiehlt sich, dies mit Fettschrift vorzunehmen. Unterstreichungen sind zu vermeiden, da diese im Druck schlecht lesbar sind. Werden Wörter, Phrasen, Buchstaben als Beispiele gegeben, dann empfiehlt sich eine kursive Schrift.

3.4.4 Abbildungen und Tabellen

Die Bezeichnung "Abbildung" sollte verwendet werden für Bilder, Graphiken, Textbilder und sonstige Abbildungen, die Bezeichnung „Tabelle" nur für Tabellen. Alle im Text verwendeten Darstellungen werden fortlaufend (arabisch) nummeriert und mit einem Titel bzw. Bezeichnung und einer Quellenangabe versehen.

Abbildungen stellen Informationen in verdichteter Form als Ergänzung zum Text dar und dienen der Verständlichkeit und Veranschaulichung von beschriebenen Zusammenhängen. Abbildungen müssen übersichtlich, anschaulich und leserlich gestaltet sein und sich auf die zentrale Aussage konzentrieren. Die Schriftgröße in Abbildungen sollte nicht kleiner als 9 pt sein und die Schriftart der im Haupttext entsprechen. Von der Verwendung schlecht lesbarer, unscharfer Abbildungen (z.B. eingescannte Abbildungen, Grafiken aus dem Internet) ist grundsätzlich abzuraten. Die Breite der Abbildungen bzw. Tabellen darf maximal gleich der Textbreite sein, schmälere Formate sind möglich. Links und rechts von der Abbildung darf aber kein Fließtext stehen. Jede Abbildung umfasst eine Abbildungsbeschriftung, meist oberhalb der Abbildung (11 pt, linksbündig, einzeilig) und eine Abbildungsquelle, üblicherweise unterhalb der Abbildung (11 pt, linksbündig, einzeilig). Diese Formvorschriften gelten analog auch für Tabellen.

Anbei findet sich ein Beispiel, wie eine Abbildung nach APA Richtlinien beschriftet wird.

Abbildung 3-4: *Arbeitslosenquoten in EU Ländern*

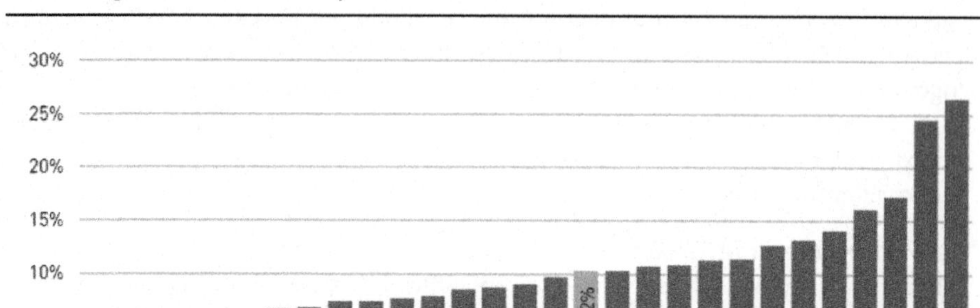

Quelle: Eurostat, 2015

Abbildungen bzw. Tabellen und ihre Beschriftungen haben auf derselben Seite zu erfolgen. Wenn Tabellen über mehrere Seiten gehen, dann empfiehlt sich, die Kopfzeile bzw. Überschrift der Tabelle auf jeder neuen Seite einzufügen.

Handelt es sich um selbst erstellte Abbildungen oder Tabellen mit eigener Datenquelle, wird in der Abbildungs-/Tabellenquelle „eigene Darstellung" angeführt. Werden Abbildungen oder Tabellen zwar selbst erstellt, aber die Informationen oder Daten beruhen auf einer Quelle, werden in der Quellenangabe die Worte „in Anlehnung an" oder „modifiziert nach" vorangestellt.

3.4.5 Verzeichnisse

Das Inhaltsverzeichnis wird im Normalfall nach einer numerischen Gliederungsklassifikation erstellt, wie das nachfolgende Beispiel zeigt.

Beispiel:

1 Überschrift.......................... 1
 1.1 Überschrift........................ 2
  1.1.1 Überschrift..................... 3
  1.1.2 Überschrift..................... 4
 1.2 Überschrift........................ 5
2 Überschrift.......................... 6

Das Abbildungs- und/oder Tabellenverzeichnis folgt nach dem Inhaltsverzeichnis. Die Abbildungen bzw. Tabellen werden fortlaufend arabisch durchnummeriert und mit der entsprechenden Seitenangabe versehen.

Beispiel

Abbildung 1:	Der Planungsprozess...........................	3
Abbildung 2:	Ein typischer Projektverlauf..................	8
Abbildung 3:	Der modifizierte Planungsprozess...........	10

Die im Text der Arbeit verwendeten und nicht allgemein bekannten Abkürzungen (siehe Duden) sind in einem Abkürzungsverzeichnis, nach dem Abbildungs- und/oder Tabellenverzeichnis, alphabetisch aufsteigend sortiert aufzulisten.

Beispiel

BWG	Gesetz über das Bankwesen, BGBl. Nr. 532/1993, in der Fassung der Druckfehlerberichtigung, BGBl. Nr. 639/1993 (Bankwesengesetz)
GenG	Genossenschaftsgesetz
WiSt	Wirtschaftswissenschaftliches Studium

3.5 Der wissenschaftliche Stil und Sprachregeln

Damit eine Arbeit das Kriterium Wissenschaftlichkeit erfüllt und nicht als Besinnungsaufsatz abgestempelt wird, gilt es gewisse Sprachregeln zu beachten.

Eine wissenschaftliche Arbeit unterscheidet sich von einem belletristischen Werk (Belletristik) vor allem durch den sprachlichen Stil und die schriftliche Gestaltung des Inhaltes. Auch wenn keine festen Regeln für den richtigen Stil existieren, gibt es doch Richtlinien, an die man sich halten sollte, damit die Arbeit das Kriterium der Wissenschaftlichkeit erfüllt und nicht als Besinnungsaufsatz abgestempelt wird.

Die nachfolgende Tabelle 3-2 gibt einen Überblick, welche Charakteristika eine wissenschaftliche Arbeit stilistisch von einem belletristischen Werk unterscheiden.

Tabelle 3-2: *Unterschiede im Schreibstil wissenschaftliche Arbeit und Belletristik*

Wissenschaftliche Arbeit	Belletristik
Ich-Form vermeiden	Ich-Form zulässig
Sachliche, klare Sprache	Flüssige, unterhaltsame Sprache
Kurze, prägnante Sätze	Sätze werden stilistisch ausgeschmückt
Keine Umgangssprache	Umgangssprache möglich
Begriffe werden definiert	Begriffsverständnis wird vorausgesetzt
Literaturquellen werden zitiert	Keine Zitate nötig
Keine Übertreibungen und Ausschmückungen	Oft bildhafte Ausdrucksweise
Füllwörter und -sätze vermeiden	Sätze werden ausgeschmückt

3.5.1 Zielsetzungen des Schreibstils

Die obersten Zielsetzungen einer wissenschaftlichen Arbeit in Bezug auf den Schreibstil sind die Verständlichkeit, die logische Argumentation und die Nachvollziehbarkeit.

1. Verständlichkeit

Wichtig ist es, beim Schreiben eine Aussage so zu kommunizieren, dass jeder Leser diese auch versteht und somit dem Beitrag folgen kann. Dies wird dadurch erreicht, dass man eine sachliche und klare Sprache verwendet, um dem Leser so gut wie keinen Interpretationsspielraum zu lassen. Die Sätze sollten so kurz als möglich sein und eindeutige, prägnante Aussagen und Wörter verwenden.

Bilden Sie keine Schachtelsätze und befolgen Sie nachfolgende Merkregeln.

Nur eine wichtige Aussage pro Satz!
Ein Satz sollte eine maximale Satzlänge von ein bis zwei Zeilen haben!

Ausschmückungen und rhetorische Redewendungen sind in einer wissenschaftlichen Arbeit nicht angebracht. Es sollten aber auch umgangssprachliche Formulierungen vermieden werden. Diese sind in einem belletristischen Werk erlaubt, aber in einer wissenschaftlichen Arbeit gelten diese als „populärwissenschaftlich".

Zusätzlich ist zu beachten, dass man keine Füllwörter oder ganze Füllsätze verwendet. Solche Füllwörter sind bspw. „nun", „ja", „irgendwie", „gewissermaßen", „wohl", „natürlich", „selbstverständlich" u.v.m. Auch übertreibende Ausdrucksweisen, wie „enorm", „unglaublich", „außerordentlich" etc., sollte man unbedingt vermeiden.

Auch unnötige Wiederholungen sind zu vermeiden. Falls man bereits Gesagtes nochmals verwenden möchte, dann arbeitet man besser mit Verweisen, wie zum Beispiel vgl. Kapitel XY.

Um die Verständlichkeit in einer wissenschaftlichen Arbeit zu gewährleisten, gehört es auch dazu, Fremdwörter richtig einzusetzen. Fremdwörter machen einen Text nicht unbedingt wissenschaftlicher und sind daher sparsam zu verwenden bzw. nur dann, wenn auch eine Notwendigkeit dafür besteht. Machen Sie sich vor dem Gebrauch des Fremdwortes mit seiner Bedeutung vertraut, sodass es zu keinen Unklarheiten oder Verwechslungen kommt.

Allerdings soll eine möglichst verständliche Sprache nicht zu einem banalen Schreibstil führen. Abstraktionsniveau und Stil sollten dem wissenschaftlichen Diskurs angemessen sein. Das bedeutet konkret, dass persönliche Meinungen und Einschätzungen deutlich von den Darstellungen eines Sachverhaltes oder einer Untersuchung getrennt werden müssen. Eigene Aussagen sind nur dann erlaubt, wenn diese bewertet und kommentiert werden. Diese Bewertung muss sich am Text orientieren, sollte aber keine Literaturkollage sein, sondern eine kritische Reflexion.

Zusammengefasst heißt das, dass unreflektierte Werturteile und unreflektierte eigene Meinungen in einer wissenschaftlichen Arbeit vermieden werden sollen, eine literaturgestützte kritische Reflexion und literaturgestützte Schlussfolgerungen sind aber unbedingt notwendig und wünschenswert.

Unreflektierte eigene Meinungen zu vermeiden ist kein Verbot, Stellung zu beziehen! Diese Kommentare und Argumentationen müssen nur literaturgestützt erfolgen!

Ein sachlicher, wissenschaftlicher Schreibstil vermeidet bei der Meinungsäußerung unbedingt die Worte „Ich" und „Wir". Stattdessen werden Ausdrücke verwendet wie: „der Autor/die Autorin meint", „es ist festzustellen", „es kann abgeleitet werden" etc.

2. Logische Argumentation

Eine weitere wichtige Zielsetzung einer wissenschaftlichen Arbeit in Bezug auf den Schreibstil ist die logische Argumentation. Das heißt, der Sachverhalt muss in einer klar gegliederten und systematischen Argumentation vermittelt werden. So sollte sich ein Argument aus dem vorherigen erschließen oder ein „roter Faden" erkennbar sein. Dieser Themenbereich wurde bereits ausführlich im Kapitel 3.3 behandelt.

Hier nochmals zusammengefasst die wesentlichsten Punkte, die es zu beachten gilt:

Eine wissenschaftliche Arbeit weist idealerweise eine sogenannte „logisch-deduktive" Vorgehensweise auf. Damit ist gemeint, dass man zunächst mit allgemeinen Aussagen beginnt und immer spezieller wird und in die Tiefe geht, sowohl in der Argumentation wie auch im Kapitelaufbau. Deduktion bedeutet, vom Allgemeinen auf das Spezielle zu schließen, d.h. von der Allgemeinheit auf den Einzelfall.

Die Argumente sollten logisch aneinandergereiht werden und literaturgestützt erfolgen, dabei unbedingt immer die Quellen angeben. Die Argumentationskette muss schlüssig und nachvollziehbar sein. Somit sollte jeder Leser, auch wenn er nicht fachkundig ist, dem wissenschaftlichen Text folgen können.

3. Nachvollziehbarkeit

In einer wissenschaftlichen Arbeit geht es darum, die eingangs aufgestellte Forschungsfrage mit literaturgestützten Argumenten zu beantworten. So werden Sekundärquellen mit einem methodischen Gerüst bearbeitet, um aus diesen Informationen zur Beantwortung der Problemstellung zu gewinnen.

Diese Vorgehensweise, welche vor allem im Hauptteil der wissenschaftlichen Arbeit verwendet wird, muss jederzeit nachvollziehbar und überprüfbar sein. Dies geschieht dadurch, dass alle Aussagen und Informationen, welche aus einer Sekundärquelle, wie z.B. wissenschaftlichen Journals, Bücher, Internet, Studien etc., genommen werden, mit einem Zitat belegt werden. Informationen zum Thema „Richtiges Zitieren" finden sich in Kapitel 3.6.

Der Sinn des Zitierens besteht neben der Nachvollziehbarkeit darin, Fehler zu vermeiden, die sich bei einem möglichen Abschreiben immer wieder einschleichen können. Wenn man übernommene Inhalte nicht zitiert und als seine eigenen ausgibt, dann gilt dies in der sogenannten Scientific Community als wissenschaftliches Fehlverhalten (= Plagiat). Ein Plagiat kann auch stillschweigend geschehen, wenn man die Quellen nicht angibt oder anzugeben „vergisst". Und drittens soll jedes Argument für den Leser auch nachvollziehbar sein. Jede wissenschaftliche Arbeit muss die Anforderungen an die Verständlichkeit mit dem Wunsch nach Überprüfbarkeit kombinieren. Einerseits, weil der Leser eventuell auf den Inhalt aufbauen möchte, andererseits, damit der Inhalt besser nachvollzogen werden kann.

Um die Zielsetzung der Nachvollziehbarkeit zu erreichen, kommt der Einleitung der wissenschaftlichen Arbeit eine wichtige Bedeutung zu. Diese informiert den Leser über die Themenstellung, Zielsetzung, das methodische Vorgehen und den Aufbau der Arbeit. Auch die Abgrenzung von bisherigen Arbeiten zum selben Thema oder ähnlichen Themen findet sich hier. Nach dem Hauptteil, der das Kernstück der wissenschaftlichen Arbeit darstellt, folgt der Schlussteil, welcher ebenfalls dem Kriterium der Nachvollziehbarkeit gerecht werden muss. Dieser gibt Aufschluss, ob die gewählte Fragestellung beantwortet werden konnte, zeigt auf, wo eventuell Anknüpfungspunkte sein könnten und weitere Fragestellungen oder Forschungsdefizite entstanden sind.

3.5.2 Geschlechtsspezifische Sprache („Gendern")

Die Initiativen zur Gleichbehandlung der Geschlechter haben mittlerweile auch in wissenschaftlichen Arbeiten Einzug gefunden. So gibt es Versuche, für viele Begriffe die männliche und weibliche Form gleichwertig zu verwenden, sprich geschlechtsneutrale Formulierungen einzusetzen oder Formulierungen zu wählen, die Frauen sprachlich ausdrücklich sichtbar machen. Es empfiehlt sich, vorab mit dem Betreuer oder Lehrveranstaltungsleiter abzustimmen, ob ein „Gendern“ in der Arbeit erforderlich ist und wenn ja, in welcher Form. Wichtig ist, dass man sich für einen Modus entscheidet, sodass in der schriftlichen Ausarbeitung ein hohes Maß an Einheitlichkeit erreicht wird.

Dabei stehen zwei grundlegende Möglichkeiten zur Verfügung: die Verwendung von geschlechtsspezifischen und geschlechtsneutralen Formulierungen.

1. Aufnahme der weiblichen Form
Bei dieser Form werden geschlechtsspezifische Formulierungen verwendet. Im Fließtext werden vollständige Paarformen angewendet, d.h. es wird sowohl die weibliche als auch die männliche Form benannt.

- Verwendung beider Geschlechter: „die Konsumentinnen und Konsumenten“
- Verwendung von Schrägstrichen: „die Konsumenten/innen“
- Verwendung von Klammern: „die Konsumenten(innen)“, Kolleg(inn)en“
- Verwendung des „Binnen-I“: „ExpertIn“, „BesucherInnen“

Bei der Verwendung von Klammern oder Schrägstrichen ist darauf zu achten, dass sich beim Weglassen ein korrektes Wort ergibt (ungültig wäre z.B. „der/die Kinderärzt/in“)!

2. Geschlechtsneutrale Formulierungen oder Mehrzahl
Bei dieser Variante verwendet man Wörter, die kein Geschlecht benennen, oder die Mehrzahl eines Begriffes.

Beispiele
nicht: Jeder, der den Nachweis erbracht hat ...
sondern: Alle, die den Nachweis erbracht haben, ...
oder: Wer den Nachweis erbracht hat, darf ...
nicht: Der Lehrling im Einzelhandel muss ...
sondern: Die Lehrlinge ...
oder: Alle Lehrlinge im Einzelhandel müssen ...
nicht: benutzerfreundlich oder kundenfreundlich
sondern: bedienungsfreundlich, praktisch zu bedienen

3.5.3 Die wichtigsten Sprachregeln auf einen Blick

1. Vermeiden Sie Konjunktive wie könnte, hätte, würde, sollte etc. Konjunktive lassen Sie in Ihren Aussagen unsicher wirken. Seien Sie bestimmt und verwenden Sie besser „kann“, „hat“, „wird“, „soll“ etc.
2. Vermeiden Sie die „Ich-Form“, diese ist nur im Vorwort und in der Danksagung zulässig. Stattdessen verwenden Sie zum Beispiel „nach Sicht des Autors bzw. nach

Sicht der Autorin", „hierzu ist festzuhalten", „es wird festgestellt", „man kann erkennen" etc.

3. Verwenden Sie immer eine sachliche, klare und eindeutige Sprache.
   Dies erreichen Sie vor allem durch kurze, prägnante Sätze und eindeutige Bezüge.
4. Verwenden Sie keine Füllsätze und Füllwörter.
   Ausschmückungen und rhetorische Redewendungen lassen dem Leser zu viel Interpretationsspielraum.
5. Verwenden Sie keine Umgangssprache.
   Populärwissenschaftliche Formulierungen sind unbedingt zu vermeiden!
6. Verwenden Sie nicht zu viele Fremdwörter, und wenn, dann richtig.
   Beachten Sie, dass Fremdwörter nicht unbedingt wissenschaftlicher sind. Wenn Sie diese einsetzen, dann machen Sie sich unbedingt vorher mit dem Fremdwort vertraut.
7. Vermeiden Sie unnötige Wiederholungen.
   Wenn Sie auf bereits Gesagtes zurückkommen möchten, dann geben Sie einen Verweis an, wie z.B. vgl. Kapitel XY.
8. Ihre Argumentationskette soll logisch sein und einen „roten Faden" aufweisen.
   Die Aussagen sollten keine Widersprüche beinhalten und auch keine Scheinkausalitäten. Vermeiden Sie in der Gliederung einen Kriterienwechsel.

3.5.4 Negativbeispiel und Lösungsansatz

Nachfolgend finden Sie einen Auszug aus dem Einleitungskapitel einer Diplomarbeit zum Thema „Marktanalyse des österreichischen Energydrinkmarktes und strategische Herausforderungen". Die Formulierungen sind großteils populärwissenschaftlich, die wichtigsten Sprachregeln wurden meistens nicht eingehalten.

Negativbeispiel

Ausgangssituation und Problemstellung

Große Marken scheinen in der heutigen Marktwirtschaft fast unantastbar. Marken wie Coca Cola, McDonalds oder Gillette sind aus unserem täglichen Leben nicht wegzudenken. Nach Meinung des Autors gibt es in fast jeder Branche ein herausragendes Produkt, an welchem wir alle anderen Produkte dieser Kategorie messen.

Was jedoch kann der Hersteller eines nicht so bekannten Produktes tun, um die Bekanntheit seiner Marke zu erhöhen und so im Wettbewerb mit dem Marktführer zu bestehen? Unter diesen Rahmenbedingungen muss ein solcher Produzent, der im Weiteren als Herausforderer bezeichnet wird, sowohl die eigenen Stärken herausfinden als auch die Schwächen des Marktführers ausnutzen. Die Stärken eines Unternehmens liegen darin, seine Kernkompetenzen herauszufinden und diese auch zu kommunizieren (Treacy 1995, 10ff.). Außerdem gilt es, besondere „Spielregeln" im Kampf mit dem Marktführer zu beachten. Die Richtlinien, die der Herausforderer im Wettbewerb zu beachten hat, wurden von Morgan (1999) zusammengefasst und sollten die Basis für eine erfolgreiche Marketingstrategie bilden.

Einige etablierte Unternehmen werden jedoch durch den anhaltenden Erfolg nachlässig und finden sich zunehmend in der Defensive. Als Anleitung, wie man die Schwächen des Marktführers zu eigenem Vorteil nutzen kann, können unter anderem die Beispiele von Trout (2002) genommen werden. Unter diesen Bedingungen soll eine Anleitung für den Herausforderer herausgearbeitet werden. Im Konkreten soll der österreichische Energydrinkmarkt analysiert werden, in welchem zahlreiche Marken um die erste Verfolgerrolle hinter dem unumstrittenen Marktführer „Red Bull" buhlen.

Ziele der Arbeit
„Red Bull" ist auf dem Markt für Energydrinks unangefochten an der Spitze. Durch den großen Erfolg der Marke haben sich im Laufe der Zeit unzählige Nachahmer herausgebildet, um mit einem ähnlichen Produkt ebenfalls an diesem Erfolg teilzuhaben. Diese haben mit großem finanziellem Werbeaufwand versucht, ihre Marke zu forcieren. Bis dato hat es jedoch nach objektiver Sichtweise des Autors keine Firma geschafft, dem Marktführer auch nur annähernd das Wasser zu reichen.
Die Herausforderer-Strategie hat nach Meinung von zahlreichen Markenforschern keinen nachhaltigen Erfolg. So meint etwa Trout (2001, 2), dass sich der Name des Marktführers oftmals verselbstständigt und eine „Me-too" (Ich-auch) Philosophie bei den Konsumenten keine Wirkung erzeugt. Es gilt, eine eigenständige Marke mit all ihren strategischen Gesichtspunkten aufzubauen.
In dieser Arbeit soll erörtert werden, warum der Marktführer so erfolgreich ist, um darauf aufbauend eine mögliche effektive Strategie des Herausforderers abzuleiten. Unter effektiv versteht man dabei eine erfolgsversprechende Strategie, welche mit wirtschaftlich tragbaren Mitteln umgesetzt werden kann.

Obiger Text wurde überarbeitet und wissenschaftlicher formuliert. Wichtige Sprachregeln wurden berücksichtigt. Nicht wesentliche Inhalte wurden weggelassen, genauso wie alle Wiederholungen. Diese Musterlösung stellt einen Lösungsansatz dar, selbstverständlich sind auch andere wissenschaftliche Formulierungen möglich.

Musterlösung
Ausgangssituation und Problemstellung
Coca Cola, McDonalds oder Gillette sind weltweit bekannte Marken, aus unserem täglichen Leben nicht wegzudenken. Nach Meinung des Autors bzw. der Autorin gibt es in nahezu jeder Branche ein Unternehmen, das sich mit seiner Marke führend gegenüber seinen Mitbewerbern etabliert hat.
Hinsichtlich dieser Annahme stellt sich die Frage, wie die konkurrierenden Anbieter ihre Bekanntheit sowie Marktanteile steigern können, um neben dem Marktführer zu bestehen. Hierbei empfiehlt es sich, zunächst eine Unternehmensanalyse durchzuführen. Ziel dieser internen Analyse ist es, sich seiner Kernkompetenzen bewusst zu werden, um diese gegen die Mitbewerber einzusetzen. Weiters versucht eine externe Analyse, den Marktführer mit seiner Strategie transparent zu machen. Mögliche Schwä-

chen des größten Konkurrenten können dabei nützlich für den Mitbewerber sein (Treacy, 1995, 10ff.).
Die Endabsicht der durchgeführten Analyse der Marktsituation ist eine erfolgreiche Marketingstrategie. In dieser Strategie wird zudem beabsichtigt, die Schwächen des Marktführers zum eigenen Vorteil zu nutzen. Trout (2002) hat diesbezüglich eine Anleitung für konkurrierende Anbieter entwickelt.

Zielsetzung und Forschungsfrage
Die Marke „Red Bull" hat sich auf dem Markt für Energydrinks behaupten können. Aufgrund des großen Zuspruchs für diese Marke haben in kürzester Zeit Mitbewerber versucht, sich mit Substituten auf dem Markt zu positionieren. Nach Ansicht des Autors bzw. der Autorin ist es gegenwärtig noch keinem Unternehmen gelungen, an die Erfolge des Marktführers anzuknüpfen.
Anbieter, die versuchen, den größten Konkurrenten zu imitieren, also eine sogenannte „Me-too" (Ich-auch)-Strategie verfolgen, erzeugen oftmals kein sehr großes Interesse beim Konsumenten (Trout, 2002b, o.S.).
Im Laufe dieser Arbeit wird die Strategie des Marktführers, im Konkreten „Red Bull", im österreichischen Energydrinkmarkt analysiert. Ziel ist es, eine effektive Strategie für den Mitbewerber zu entwickeln, um sich erfolgreich auf dem Markt zu positionieren.

3.6 Richtiges Zitieren

Um eine einwandfreie wissenschaftliche Arbeit zu produzieren, ist es erforderlich, „richtig" zu zitieren. Die Einhaltung von Richtlinien sichert einerseits die Vergleichbarkeit der wissenschaftlichen Arbeiten und erleichtert deren Erstellung. Andererseits dient sie der Nachvollziehbarkeit (vgl. dazu Kapitel 1.1.1) beim wissenschaftlichen Arbeiten. Die verarbeitete Literatur, die für die Erstellung verwendet wurde, muss nachrecherchiert werden können. Es muss eindeutig erkennbar sein, welche Aussagen vom Autor stammen und welche von anderen übernommen wurden. Somit können Behauptungen im Sinne einer „Beweisfunktion" belegt werden, und der Leser kann verwendete Quellen bei Bedarf nachlesen. Außerdem wird damit gewährleistet, dass „geistiges Eigentum" geschützt wird und der Autor keinen Plagiatsvorwürfen unterliegt.

Grundsätzlich gibt es zwei Systeme, wie Sie auf die Herkunft eines Zitats hinweisen können:

1. Sie geben die Quelle in Kurzform im Text direkt hinter dem Zitat an und führen dann die vollständige Literaturangabe im Literaturverzeichnis an (amerikanische Zitierweise).

2. Sie setzen im Text hinter dem Zitat eine Fußnotennummer und geben die Quelle in der Fußnote an. Dabei erfolgt die vollständige Literaturangabe bei der Erstnennung, bei jeder weiteren Nennung nur mehr eine Kurzform.

Im deutschsprachigen Raum gibt es keinen einheitlichen Zitierstandard, der für alle Fachgebiete gleichermaßen gilt. Deshalb empfiehlt es sich auf jeden Fall, den Betreuer zu konsultieren, um zu erfahren, welche Zitierrichtlinien eingehalten werden sollen. Die meisten Hochschulen orientieren sich an den Zitierrichtlinien der **American Psychological Association (APA)**. Diese sind so umfassend, dass sie für alle natur- und sozialwissenschaftlichen Fächer, d. h. für alle internationalen Publikationen und Fachzeitschriften in diesem Bereich, Gültigkeit haben. Die formulierten Richtlinien sind im Publikationsmanual der APA unter **http://www.apastyle.org** einzusehen. Dieses Manual enthält außerdem umfassende Informationen zur stilistischen und formalen Gestaltung wissenschaftlicher Arbeiten.

Je nachdem, ob ein Text bzw. Äußerungen anderer wörtlich oder nur sinngemäß übernommen wurden, unterscheidet man zwischen direktem (wörtlichem) und indirektem (sinngemäßem) Zitat. Bevor auf diese Zitierweisen näher eingegangen wird, muss vorab geklärt werden, welche Quellen überhaupt zitierfähig sind.

3.6.1 Zitierfähige und nicht zitierfähige Quellen

Prinzipiell gilt, dass bei der Quellenauswahl auf Aktualität und Qualität geachtet werden soll. Ausgangspunkt der Recherche sind vorrangig Veröffentlichungen der letzten fünf Jahre. Dies gilt aber nicht für Standardwerke, wie beispielsweise „Grundlagen des Marketing" von Kotler. Hier sollte immer die aktuellste Auflage verwendet werden.

Zitierfähig sind alle verlässlichen, renommierten Quellen von anerkannten Verlagen sowie Geleitworte anerkannter Wissenschaftler. Anerkannte Verlage sind z.B. Springer, Pearson, Schäffer-Poeschel, Vahlen, Kohlhammer, Gabler, Oldenbourg, Kiehl, Haufe, Campus Verlag, Linde, Lucius & Lucius u.v.m.

Nicht zitierfähig sind Vorlesungsskripten und Seminararbeiten, Foliensätze (wie z.B. von Lehrveranstaltungen), Trivialliteratur (z.B. belletristische Werke, Illustrierte), Tageszeitungen sowie Lexika.

Hinweise zu themenspezifischer, passender Literatur finden sich im Kapitel 3.2.2. Dort findet sich auch ein Ranking von ausgewählten, qualitativ hochwertigen wissenschaftlichen Journals.

3.6.2 Zitierweise im Text: Direkte und indirekte Zitate

Zitiert man eine Quelle im Text der wissenschaftlichen Arbeit, im Unterschied zum Literaturverzeichnis, dann kann dies direkt (wörtlich) oder indirekt (sinngemäß) erfolgen. Indirekte Zitate sind in einer wissenschaftlichen Arbeit die Regel, direkte Zitate sollten nur dann, wenn es unbedingt erforderlich ist, verwendet werden.

Generell ist es wichtig, dass eine wissenschaftliche Arbeit einen themenspezifischen Quellenmix aufweist. Je mehr Quellen, desto besser, wobei hier qualitativ hochwertige und passende Quellen ausgewählt werden müssen. Es ist nicht legitim, ganze Passagen oder Kapitel unreflektiert abzuschreiben. Zitate können nach Wörtern, Sätzen oder ganzen Absätzen gesetzt werden.

Direkte Zitate

Direkte Zitate sind wörtliche Zitate, die den Text exakt übernehmen. Diese sollten nur dann verwendet werden, wenn Aussagen von besonderem Gewicht sind. Sie werden auch nur für kürzere Textpassagen verwendet, d.h. kürzer als fünf Zeilen.

Bei fremdsprachigen Zitaten werden direkte Zitate nur dann verwendet, wenn bei einer Übersetzung der Bedeutungsgehalt der Aussage verändert würde. Englische Texte werden normalerweise wie deutschsprachige behandelt. Bei allen anderen Fremdsprachen bleibt das Original im Text, die Übersetzung kommt in eine Fußnote. Dargestellt werden die direkten Zitate als eingerückte, einzeilige Blöcke.

Beim Zitieren nach APA-Standard geht man bei direkten Zitaten wie folgt vor: Die übernommene Aussage (Wort, Satz oder ganzer Absatz) wird unter Anführungszeichen gesetzt. Die Angabe der Quelle folgt immer direkt nach dem übernommenen Text mittels Kurzbeleg (Nachname, Jahr, Seite).

Beispiel
„Objektive Erkenntnis ist schon deshalb nicht möglich, weil wir nur unvollständige Bilder der Realität erfassen können" (Rössl, 2005, S. 2).

oder

Beispiel
Rössl (2005, S. 2) ist der Ansicht: „Objektive Erkenntnis ist schon deshalb nicht möglich, weil wir nur unvollständige Bilder der Realität erfassen können".

Wird ein Wort ausgelassen, ersetzt man dieses mit [..], mehrere Worte werden mit [...] ersetzt.

Beispiel
„Objektive Erkenntnis ist [..] deshalb nicht möglich, weil wir nur unvollständige Bilder der Realität erfassen können" (Rössl, 2005, S. 2).

Eigene Ergänzungen werden in eckige Klammern gestellt: [Text der Ergänzung, Anm. d. Verf.] oder nur [Text der Ergänzung].

Beispiel
„mit dem reduktionistischen, auf das Messbare konzentrierten Denken [können] Fragen von zentraler Bedeutung nicht gelöst werden" (Mustermann, 2001, S. 5).

Fehler im Originaltext sollten durch ein Ausrufezeichen in eckiger Klammer [!] oder durch [sic!] (lateinisch für „wirklich so!") gekennzeichnet werden.

Beispiel
„Wissenschaftliches Arbeiten ist dann wissenschaftlisch [!], wenn wissenschaftliche Methoden verwendet werden" (Mustermann, 1995, S. 111).

Indirekte Zitate

Indirekte Zitate sind sinngemäße Zitate, bei denen ein bestimmter Gedanke beibehalten, aber umformuliert wird. Wichtig ist es, zu beachten, dass bei der Umformulierung keine Inhalte verloren gehen oder hinzugefügt werden dürfen. Im Text wird mittels Kurzbeleg (Nachname, Jahr, Seite) zitiert, die vollständige Quellenangabe findet sich im Literaturverzeichnis. Die Angaben der genauen Fundstelle (wie Seite, Abschnitt etc.) sind bei indirekten Zitaten nicht zwingend, bei direkten Zitaten aber sehr erwünscht. Meist wird bei sehr textnahen Formulierungen oder wenn man den Gedankengang eines Autors besonders hervorheben möchte, eine genaue Seitenangabe gemacht.

Zitiert wird auch hier immer direkt nach dem übernommenen Text wortweise, satzweise oder absatzweise.

Beispiel
Man geht davon aus, dass die Erfassung der Realität nur in unvollständigen Bildern erfolgt, weshalb eine objektive Erkenntnis unmöglich ist (Mustermann, 2007, S. 131).
oder
Mustermann (2007) behauptet, dass...
oder
2007 stellte Mustermann fest, dass...

Weist eine Quelle mehrere Autoren auf, dann reiht man diese nicht alphabetisch, sondern übernimmt die Reihenfolge, wie sie bei der Quelle angegeben ist. Bei zwei oder mehreren Autoren werden die letzten mit „&" verbunden, wie z.B. TextTextTextTextText (Nachname & Nachname, Jahr, Seite) bzw. TextTextTextTextText (Nachname, Nachname, & Nachname, Jahr, Seite). Wurde die Quelle von mehr als drei Autoren verfasst, wird der erste angegeben und die restlichen werden mit et al. abgekürzt: TextTextTextTextText (Nachname et al., Jahr, Seite). **Achtung**: Im Text werden die Namen der Autoren/Autorinnen mit und verbunden, innerhalb der Klammer wird das Et-Zeichen „&" verwendet!

Beispiele
Eine Studie (Smith & Murray, 2004) belegt, dass...
oder

Smith und Murray (2004) belegen, dass...

Man geht davon aus, dass die Erfassung der Realität nur in unvollständigen Bildern erfolgt, weshalb eine objektive Erkenntnis unmöglich ist (Aaker, Huber, & Mustermann, 2007, S. 55).
oder
Man geht davon aus, dass die Erfassung der Realität nur in unvollständigen Bildern erfolgt, weshalb eine objektive Erkenntnis unmöglich ist (Aaker et al., 2007, S. 55).

Wenn sich ein indirektes Zitat auf mehrere Werke bezieht, dann geht man nach folgendem Schema vor: TextTextTextTextText (Nachname, Jahr, Seite; Nachname, Jahr, Seite). Bei mehreren Quellenangaben erfolgt die Reihung alphabetisch nach dem Familiennamen und nicht chronologisch nach dem Erscheinungsjahr.

Beispiel
Man geht davon aus, dass die Erfassung der Realität nur in unvollständigen Bildern erfolgt, weshalb eine objektive Erkenntnis unmöglich ist (Aaker, 2007, S. 55; Huber, 2002, S. 7; Mustermann, 2007, S. 131).
Oder aber auch zulässig ohne Seitenangaben:
Man geht davon aus, dass die Erfassung der Realität nur in unvollständigen Bildern erfolgt, weshalb eine objektive Erkenntnis unmöglich ist (Aaker, 2007; Huber, 2002; Mustermann, 2007).

Bei mehrfach vorkommenden Nachnamen werden die Initialen vorangestellt.

Beispiel
Mehrere wissenschaftliche Untersuchungen zum Kaufverhalten von Konsumenten (Kotler, 2009; A. Rogers, 2003; C. Rogers, 2008) haben gezeigt, dass...

Werden mehrere Werke eines Autors aus demselben Jahr zitiert, dann buchstabiert man die Werke durch.

Beispiel
In seinen Handelsstudien (Trommsdorff, 2008a, 2008b, 2010) zeigte er auf, dass...

3.6.3 Sonstige Zitierhinweise im Text

Sekundärquellen (Subzitate)

Für den Fall, dass es nicht möglich ist, eine Originalquelle zu beschaffen, weil diese unveröffentlicht oder nicht verfügbar ist, müssen sogenannte Subzitate verwendet werden. Generell sollten sie aber eher vermieden werden. **Achtung**: Im Literaturverzeichnis ist dann nur die Quelle, nicht die Originalarbeit anzuführen!
Subzitate erscheinen in nachfolgender Form:

Beispiel
Heinen (1971, zitiert in Lechner et al., 2004) beschreibt in seinem Modell....

Seitenbereiche angeben

Geht der zitierte Inhalt in der Quelle über mehrere Seiten, dann wird der Buchstabe „f" (folgende) an die Seitenzahl gefügt. Bei mehr als zwei Seiten wird entweder der Seitenbereich exakt angeben oder ein „ff" (fortfolgende) angefügt.

Beispiele
Heinen, 1971, S. 126 f.
Rössl, 2005, S. 229 – 231 oder Rössl, 2005, S. 229 ff.

Autor im Text

Wird der Autor bzw. der Herausgeber der Quelle (Institut, Unternehmen etc.) im Text genannt, dann wird gleich direkt beim Namen zitiert.

Beispiele
Baumann (2007) stellte fest, dass ...
Es wurde betont (Baumann, 2007; Huber, 2006)
Baumann (2007, S. 17) führt aus: „Auch im Tourismus ...".

3.6.4 Zitierweise im Literaturverzeichnis

Jede Quelle, die im Text verwendet wurde, muss sich auch im Literaturverzeichnis wiederfinden. Die Quellenangaben werden in eine alphabetisch-chronologische Ordnung gebracht. Innerhalb des Alphabets werden diese nach dem Erscheinungsjahr aufsteigend sortiert.

Je nachdem, um welchen Quellentyp es sich handelt, gibt es eine angepasste Zitierweise.

Beispiel für Literaturangaben von Büchern

Nachname, Vorname(n) (Initial). (Erscheinungsjahr). *Titel. Untertitel* (ggf. Auflage). Verlagsort: Verlag.

Baumann, R. (2008). *Gesellschaftliche Einflussgrößen im Sport. Empirische Analysen von Zusammenhängen zwischen Gesellschaft, Individuum und Sport*. Berlin: Springer.

Beispiel für Literaturangaben von Beiträgen in Büchern (Sammelbänden)

Nachname, Vorname(n) (Initial). (Erscheinungsjahr). Titel. Untertitel. In Herausgeber (Hrsg.), *Titel des Sammelbandes* (Seitenbereich). Verlagsort: Verlag.

Baumann, R. (2007). Verhaltensmuster Wellness. In Krczal, A., Weiermair, K. (Hrsg.), *Wellness und Produktentwicklung. Erfolgreiche Gesundheitsangebote im Tourismus* (67-89). Berlin: Erich Schmidt.

Beispiel für Literaturangaben von Zeitschriften mit Jahrgangs-/Bandpaginierung

Nachname, Vorname (Initial). (Erscheinungsjahr). Titel des Artikels. *Name der Zeitschrift*, Jahrgang, Seitenbereich.

Baumann, S. (2003). Qualitätsniveaus und Gesundheitskompetenz im österreichischen Kur- und Wellness-Tourismus. *Tourismus Journal, 7*, 187-202.

Beispiel für Literaturangaben von Zeitschriften mit heftweiser Paginierung

Nachname, Vorname (Initial). (Erscheinungsjahr). Titel. *Name der Zeitschrift*, Jahrgang (Heft), Seitenangaben.

Baumann, S. (2006). Die „versteckten Potenziale" wecken. Gesundheitstourismus in Österreich. *Marketing Journal*, 2006 (3), 68-70.

Beispiel für Literaturangaben von Themenheften von Zeitschriften

Nachname, Vorname (Initial). (Erscheinungsjahr). Titel [Themenheft]. *Name der Zeitschrift*, Jahrgang (Heft).

Tack, W. (1986). Veränderungsmessung [Themenheft]. *Diagnostica*, 32 (1).

Beispiel für Literaturangaben von Forschungsberichten, Diplomarbeiten, Dissertationen

Nachname, Vorname(n) (Initial). (Erscheinungsjahr). *Titel. Untertitel* (ggf. Reihe). Ort: Hochschule, ggf. Diplomarbeit (Dissertation) am Namen des Instituts. Ort.

Bässler, R. (2005). *24. Internationale OMV Rallye Waldviertel. Eine Analyse der ökonomischen und touristischen Effekte. Studie im Auftrag der Niederösterreich Werbung GmbH.* IMC Fachhochschule Krems. Krems.

Beispiel für Literaturangaben von unveröffentlichten bzw. zur Veröffentlichung eingereichten Arbeiten

Baumann, S., Berger, D., & Huber, K. (2007). Retail innovation – The never-ending road to success? A critical analysis of pitfalls and opportunities. Zur Veröffentlichung eingereicht. In *Journal of Marketing*.

Beispiel für Literaturangaben von (unveröffentlichten) Vorträgen auf Tagungen

Baumann, S. (2008, August). *The Economical and Social Importance of Tourism in India.* Vortrag beim Europäischen Forum Alpbach – Technologiegespräche 2008.

Beispiel für Konferenzberichte

Nachname, Vorname (Initial). (Jahr). *Titel.* In Herausgebername(n) (Hrsg.). Titel des Konferenzberichtes. Name, Datum und Ort der Konferenz. Ort: Verlag, Seitenzahlen.

Berger, D. (2007). *Retailovation. How to create a true customer experience for all senses.* In Hemmington, N. (Hrsg.). Extraordinary Experience Conference, 2.-4. September in Bournemouth. Eigenverlag, 30-31.

Beispiel für Artikel u. ä.

Nachname, Vorname (Initial). (Jahr). Titel. In *Zeitschrift*. lfd. Jahrgang, Heftnummer, Seitenzahlen.

Schmoll, A. (1992). Bonitäts- und Risikoklassen. Instrumente für ein effizientes Risikomanagement. In Österreichisches *Bank Archiv*. 40. Jg., Nr. 11, 990- 996.

Beispiel für Zeitungsartikel

Nachname, Vorname (Initial). (Jahr). Titel. In Zeitung. Datum, Seitenzahlen.

Edvinsson, L. (2001). Eigene Landkarten fürs Humankapital. In *Der Standard.* 10. Januar 2001, 16.

Beispiel für Zeitungsartikel, in denen der Autor nicht genannt wird

Wenn der Autor im Artikel nicht genannt wird, dann erscheint der Name der Zeitung am Beginn.

Der Standard (2001). *Eigene Landkarten fürs Humankapital.* 10.01.2001, 16.

Beispiel für Interviews, bei denen Interviewer und Interviewte bekannt sind

Nachname, Vorname (Initial). (Jahr). Titel. In Nachname, Vorname (Initial) der Interviewten (Interview). Quelle, Datum, Seite.

Edvinsson, L. (2001). Eigene Landkarten fürs Humankapital. In Ninz, L. (Interview). *Der Standard,* 10.01.2001, 16.

Beispiel für Interviews/Befragungen/Expertengespräche

Nachname, Vorname (Initial)., Titel (Jahr). Hinweis auf die Kommunikationsart, Gegenstand des Gesprächs, Funktion, Besonderheiten des Interviewten, die für das Gewicht seiner Aussagen relevant sind. Ort des Gesprächs, Datum.

Geppert, J., DI Dr. Dir. (2002), Persönliches Gespräch zur ISO-9000 Einführung (siehe Gesprächsleitfaden Anhang II), Qualitätsbeauftragter von Comp&Lain, war in seinen früheren Tätigkeiten bereits an einer ISO-9000 Einführung maßgeblich beteiligt. *Gespräch* in der Cafeteria von Comp&Lain in Wien, 17.07.2002.

Beispiel für Telefonate, Briefverkehr, E-Mail-Kommunikation und dgl.

Nachname, Vorname (Initial). Titel (Zeitraum). Hinweis auf die persönliche Kommunikation, Inhalt der Kommunikation; Funktion, Datum bzw. Zeitraum der Kommunikation.

Gu-Ruh, A., MSc. PhD (2001 - 2002). Persönliche Kommunikation zur strategischen Positionierung von internationalen Hotelketten; derzeit Management Consultant in New York, 1990-1995 als Senior Consultant bei McDaughter&Co. Führend am Aufbau der Hotelkette „Wellness & Sun" tätig, zahlreiche Telefonate und e-mails zwischen Oktober 2001 und Februar 2002.

Beispiel für unternehmensinterne Unterlagen (Prospekte, Präsentationen etc.)

Autorenname(n)/Herausgebername(n) (Jahr oder bei fehlender Angabe „o.J."). *Titel der Unterlage* [Art des Materials]. Ort (oder „o.O" für „ohne Ort"), evtl. Zusatzinformationen.

Großhuckl (o.J.). Großhuckl - *Ein Ort stellt sich vor* [Prospektmaterial]. o.O., vom örtlichen Verschönerungsverein jährlich aktualisierter und von der Gemeinde aufgelegter Folder.

Beispiel für Radio- oder Fernsehbeiträge

Nachname, Vorname (Initial). (Urheber der Aussage) (Jahr). *Titel der Sendung* [Angabe des Informationsmediums], Sender, Ausstrahlungsdatum.

Popper, K. R. (1990). *Wir wissen nicht, wir raten* [TV-Sendung], ORF 2, 17.09.2002.

Beispiel für CD-ROM, Video- oder Audio-Kassetten

Nachname, Vorname (Initial). (Jahr). *Titel der Quelle.* ggf. Version [Angabe des Mediums].Ort.

Funky, H. (1992). *Controlling mit Excel.* Vers. 3.11 [CD-ROM]. Wien.

WWW-Seiten

Bässler, R. (8. März 2007). *Sport und Tourismus. Die wirtschaftliche Bedeutung des* Sporttourismus *in alpinen Regionen.* Von http://www.baesslerresearch.at abgerufen.

Beiträge einer Online-Zeitschrift (E-Journal)

Thomas, M., Weiler, V., Schulz, T., & Vörkel, C. (2001). Entwicklung einer MR-kompatiblen Schulterlagerungsschiene zur Funktionsuntersuchung der Schulter im offenen Kernspintomographen. *Klinische Spormedizin,* 2 (6), 85-93. Abgerufen am 23. Februar 2002 von http://klinischesportmedizin.de/Auflage2001 6/ Artikel _1 Schulterschiene/Schulterschiene.pdf.

Internet-Newsletter

Fachgruppe Entwicklungspsychologie in der Deutschen Gesellschaft für Psychologie (Hrsg.) (2000). *Newsletter Entwicklungspsychologie* 2/2000. Abgerufen am 20. Februar 2002 von http://www.dgps.de/gruppen/fachgruppen/entwicklungs/NL2-00.pdf.

Englische Werke

Ed. = Editor, Eds. = Editors; p. = page, pp. = pages, Zeitschriftennamen werden auch im Englischen groß geschrieben.

Deci, E. L., & Ryan, R. M. (1980). The empirical exploration of intrinsic motivational processes. In Berkowitz, L. (Ed.), *Advances in experimental social psychology* (pp. 39-80). New York: Academic Press.

Scherer, K. R., & Ekman, P. (Eds.). (1984). *Approaches to emotion.* Hillsdale, NJ: Erlbaum.

Zusätzlich ist zu beachten:

- Das Literaturverzeichnis beginnt immer auf einem neuen Blatt.
- Zwischen den einzelnen Literaturangaben wird kein Abstand gemacht.
- Die erste Zeile beginnt am linken Schreibrand, Folgezeilen sind eingerückt.
- Bei Verlagen wird in der Regel nur der Verlagskurzname, nicht die Bezeichnung „Verlag" dazugeschrieben.
- Bei Zeitschriftenartikeln wird kein S. oder p. vor die Seitenzahl geschrieben.
- Wenn keine Jahresangabe vorzufinden ist, wird in Klammern die Abkürzung (o.J.) angegeben.
- Sollte kein Autor ersichtlich sein, ist auf die Institution, Organisation oder Gesellschaft zu verweisen, die die Quelle herausgegeben hat (z.B. Statistik Austria, KMU Forschung Austria, AC Nielsen etc.)

3.6.5 Überblick ausgewählter Literaturverwaltungsprogramme

Steigt der Umfang an verwendeter Literatur in einer wissenschaftlichen Arbeit, dann können Literaturverwaltungsprogramme helfen, den Überblick über diese zu behalten. Literaturverwaltungsprogramme sind nicht nur hilfreich beim Recherchieren und Zitieren, sondern eignen sich auch sehr gut, um die Gefahr des Fehlens von zitierten Quellen im Literaturverzeichnis zu verringern und um Zitate, Kommentare und eigene Gedanken zu speichern und für die Verwendung in der eigenen Arbeit zu ordnen.

Im wirtschaftswissenschaftlichen Bereich stehen verschiedenste dieser Programme zur Verfügung. Ein sehr guter Überblick der gängigsten Literaturverwaltungsprogramme, insbesondere über die verschiedenen Funktionen, die Bedienung und Lizenz- und Preismodelle wurde von der Bibliothek der TU München erstellt und findet sich unter nachfolgendem link: http://mediatum.ub.tum.de/node?id=1108526.

In diesem Kapitel werden exemplarisch zwei Literaturverwaltungsprogramme herausgegriffen, die an deutschsprachigen Hochschulen im wirtschaftswissenschaftlichen Bereich am häufigsten verwendeten werden: Zotero und Citavi.

Zotero
Zotero ist eine frei verfügbare Zusatzsoftware für den Internetbrowser Firefox. Die Handhabung ist relativ einfach, da vor allem die Oberfläche sehr nutzfreundlich ist. Eine weitere Eigenschaft ist, dass damit Quellen aller Art gesammelt, verwaltet und in der eigenen Arbeit zitiert werden können. Zusätzlich kann damit ein Literaturverzeichnis erstellt werden. Gesammelte Daten können via Gruppenbibliotheken ausgetauscht und fremde Bibliotheken und Literatursammlungen abonniert werden. Ein Nachteil ist, dass eine Datenbankrecherche aus der Literaturverwaltung heraus nicht möglich ist. Auch eine individuelle Aufgabenplanung ist bei Zotero nicht möglich.

Ein sehr gutes Online-Tutorial, wie Zotero genutzt werden kann, findet sich auf YouTube unter *„Zotero Tutorial deutsch - Quellen in Word-Dokument einbinden"*.

Citavi
Citavi bietet ebenfalls eine kostenfreie Lösung an sowie zusätzlich verschiedene Lizenztypen mit diversen Zusatzfunktionen. Die Handhabung ist auch hier sehr einfach, da sehr vieles selbsterklärend ist und die Oberfläche sehr nutzerfreundlich gestaltet ist. Citavi bietet die Möglichkeit, auch wörtliche/direkte Zitate zu verwalten, sowie eine zusätzliche Projektmanagementfunktion. Somit ist Citavi das einzige Programm, welches eine individuelle Aufgabenplanung möglich macht. Auch eine Datenbankrecherche aus der Literaturverwaltung heraus ist möglich. Zusätzlich wird die Möglichkeit einer kollaborativen Zusammenarbeit durch eine Teamfunktion geboten.

Dieses Literaturverwaltungsprogramm wird sehr gut auf YouTube in nachfolgendem Online-Tutorial erklärt: *„CitaviTeam"*.

3.7 Zusammenfassende Tipps

1. Nehmen Sie sich für die Themensuche ausreichend Zeit und treffen Sie keine voreiligen Entscheidungen. Nichts ist langweiliger, als ein Thema zu bearbeiten, welches Sie überhaupt nicht interessiert!
2. Wählen Sie ein Thema, welches ausreichend viel Inhalt für Ihre Arbeit hergibt, aber noch Forschungslücken aufweist, sodass ein Erkenntnisgewinn möglich ist. Ein Thema, zu dem (fast) keine Literatur zur Verfügung steht, mag zwar spannend sein, sollte aber höchstens für Dissertationen gewählt werden!
3. Die Literaturrecherche ist in der Regel ein sehr aufwendiger Prozess. Planen Sie also genügend Zeit dafür ein. Oft kommt es vor, dass Bücher ausgeliehen oder vergriffen sind und Sie warten müssen, bis diese wieder zur Verfügung stehen. Es kommt hinzu, dass man sich erst durch die Fülle an Literatur arbeiten muss, bevor man weiß, welche Quelle passend ist.
4. Wenn Sie sich im Rahmen der Literatursichtung bereits eine möglichst konkrete Struktur zu Ihrem Thema überlegen und diese dann mit Text füllen, tun Sie sich leichter.
5. Schreiben Sie sich Ihre zentrale Forschungsfrage auf einen Zettel und behalten Sie diesen beim Verfassen Ihrer wissenschaftlichen Arbeit immer im Auge. Das hilft Ihnen, nicht vom Thema abzukommen sowie zu entscheiden, welche Inhalte in die Arbeit aufgenommen werden sollen und welche besser weggelassen werden.
6. Informieren Sie sich vorab bei Ihrer Hochschule, welche formalen Richtlinien beim Verfassen der wissenschaftlichen Arbeit zu beachten sind. Machen Sie sich dann eine entsprechende Formatvorlage und beginnen in diesem Dokument zu schreiben!
7. Zitieren Sie verwendete Quellen gleich entsprechend den jeweiligen formalen Richtlinien, auch wenn dies zunächst aufwendig erscheint. Im Nachhinein nachzuvollziehen, woher der Inhalt und die Quellen stammen, ist viel aufwendiger.
8. Verwenden Sie für das Sammeln, Verwalten und Zitieren Ihrer Quellen Literaturverwaltungsprogramme. Dadurch werden Automatisierungen möglich, die Ihnen das Zitieren und das Erstellen von Literaturverzeichnissen erleichtern.

Weiterführende Literaturempfehlungen

Heesen, B. (2016). *Wissenschaftliche Arbeiten schreiben mit Word 2016: Gute Arbeiten zeitsparend auf Basis der Word-Vorlage Thesis2016 erstellen.* Nürnberg: Prescient.

Karmasin, M., & Ribing, R. (2010). *Die Gestaltung wissenschaftlicher Arbeiten: ein Leitfaden für Seminararbeiten, Bachelor-, Master- und Magisterarbeiten, Diplomarbeiten und Dissertationen.* Wien: Facultas WUV.

Kornmeier, M. (2009). *Wissenschaftlich schreiben leicht gemacht: für Bachelor, Master und Dissertation.* Bern: Wien.

Kruse, O. (2007). *Keine Angst vor dem leeren Blatt: ohne Schreibblockaden durchs Studium.* Frankfurt am Main: Campus.

Metzger, C. (2010). *Lern- und Arbeitsstrategien. Ein Fachbuch für Studierende an Universitäten und Fachhochschulen*. Cornelsen.

4 Praxis empirischer Sozialforschung und Begrifflichkeiten

Eine wissenschaftliche Arbeit kann entweder als reine Literaturarbeit verfasst werden oder empirisch praxisorientiert, indem angewandte empirische Sozialforschung in die Arbeit einbezogen wird.

Empirische Sozialforschung bezeichnet die systematische Erhebung von Daten über soziale Tatsachen durch den Einsatz geeigneter Methoden, wie beispielsweise einer Befragung oder einer Beobachtung, und deren Auswertung. Die empirische Sozialforschung gilt als einer der drei großen Bereiche der Soziologie. Zugleich ist sie eine disziplinübergreifende Erfahrungswissenschaft, da sie anderen Sozialwissenschaften Erhebungsverfahren und Methoden zur Verfügung stellt.

Dieses Kapitel gibt zunächst eine Einführung in die empirische Forschung und eine Empfehlung, wie der Ablauf eines empirischen Projektes idealerweise zu gestalten ist. Zusätzlich bietet es Hinweise, welche Sozialforschungsmethoden sich für welche Problemstellungen am besten eignen.

4.1 Allgemeine Grundlagen empirischer Forschung

In den Wirtschafts- und Sozialwissenschaften existiert eine größere Zahl von Methoden zur Erhebung und Auswertung von Daten. Die Gesamtheit dieser Methoden stellt das Inventar der empirischen Sozialforschung dar. Welche Methode sich am besten eignet, hängt vom Untersuchungsziel, den Fragestellungen und den zur Verfügung stehenden Ressourcen ab. Da sich nicht jede Methode bei einer spezifischen Fragestellung gleich gut eignet, empfiehlt sich häufig die Anwendung von Methodenkombinationen. Werden mehrere Methoden zur Beantwortung ein und derselben Fragestellung herangezogen, spricht man von Triangulation. Diese Vorgehensweise hat den Vorteil, dass ein Problem aus mehreren Blickwinkeln durchleuchtet wird, oft auch interdisziplinär, d.h. in Form einer fächerübergreifenden Arbeitsweise, welche mehrere voneinander unabhängige Einzelwissenschaften umfasst.

Spricht man von empirischer Forschung, dann versteht man unter empirisch auf Erfahrung beruhend. Auch im Alltag werden Erfahrungen und Beobachtungen gemacht. Dennoch unterscheidet sich die empirische Sozialforschung eindeutig vom Alltagswissen. Die nachfolgende Tabelle 4-1 zeigt die wichtigsten Unterschiede auf.

Tabelle 4-1: Unterschiede zwischen empirischer Sozialforschung und Alltagswissen

Empirische Sozialforschung	Alltagswissen
Systematisches Vorgehen	Selektive Beobachtung und Erinnerung
Methodisch begründetes Vorgehen	Ignorieren widersprechender Informationen
Präzise Begrifflichkeit	Implizites Begriffsverständnis
Suche nach Wahrheit	Vorurteile und stereotypes Denken
Intersubjektiv überprüfbares Vorgehen	Aberglaube und Magie

4.1.1 Ziele und Aufgaben der empirischen Sozialforschung

Das oberste Ziel der empirischen Sozialforschung ist das Gewinnen von Erkenntnissen über die Phänomene der sozialen Welt, insbesondere über Menschen, ihre Produkte, Einstellungen, Handlungen und sozialen Institutionen.

Die Aufgaben der empirischen Sozialforschung können im Wesentlichen in drei Typen von Untersuchungen zusammengefasst werden:

1. **Deskriptive Untersuchungen** (Deskription = Beschreibung): beziehen sich nicht auf die Erforschung von Zusammenhängen, sondern auf die genaue Beschreibung von Häufigkeitsverteilungen oder Typen. Hauptziele sind Beschreibungen, Erstellung von Klassifizierungen oder Typologien und der Bericht beobachteter Daten.
2. **Explorative Untersuchungen** (Exploration = Erkundung): werden durchgeführt, wenn weitgehend unbekannte Phänomene und Zusammenhänge erforscht werden sollen. Häufig handelt es sich um Voruntersuchungen oder Pretests, die einer Hauptstudie vorgeschaltet werden. Es geht in erster Linie darum, Hypothesen zu generieren, welche in der Hauptstudie überprüft werden. Es kommen vorzugsweise qualitative Methoden zum Einsatz, wie beispielsweise Fokusgruppen, Tiefeninterviews oder unstrukturierte Beobachtungen (induktiv, d.h. es wird vom Einzelfall auf das Allgemeine geschlossen).
3. **Hypothesenprüfende Untersuchungen**: beschäftigen sich mit der Prüfung von vermuteten Merkmals- oder Variablenzusammenhängen. Die Hypothesen werden in der Regel aus einer allgemeinen Theorie abgeleitet (deduktiv, d.h. es wird vom Allgemeinen auf das Besondere geschlossen).

Versucht man aus diesen drei Typen von Untersuchungen die wichtigsten Ziele abzuleiten, so erhält man fünf Ziele, die sich teilweise überlappen:

- **Beschreiben:** Es wird versucht, Phänomene und Zusammenhänge zwischen ihnen möglichst präzise zu beschreiben. Diese Beschreibungen dienen als wichtige Basis für die wissenschaftliche Theorie- und Hypothesenentwicklung.

- **Erklären:** Kausale Beziehungen zwischen Ereignissen der sozialen Welt sollen erklärt und auf Ursachen zurückgeführt werden.
- **Verstehen**: Man versucht, Ereignisse und Handlungen zu verstehen, indem Sinnzusammenhänge, in die sie eingebettet sind, erfasst werden. Dies wird in erster Linie mittels explorativer Studien gemacht.
- **Bewerten:** Hier geht es um die Ermittlung der Wirksamkeit oder Unwirksamkeit von Maßnahmen bezüglich eines oder mehrerer Erfolgskriterien. D.h. es wird beurteilt, inwieweit die Ziele bzw. Normen erreicht werden. Evaluationsstudien haben als oberstes Ziel die Bewertung.
- **Verändern:** Dabei geht es um Vorschläge für die Neu- oder Umgestaltung von Maßnahmen, Institutionen, Unternehmen etc. oder für die Veränderung von Zielen. Das Beschreiben, Erklären, Verstehen und Bewerten wird benötigt, um praktische Interventionen durchführen zu können.

Der Großteil der empirischen Bachelor- oder Masterarbeiten verfolgt mit ihren Untersuchungen entweder das Ziel, ein Phänomen zu beschreiben (= deskriptive Untersuchung) oder kausale Beziehungen zu erklären und auf Ursachen zurückzuführen (= hypothesenprüfende Untersuchung).

Bei umfangreicheren wissenschaftlichen Arbeiten, wie Dissertationen, steht zu Beginn meist das Verstehen und nicht das Beschreiben im Vordergrund, d.h. weitgehend unbekannte Phänomene und Zusammenhänge sollen erforscht werden. Man spricht auch von einer sogenannten Forschungslücke oder einem Forschungsdefizit.

4.1.2 Ablauf empirischer Untersuchungen

Der Ablauf empirischer Untersuchungen erfolgt idealerweise in fünf aufeinanderfolgenden Schritten: Zuerst muss das Forschungsproblem klar und präzise definiert werden. Je genauer das Forschungsziel umrissen wird, desto leichter fällt der nächste Schritt, die Planung und Vorbereitung der Datenerhebung. Auch dieser Schritt muss gewissenhaft und tiefgehend durchgeführt werden, da im Wesentlichen der Erfolg der Studie davon abhängig ist. Anschließend wird die Erhebung der Daten planmäßig und sorgfältig durchgeführt. Der nächste Schritt ist die Auswertung dieser Daten unter Zuhilfenahme qualitativer und/oder quantitativer Analysemethoden. Der letzte wichtige Schritt ist die Umsetzung der Forschungsergebnisse, vor allem in Form einer Ergebnisdarstellung mit etwaigen Handlungsempfehlungen.

Abbildung 4-1: Ablauf empirischer Untersuchungen

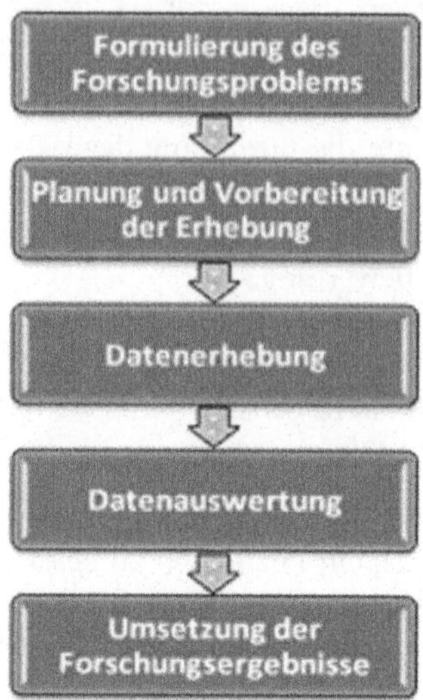

Jeder einzelne Schritt beinhaltet eine Reihe von Entscheidungen, die zu treffen sind, und von Problemen, die gelöst werden müssen. Diese werden detailliert in den nachfolgenden Kapiteln behandelt.

Es empfiehlt sich, vor Beginn einer empirischen Untersuchung die einzelnen Schritte anhand eines Forschungsplans oder mit einem methodischen Steckbrief schriftlich festzuhalten und eine Zeit- und Kostenschätzung durchzuführen. Methodische Alternativen sollen gegeneinander abgewogen werden, um sich letztendlich für die am besten geeignete Methode zu entscheiden. Bei einer wissenschaftlichen Abschlussarbeit hat man ein begrenztes Zeitbudget zu Verfügung. Daher sollte das Forschungsziel realistisch und bewältigbar sein und besser in die Tiefe als in die Breite gehen. Als Grundregel gilt: Weniger ist oft mehr!

4.1.2.1 Formulierung des Forschungsproblems

Die Formulierung des Forschungsproblems hängt davon ab, welches Ziel mit dem empirischen Projekt verfolgt wird. Man muss sich zunächst die Frage stellen: „Was genau möchte ich wissen?" Das Forschungsziel ist eng verbunden mit dem Untersuchungstyp. Handelt es sich beispielsweise um eine hypothesenprüfende Untersuchung, dann besteht das Forschungsproblem aus der Prüfung von vermuteten Merkmals- oder Variablenzusammenhängen. Das Forschungsproblem kann aber auch von einem Auftraggeber vorgegeben sein, aus einem praktischen Problem resultieren oder auf wissenschaftliche Literatur zurückzuführen sein, indem Hypothesen generiert wurden, die es zu überprüfen gilt.

Beispiel
Ausgangssituation:
In gesättigten Märkten ist es für Unternehmen wichtig, sich von den Mitbewerbern zu differenzieren. Dies kann beispielsweise durch zielgruppenspezifische Angebote geschehen. Im Mobilfunksektor wird versucht, durch ständig neue Handymodelle und Handytarife Kunden für sich zu gewinnen. Welches Handymodell und welcher Handytarif speziell für Studenten ansprechend sind, gilt es zu eruieren.
Forschungsproblem:
Welche Angebotskombination aus Handymodell und Handytarif spricht die Zielgruppe der Studenten am meisten an?
Forschungsziel:
Ziel des empirischen Forschungsprojektes ist es, herauszufinden, welches Handymodell bei Studenten besonders beliebt ist und welcher Tarif sie anspricht.

4.1.2.2 Planung und Vorbereitung der Erhebung

Die Planung und Vorbereitung der Erhebung kann in vier wesentliche Aufgaben unterteilt werden: die Konstruktion des Erhebungsinstrumentes, die Festlegung der Untersuchungsform, das Stichprobenverfahren und der Pretest.

1. Konstruktion des Erhebungsinstrumentes
Diese Aufgabe beinhaltet: die Definition der Begriffe aus den Forschungshypothesen, die Konzeptspezifikation für komplexe Begriffe, d.h. die Zerlegung der Begriffe in Einzeldimensionen, und die Messung der Einzeldimensionen (z.B. Lebensstil hat u.a. die Dimensionen Aktivitäten, Interessen, Meinungen/Einstellungen) und das Operationalisieren – d.h., die möglichst genaue Angabe der Vorgehensweise (der "Operationen"), mit der ein Merkmal erhoben werden soll. Bei einer Befragung versteht man unter Operationalisierung beispielsweise die genaue Frageformulierung mitsamt den Antwortvorgaben.

Beispiel
Erhebungsinstrument:
Bei dem Forschungsziel, welches Handymodell bei Studenten besonders beliebt ist und welcher Tarif sie anspricht, empfiehlt sich beispielsweise als Erhebungsinstrument ein standardisierter Fragebogen mit offenen und geschlossenen Antwortkategorien.

2. Festlegung der Untersuchungsform
Eine wichtige Entscheidung bei dieser Aufgabe ist, den zeitlichen Aspekt der Datenerhebung festzulegen. Es kann eine Querschnitterhebung (= einmalige punktuelle Erhebung) oder eine Längsschnitterhebung (= Erhebung zu mehreren Zeitpunkten) gewählt werden. Bei der Längsschnitterhebung unterschiedet man zwischen Trend- und Panelstudie (siehe Kapitel 6.2.4). Eine weitere Untersuchungsform ist die Kohor-

tenstudie, eine spezielle Form der Paneluntersuchung, bei der alle Personen einer Stichprobe derselben Kohorte angehören.

Beim Festlegen der Untersuchungsform ist auch zu überlegen, ob eine Vergleichs- oder Kontrollgruppe herangezogen werden soll. In diesem Fall spricht man von der Durchführung eines Experiments (siehe dazu Kapitel 6.2.3).

Beispiel
Untersuchungsform:
Bei unserer Handystudie wurde als Untersuchungsform eine Querschnitterhebung ohne Kontrollgruppe gewählt. Eine Längsschnitterhebung wäre in unserem Fall nicht zweckmäßig, da es um keine Verhaltensentwicklung geht, sondern um eine Momentaufnahme.

3. Stichprobenverfahren

Dieser Schritt bezieht sich auf die Bestimmung von Art und Größe der Stichprobe. Die erste Aufgabe besteht darin, die Zielpopulation zu definieren. Dabei geht es darum, die Grundgesamtheit, die Menge aller potentiellen Untersuchungsobjekte, festzulegen, aus welcher dann die Stichprobe gezogen werden soll. Für welche Art der Stichprobenziehung man sich entscheidet und wie groß diese Stichprobe sein soll, hängt vom Forschungsziel ab. Die Haupttypen der Stichprobenziehung sind die einfache Zufallsauswahl, die Quotenauswahl und die willkürliche Stichprobe.

Beispiel
Stichprobenverfahren:
Bei der Handystudie wurden als Zielpopulation (Grundgesamtheit) alle Studenten in Österreich festgelegt. Der Onlinefragebogen wurde per E-Mail an 2000 Studenten in ganz Österreich verschickt. Davon haben 273 Personen den Fragebogen ausgefüllt und retourniert. Somit war die Stichprobenziehung willkürlich, die Stichprobengröße beträgt 273.

4. Pretest

Jedes neu konstruierte Erhebungsinstrument sollte einem sogenannten Pretest unterzogen werden. Das bedeutet, dass das Instrument vorerst nur an einer geringen Personenzahl aus der Grundgesamtheit getestet wird, um Informationen darüber zu erhalten, ob noch etwas an dem Instrument geändert werden muss, und um den tatsächlichen Aufwand zu schätzen. Zum Beispiel könnten bei einem Fragebogen manche Fragen zu komplex sein oder Antwortkategorien fehlen. Hier hat man dann noch die Möglichkeit, das Instrument vor der Verwendung in der Hauptstudie zu verbessern. Wichtig ist, dass dieser Pretest dieselben Untersuchungskonditionen haben soll wie die eigentliche Studie, sodass es zu keinen Verzerrungen im Ergebnis kommt.

Beispiel
Pretest: Der standardisierte Onlinefragebogen wurde per Mail an 40 Studenten verschickt, welche ersucht wurden, den Fragebogen ausgefüllt zurückzuschicken, aber auch um ausführliches Feedback gebeten wurden.

4.1.2.3 Datenerhebung

Die Art der Datenerhebungsmethode wurde schon bei der Konstruktion des Erhebungsinstrumentes bestimmt. Es existiert eine Vielzahl an qualitativen und quantitativen Erhebungsmethoden. Manche sind zweckmäßig, andere wiederum ungeeignet, um das Forschungsziel zu erreichen. Es gilt zu beachten, dass die Erhebungsmethode auch das Messergebnis beeinflussen kann. Deshalb ist es notwendig, eine sinnvolle und gut überlegte Auswahl zu treffen. Die wichtigsten und am häufigsten verwendeten Arten sind:

- die Befragung (persönlich, schriftlich, telefonisch, online),
- die Beobachtung,
- die Inhaltsanalyse und
- nicht-reaktive Methoden (Verhaltensspuren).

Beispiel
Datenerhebung:
Die Daten für die Handystudie wurden mittels Online-Befragung erhoben, d.h. der Fragebogen wurde per Mail österreichweit an Studenten verschickt.

4.1.2.4 Datenauswertung

Die Datenauswertung besteht aus zwei Aufgabenbereichen, aus dem Aufbau eines analysefähigen Datenfiles und aus der statistischen Datenanalyse.

1. Aufbau eines analysefähigen Datenfiles

Nachdem die Daten erhoben wurden, müssen diese im Anschluss erfasst werden. Diese Erfassung erfolgt in einer analysefähigen Form (z.B. mittels Datenfile), unabhängig davon, ob es sich dabei um eine Auswertung mit dem Computer handelt oder diese per Hand erfolgt. Welche analysefähige Form gewählt wird, hängt von der Datenanalyse ab. Bevor diese Analyse erfolgen kann, muss die Datendokumentation auf Fehler kontrolliert und bereinigt werden.

Beispiel
Aufbau des Datenfiles:
Bei unserer Handystudie wurde für die Erstellung des Erhebungsinstrumentes und für die Datenerhebung eine Software verwendet, welche die Daten automatisch in ein Excel File überträgt. Die Daten können dann mit wenig Aufwand in ein SPSS File importiert werden. Danach werden die Daten auf Eingabefehler und Plausibilität überprüft. Auch etwaige Ausreißer werden identifiziert, die das Ergebnis verzerren könnten.

2. Statistische Datenanalyse

Die statistische Datenanalyse hängt von der Komplexität der Fragestellungen, der Art der Daten und vom statistischen Know-how ab. Welches Analyseverfahren verwendet wird, hängt vom Messniveau der Daten ab, und dieses hängt wiederum mit der Konstruktion des Erhebungsinstrumentes zusammen. Daher ist es immer wichtig, jeden einzelnen Schritt bei einer empirischen Erhebung vorausschauend zu planen.

Beispiel
Statistische Datenanalyse:
Der Onlinefragebogen wurde in einem ersten Schritt univariat (Häufigkeit, Mittelwert, Modus, Median, Standardabweichung etc.) ausgewertet. Danach wurden die eingangs aufgestellten Hypothesen mittels Hypothesentestverfahren bivariat überprüft (Chi^2-Test, t-Test etc.). Multivariate Verfahren, wie z.B. eine Faktoren-, Clusteranalyse etc., wurden nicht verwendet.

4.1.2.5 Umsetzung der Forschungsergebnisse

Der letzte Schritt, die Umsetzung der Forschungsergebnisse, ist ein sehr wesentlicher Aspekt, der die Anschlussfähigkeit der empirischen Studie gewährleistet. Die empirischen Erkenntnisse werden in einem Ergebnisbericht bzw. im empirischen Teil der wissenschaftlichen Arbeit festgehalten. Auch die methodischen Entscheidungen sollen darin nachvollziehbar dokumentiert werden. Das Erhebungsinstrument sowie etwaige Datenfiles, meist in anonymisierter Form, werden zwecks Transparenz in einem Anhang beigelegt. Dieser detaillierte Ergebnisbericht ermöglicht eine kritische Diskussion der Ergebnisse und lässt die Möglichkeit zur Replikation offen. Sind die Forschungsergebnisse von praktischem Interesse, dann wird in einem nächsten Schritt versucht, die Forschungsergebnisse umzusetzen und in der Praxis zu verifizieren.

Beispiel
Umsetzung der Forschungsergebnisse:
Die Forschungsergebnisse wurden in einem Abschlussbericht festgehalten, der anschließend an passender Stelle und in anonymisierter Form als Download zur Verfügung gestellt wurde. Da es sich bei der Handystudie um ein Auftraggeberprojekt handelte, wurde auch eine Präsentation vor dem Unternehmen gehalten und Handlungsempfehlungen weitergegeben. Diese wurden ansatzweise bis dato realisiert.

4.1.3 Qualitative oder quantitative Methode?

In der empirischen Sozialforschung stehen grundsätzlich zwei verschiedene Forschungsrichtungen zur Verfügung, um zu Erkenntnissen zu kommen: die quantitativen und die qualitativen Methoden. Häufig ist auch eine Kombination aus beiden Richtungen sinnvoll, um das Forschungsproblem tiefer zu durchleuchten. Qualitative Methoden werden auch oft als Input für quantitative Methoden verwendet. Ein Methoden-Mix (Mixed Methods, Triangulation) ist zwar aufwendiger, bringt aber mehrere Vorteile mit sich: Die unterschiedlichen Aspekte eines Forschungsgegenstandes werden tiefer beleuchtet, es erfolgt eine Verdichtung der Daten durch die Einnahme unterschiedlicher Blickwinkel und die jeweiligen Ergebnisse werden gegenseitig validiert (überprüft). Egal, für welche Methode(n) man sich letztendlich entscheidet, wichtig ist, das Zeitbudget zu beachten, die Kosten und den Aufwand im Auge zu behalten und sich tiefgehend in die Methode einzulesen, bevor man mit der Durchführung beginnt.

Bei der **quantitativen Forschung** geht es darum, Verhalten in Form von Modellen, Zusammenhängen und zahlenmäßigen Ausprägungen möglichst genau zu beschreiben und vorhersagbar zu machen. Dabei werden beispielsweise aus einer Befragung einer möglichst repräsentativen Stichprobe mit Hilfe eines Fragebogens die zahlenmäßigen Ausprägungen bestimmter Merkmale gemessen. Diese Messwerte werden miteinander oder mit anderen Variablen in Beziehung gesetzt und die Ergebnisse auf die Population bezogen (deduktive Vorgehensweise). Um gleiche Voraussetzungen für die Entstehung der Messwerte innerhalb einer Studie zu gewährleisten, sind die quantitativen Methoden meist standardisiert und strukturiert, d.h. jeder Befragte bekommt möglichst exakt die gleichen Voraussetzungen bei der Beantwortung der Fragen (gleicher Wortlaut, gleiche Reihenfolge, gleiche Bewertungsskala etc.), um die Aussagen der Befragten untereinander vergleichbar zu machen. Quantitative Methoden eignen sich durch die standardisierte Vorgehensweise und die großen Stichproben zur objektiven Messung von Sachverhalten, zum Testen von Hypothesen und zur Überprüfung statistischer Zusammenhänge, aber auch für wiederkehrende Fragestellungen, bei denen Ergebnisse verschiedener Zeitpunkte verglichen werden sollen.

Die wichtigsten Methoden sind die Befragung, die Beobachtung, das Panel und das Experiment.

Die **qualitative Forschung** ist im Vergleich viel offener und flexibler. Es geht in erster Linie um das Beschreiben, Interpretieren und Verstehen von Zusammenhängen, die Aufstellung von Klassifikationen oder Typologien und die Generierung von Hypothesen. Die qualitative Befragung zeichnet sich durch eine nicht vorherbestimmte, nicht standardisierte und umfassende Informationen liefernde Herangehensweise aus. Es liegt zwar meist ein grober thematischer Leitfaden zugrunde, die Reihenfolge und Gestaltung der Fragen sind jedoch flexibel und die Antwortmöglichkeiten der Gesprächspartner unbeschränkt. Durch diese Vorgehensweise wird ein tieferer Informationsgehalt der Ergebnisse erreicht, ohne allerdings repräsentative und zahlenmäßige Aussagen machen zu können (induktive Vorgehensweise). Sie eignet sich deshalb sehr gut, um ausführliche Beschreibungen individueller Meinungen und Eindrücke zu erhalten, wie z.B. für Verbesserungsvorschläge oder zur Erkundung von Ursachen.

Die Stichprobenbildung erfolgt nicht, wie bei quantitativen Verfahren, nach Kriterien statistischer Repräsentativität, sondern danach, ob sie geeignet ist, das Wissen über den Untersuchungsgegenstand zu erweitern oder nicht. In Abhängigkeit von der untersuchten Fragestellung tritt ab einer gewissen Anzahl teilnehmender Personen eine theoretische Sättigung ein, d.h., dass durch Hinzunahme weiterer Personen kein bedeutender zusätzlicher Erkenntnisgewinn erreicht wird (= Theoretical Sampling). Die erforderliche Stichprobengröße ist im Allgemeinen deutlich geringer als bei quantitativen Verfahren. Man spricht auch von typischen Vertretern. Ziel der qualitativen

Forschung ist es, die Wirklichkeit anhand der subjektiven Sicht der Untersuchungspersonen abzubilden und so mögliche Ursachen für deren Verhalten nachzuvollziehen und das Verhalten zu verstehen.

In den letzten Jahren hat die Verwendung qualitativer Methoden stark zugenommen, da auch den quantitativen Methoden Grenzen gesetzt sind. Es werden mittlerweile eine Vielzahl von qualitativen Befragungs- und Beobachtungsmethoden verwendet. Um nur die wichtigsten zu nennen: das narrative Interview, das Leitfadeninterview, die Fokusgruppe, die qualitative Inhaltsanalyse, die Artefaktanalyse und die Beobachtungsanalyse. Die nachfolgenden Tabellen zeigen auf, welche Vor- und Nachteile die beiden Forschungsrichtungen aufweisen.

Tabelle 4-2: *Vor- und Nachteile qualitativer Methoden*

Vorteile qualitativer Methoden	Nachteile qualitativer Methoden
Neue, unbekannte Sachverhalte können entdeckt werden	Hoher Zeit- und Kostenaufwand, Auswertung ist relativ aufwendig
tieferer Informationsgehalt durch offene Vorgehensweise	Anforderungen an die Qualifikation der durchführenden Person sind recht hoch
Methode passt sich an den Untersuchungsgegenstand an, flexiblere Vorgehensweise	größere Subjektivität der Ergebnisse, Generalisierbarkeit schwierig
Wahre, vollständige Informationen über die subjektive Sicht der Untersuchungspersonen	Qualität der Daten ist von der durchführenden Person abhängig
Möglichkeit, während der Untersuchung nachzufragen	Aus qualitativen Daten kann man keine zahlenmäßigen Mengenangaben ableiten

Tabelle 4-3: *Vor- und Nachteile quantitativer Methoden*

Vorteile quantitativer Methoden	Nachteile quantitativer Methoden
Große Stichprobe und repräsentative Ergebnisse	Keine Flexibilität während der Untersuchung
Exakt quantifizierbare Ergebnisse	Kein individuelles Eingehen auf Probanden möglich
Objektivität und Vergleichbarkeit der Ergebnisse	Fragen können vom Probanden falsch interpretiert werden
Ermittlung von statistischen Zusammenhängen möglich	Wird nicht an die subjektive Erfahrungswelt der Probanden angepasst
Meist geringerer Zeitaufwand	Nicht geeignet für Ursachenforschung
Auswertung aufgrund standardisierter Vorgehensweise einfacher	Hohes Vorwissen zur Erstellung des Erhebungsinstrumentes notwendig

Stellt man sich jetzt die Frage, ob eher eine quantitative oder eine qualitative Methode zur Anwendung kommen soll, so gilt folgende Regel:

Qualitative Sozialforschung wird verwendet, wenn

- Verstehen forciert und die Wissensbasis erweitert,
- tatsächliche Umstände aufgeklärt,
- Hypothesen generiert,
- Verhaltensbandbreiten identifiziert,
- Motive, Einstellungen etc. entdeckt, erstmals erklärt,
- und für künftige quantitative Forschung Input geliefert werden soll.

Ansonsten werden besser quantitative Methoden verwendet.

Um die Entscheidungsfindung zu erleichtern, hilft es, wenn man für sich die nachfolgenden Fragen beantwortet und bei Bedarf mit dem Betreuer diskutiert:

1. Welche Methode ist für meine Forschungsfrage(n) grundsätzlich geeignet? Welche Formen gibt es?
2. Welche Arbeitsschritte sind für die Erhebung notwendig?
3. Welche Arbeitsschritte sind für die Datenauswertung nötig?
4. Welche Probleme können bei der Erhebung und Auswertung auftreten?
5. Wo liegen die Grenzen der Methode?

Beispiele

Themenstellungen für qualitative Forschungsmethoden:
Thema: Image der österreichischen Kaffeehauskultur in Amerika
Mögliche Forschungsmethode: Qualitative Inhaltsanalyse, ausgewählte Presseartikel werden inhaltsanalytisch untersucht.
Thema: Effektive Gestaltung von Fernsehwerbung zur Steigerung des Bekanntheitsgrades von Marken
Mögliche Forschungsmethode: Fokusgruppendiskussion unter Verwendung von ausgewählten Fernsehwerbungen

Themenstellungen für quantitative Forschungsmethoden:
Thema: Handynutzungsverhalten der Österreicher
Mögliche Forschungsmethode: repräsentative Befragung mittels standardisiertem Fragebogen
Thema: Effektive Platzierung von Produkten am POS im Lebensmitteleinzelhandel
Mögliche Forschungsmethode: Beobachtung am POS mit standardisiertem Beobachtungsleitfaden

4.2 Statistische Grundlagen und Begriffe empirischer Forschung

In den vorhergehenden Kapiteln wurden schon einige statistische Begriffe, wie Hypothese, Modell, Theorie, Skalenniveau etc., genannt. In diesem Kapitel sollen die wichtigsten Begriffe der empirischen Sozialforschung detaillierter erklärt werden.

4.2.1 Variablen und Daten

Ein Begriff, der in einer empirischen Erhebung unumgänglich ist, ist jener der Variable. Eine Variable ist ein Merkmal, d.h. eine Eigenschaft, die in einer Erhebung untersucht werden soll. In einer Befragung beispielsweise entspricht ein Merkmal einer gestellten Frage, wie das Geschlecht, das Alter oder das Ausbildungsniveau. Der Wert einer Variablen ist die Merkmalsausprägung. So hat die Variable Geschlecht die Merkmalsausprägungen männlich und weiblich. Bei Befragungen sind die Merkmalsausprägungen die Antwortmöglichkeiten, die der Befragte angeben kann.

Zusätzlich wird zwischen qualitativen und quantitativen Merkmalen unterschieden. Als qualitative Merkmale bezeichnet man Merkmale, bei denen sich die Merkmalsausprägungen eindeutig in Kategorien unterscheiden lassen, diese jedoch keinen mathematischen Wert annehmen können, wie z.B. das Geschlecht oder Meinungen und Einstellungen. Man spricht auch von nominalem oder ordinalem Skalenniveau (Messniveau). Als quantitative Merkmale bezeichnet man Merkmale, deren Merkmalsausprägungen intervallskalierte Werte annehmen. Typische Beispiele sind Einkommen, Haushaltsausgaben oder der Unternehmenswert. Für diese Merkmale können verschiedene mathematische Rechenoperationen durchgeführt werden, wie die Berechnung des Mittelwertes. Man unterscheidet bei quantitativen Merkmalen Intervallskalen (ohne natürlichen Nullpunkt) und Ratio- bzw. Verhältnisskalen (mit natürlichem Nullpunkt).

Beispiele

Merkmal Familienstand – Merkmalsausprägungen: ledig, verheiratet, in einer Partnerschaft, verwitwet

Merkmal Schulnote – Merkmalsausprägungen: 1,2,3,4,5

Merkmal Beruf – Merkmalsausprägungen: Angestellte, Arbeiter, Hausfrau/-mann, in Pension

Variablen haben im Zusammenhang mit empirischen Studien verschiedene funktionale Bedeutungen. Es wird unterschieden zwischen abhängigen und unabhängigen Variablen. Veränderungen der abhängigen Variablen sollen mit dem Einfluss der unabhängigen Variablen erklärt werden, wie z.B. „Wenn jemand ein starker Raucher (unabhängige Variable) ist, dann hat diese Person eine kürzere Lebenserwartung (abhängige Variable)". Hier wird durch die gezielte Auswahl der Untersuchungsteilnehmer (Nichtraucher und Raucher mit unterschiedlicher Intensität) die Ausprägung der unabhängigen Variable festgelegt, welche wiederum einen Einfluss auf die abhängige Variable hat. Letztere können wir dabei nicht beeinflussen.

Daten sind Messwerte, die im Rahmen von empirischen Untersuchungen, wie Befragungen, Beobachtungen, Experimenten etc., erhoben werden. Daten können entweder numerisch oder kategorial sein. Numerische Daten besitzen eine mathematische Bedeutung als Messwert, wie Gewicht oder Einkommen. Kategoriale Daten bezeichnen dagegen Merkmale wie Geschlecht, Beruf oder Familienstand. Die Gesamtheit aller numerischen und kategorialen Daten bezeichnet man als den Datensatz einer Erhebung.

Beispiel
Merkmal Familienstand
Merkmalsausprägungen: ledig, verheiratet, in einer Partnerschaft, verwitwet

Der Datensatz ist die Summe aus allen erhobenen Daten, wie z.B. erste Person: ledig, zweite Person: verheiratet, ... , nte Person: verheiratet.

4.2.2 Hypothesen

Hypothesen sind Aussagen oder Vermutungen über einen bestehenden Sachverhalt, meist über einen Merkmalszusammenhang zwischen mindestens zwei Merkmalen. Hypothesen gehen über den aktuellen Wissensstand hinaus, d.h., mit einer Hypothese wird eine neue Vermutung aufgestellt. Hypothesen sind eindeutig und präzise zu formulieren, damit ihre Aussage empirisch bestätigt (verifiziert) oder widerlegt (falsifiziert) werden kann.

Beispiel
Der Einfluss von Alkohol beeinträchtigt beim Autofahren die Reaktionsgeschwindigkeit.

Man unterscheidet als Gegensatzpaar die Nullhypothese (H0) und die Alternativhypothese (HA, H1). Die Nullhypothese sagt aus, dass ein bestimmter Zusammenhang nicht besteht. Diese Annahme soll mittels Hypothesentest verworfen werden, so dass die Alternativhypothese als wahrscheinlich übrig bleibt.

Beispiel
Nullhypothese: Wenn jemand starker Raucher (unabhängige Variable) ist, dann verkürzt er dadurch nicht seine Lebenserwartung (abhängige Variable). D.h. es gibt keinen statistisch signifikanten Zusammenhang zwischen Rauchverhalten und Lebenserwartung.
Alternativhypothese: Wenn jemand starker Raucher (unabhängige Variable) ist, dann verkürzt er dadurch seine Lebenserwartung (abhängige Variable). D.h. es gibt einen

statistisch signifikanten Zusammenhang zwischen Rauchverhalten und Lebenserwartung.

Ziel eines statistischen Tests ist die Ablehnung (Verwerfung, Falsifikation) der Nullhypothese. Falls diese nicht verworfen werden kann, weil beispielsweise die Stichprobengröße zu klein ist, besteht aus statistischer Sicht allerdings noch kein Grund, von der Gültigkeit der Nullhypothese auszugehen. Ein statistischer Test kann nur zu einer Annahme (Verifizierung) der Alternativhypothese, nicht aber zu einer Annahme der Nullhypothese führen. Das heißt, eine Nullhypothese gilt, bis ihr die Fehlerhaftigkeit nachgewiesen werden kann.

Die wichtigsten Arten von Hypothesen, unterteilt nach dem Variablenverhältnis, sind folgende:

Zusammenhangshypothese

Eine Zusammenhangshypothese ist eine Hypothese, die eine Aussage über Zusammenhänge zwischen den Merkmalsausprägungen zweier (bivariat) oder mehrerer Merkmale (multivariat) in einer Gruppe trifft. Diese wird meist als „Wenn-dann" oder „Je-desto"-Hypothese formuliert.

Beispiel
Wenn eine Person am Arbeitsplatz viel Stress (unabhängige Variable) ausgesetzt ist, dann hat diese mehr Krankenstandstage (abhängige Variable).
D.h. es besteht ein Zusammenhang zwischen Stress am Arbeitsplatz und Krankenstandstagen.

Unterschiedshypothese

Eine Unterschiedshypothese vergleicht zwei oder mehrere Stichproben, die sich in einer oder mehreren Variablen (= Merkmalen) unterscheiden.

Beispiel
Das Einkaufsverhalten von Frauen in Bezug auf Bekleidung unterscheidet sich eindeutig von jenem der Männer.

Veränderungshypothese

Die Ausprägungen einer Variable (= Merkmal) verändert sich im Laufe der Zeit. Das heißt, es sind mindestens zwei Messzeitpunkte erforderlich.

Beispiel
Je häufiger ein Produkt beworben wird (unabhängige Variable), desto größer ist sein Bekanntheitsgrad (abhängige Variable).

Einzelfallhypothese

Bei der Einzelfallhypothese bleibt das Untersuchungsfeld auf den Einzelfall beschränkt, man spricht auch von einer Fallstudie. Vermutungen über einen Sachverhalt werden durch systematische Analyse überprüft.

Beispiel:
Das Süßwarenprodukt X weist während einer Preisreduktion (unabhängige Variable) eine höhere Absatzmenge (abhängige Variable) auf.

Allgemein ist zu sagen, dass Hypothesen unterschiedlich konkret formuliert werden. Wünschenswert sind Aussagen, die möglichst präzise die Wirkung einer gegebenen Ursache vorhersagen. Es lassen sich spezifische und unspezifische Hypothesen unterscheiden.

Unspezifische (ungerichtete) Hypothesen enthalten keine weiteren Angaben, in welcher Form der Zusammenhang bzw. der Unterschied erwartet wird. Diese sollten aber vermieden werden und zunächst das Grundverständnis verbessert werden, um eine theoretisch und empirisch fundierte spezifische (gerichtete) Hypothese aufstellen zu können. Die spezifischen Hypothesen sagen die spezifische Richtung und teilweise die Stärke des Zusammenhanges bzw. des Unterschiedes vorher.

4.2.3 Skalenniveaus

In der empirischen Sozialforschung werden je nach Art der erhobenen Daten der Variablen verschiedene Messlatten (Skalen) verwendet. Nicht jede Merkmalsausprägung lässt sich gleich gut in Zahlen darstellen. Während dies beispielsweise für das Jahreseinkommen in Euro sehr einfach ist, ist es für das Geschlecht gar nicht möglich. Das Skalenniveau gibt somit auch vor, welche Rechenoperationen sinnvoll sind und angewendet werden können. Es werden vier Skalenniveaus unterschieden:

- Nominalskala
- Ordinalskala (Rangskala)
- Intervallskala
- Ratio- oder Verhältnisskala

Die **Nominalskala** bietet den geringsten statistischen Informationsgehalt. Sie ist eine nicht-metrische (kategoriale) Skala, das heißt ihre Antwortwerte stehen nicht für einen direkt verwendbaren Zahlenwert. Sie wird deshalb auch als qualitativ bezeichnet und lässt nur Aussagen über Gleichheit oder Verschiedenheit zu. Rechenoperationen, die sinnvoll sind, sind Häufigkeiten und die Berechnung des Modus (häufigster Wert).

Beispiele:
Geschlecht: weiblich, männlich
Wohnort: Wien, Berlin, Frankfurt, Wiesbaden, Graz etc.

Die in der aufsteigenden Hierarchie nachfolgende Skala ist die **Ordinalskala.** Sie ist ebenfalls eine nicht-metrische (kategoriale) Skala, da ihre Antwortwerte keinen direkt verwendbaren Zahlenwert aufweisen. Die Ordinalskala wird auch Rangskala genannt, da sie die Aufstellung einer Rangordnung mit Hilfe von Rangwerten erlaubt. Diese Rangordnung zeigt uns aber nicht, um wie viel A höher oder besser ist als B, d.h. die

Abstände zwischen A und B können nicht abgelesen werden. Zulässige Rechenoperationen sind Häufigkeiten, Modus, die Berechnung des Median (der Wert in der Mitte) und der Quantile (Spannweite von Frequenzverteilungen).

Beispiele:
Ausbildungsniveau: Pflichtschule, Matura, Hochschule
Fahrzeugklasse: Kleinwagen, unterer Mittelklassewagen, oberer Mittelklassewagen, Oberklassewagen
Zustimmungsgrad: stimme sehr zu, stimme eher zu, stimme eher nicht zu, lehne ab

Die **Intervallskala** ist eine metrische Skala, da ihre Antwortwerte einen direkt verwendbaren Zahlenwert aufweisen und die Abstände zwischen den einzelnen Einheiten gleich groß sind. Daher sind auch verschiedene Rechenoperationen sinnvoll und zulässig. Die Intervallskala verfügt zwar über gleich große Skalenabschnitte, weist aber keinen natürlichen Nullpunkt auf. Ein typisches Beispiel ist die Celsius-Skala zur Temperaturmessung. Zulässige Rechenoperationen sind Häufigkeiten, Modus, Median, Quantile, die Berechnung des Mittelwertes (arithmetisches Mittel), die Varianz und die Standardabweichung, es kann addiert und subtrahiert, nicht aber die Summe gebildet werden.

Beispiele:
Jahreszahlen, Temperaturmessung etc.

Die **Ratioskala oder Verhältnisskala** stellt das höchste Skalenniveau dar. Sie ist ebenfalls eine metrische Skala, die zusätzlich einen natürlichen Nullpunkt aufweist. Dadurch können auch Verhältnisse zwischen Messwerten gebildet werden. Ratioskalierte Daten erlauben somit die Anwendung aller arithmetischen Rechenoperationen sowie die Anwendung aller statistischen Maße, wie Modus, Median, Quantile, Mittelwert, Varianz, Standardabweichung und geometrisches Mittel.

Beispiele:
physikalische Maße, wie Flächen-, Größen-, Gewichts-, Längen- und Geschwindigkeitsmaße, Körpergröße, Geldeinheiten etc.

Die folgende Tabelle 4-4 fasst alle vier Skalen nochmals überblicksmäßig zusammen.

Tabelle 4-4: *Überblick über die vier Skalenniveaus*

Skalenniveau	Aussagemöglichkeiten	Beispiele	Rechenoperationen
Nominalskala	Gleichheit/Ungleichheit	Geschlecht, Beruf, Marken etc.	Häufigkeiten, Modus
Ordinalskala	Gleichheit/Ungleichheit, Rangordnung	Rangplätze, Ausbildungsniveau etc.	Häufigkeiten, Modus, Median, Quantile
Intervallskala	Gleichheit/Ungleichheit, Rangordnung, Differenzbildung, ohne natürlichen Nullpunkt	Celsius-Skala, Jahreszahlen	Häufigkeiten, Modus, Median, Quantile, Mittelwert, Varianz, Standardabweichung, Addition, Subtraktion
Ratioskala	Gleichheit/Ungleichheit, Rangordnung, Differenzbildung, mit natürlichem Nullpunkt	Physikalische Maße wie Flächen, Größen, Gewichte etc.	Häufigkeiten, Modus, Median, Quantile, arithmetisches und geometrisches Mittel, Varianz, Standardabweichung, Addition, Subtraktion, Summe

4.2.4 Theorie und Modell

Eine wissenschaftliche Theorie ist nichts anderes als ein spezifischer Ausschnitt der Realität. Eine Theorie enthält logisch widerspruchsfreie Aussagen über empirisch überprüfbare Zusammenhänge; diese Aussagen können beschreibend („deskriptiv") oder erklärend („kausal") sein. Man spricht in diesem Zusammenhang auch von einem integrierten Verbund von Hypothesen. Eine wissenschaftliche Theorie weist im Wesentlichen vier Charakteristika auf:

- sie muss mittels empirischer Methoden überprüfbar und wiederholbar sein,
- sie muss objektiv sein,
- sie enthält allgemein gültige, logisch widerspruchsfreie Aussagen und
- diese Aussagen werden systematisch gewonnen.

Ein Modell ist eine mathematisch formalisierte Theorie, welche widerspruchsfrei und präzise ist. Das heißt, eine zu untersuchende Realität soll durch bestimmte Erklärungsgrößen im Rahmen einer wissenschaftlichen Theorie abgebildet werden und eine Hypothesenableitung ermöglichen. Da aber nicht alle Aspekte der untersuchten Realität in einem Modell abbildbar sind, erfolgt oftmals eine Reduktion oder Abstraktion. Anwendbare Modelle stellen Erklärungen zur Verfügung und erlauben es, Prognosen aufzustellen. Versucht man möglichst alle relevanten Einflussgrößen eines Gesamtzusammenhangs und deren gegenseitige Abhängigkeiten darzustellen, so spricht man von einem Totalmodell. Eines der bekanntesten und meistzitierten Totalmodelle ist das Kaufentscheidungsmodell nach Howard und Sheth (1969).

Abbildung 4-2: Kaufentscheidungsmodell nach Howard und Sheth (1969)

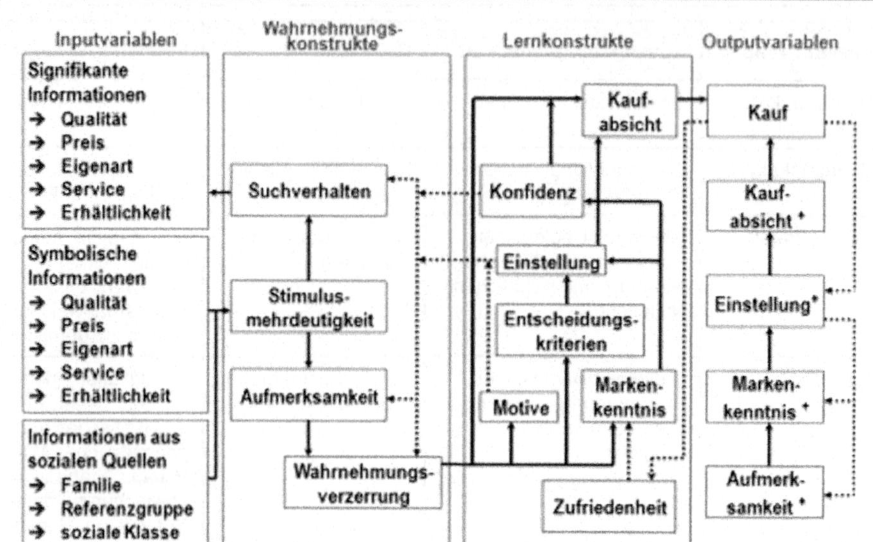

Nimmt man nur einzelne Teilbereiche aus einem Modell heraus, so spricht man von einem Partialmodell. D. h. man versucht z.B. aus dem dargestellten Modell nur die Outputvariablen heranzuziehen und diesen Teilzusammenhang zu beschreiben.

Weiterführende Literaturempfehlungen

Atteslander, P. (2010). *Methoden der empirischen Sozialforschung*. Berlin: Erich Schmidt.

Berekoven, L., Eckert, W., & Ellenrieder, P. (2009). *Marktforschung: methodische Grundlagen und praktische Anwendung*. Wiesbaden: Gabler.

Bortz, J., & Döring, N. (2015). *Forschungsmethoden und Evaluation für Human- und Sozialwissenschaftler.* Heidelberg: Springer.

Diekmann, A. (2009). *Empirische Sozialforschung: Grundlagen, Methoden, Anwendungen. Reinbek bei Hamburg* : Rowohlt.

5 Angewandte qualitative Sozialforschung

Entschließt man sich im Rahmen der wissenschaftlichen Abschlussarbeit, ein empirisches Forschungsprojekt durchzuführen, so sollte man sich vorab sorgfältig überlegen, mit welcher Forschungsmethode der größte Erkenntnisgewinn für die gewählte Problemstellung zu erreichen ist. Qualitative Sozialforschungsmethoden erfreuen sich steigender Beliebtheit. Galten sie lange Zeit wegen mangelnder Verwendung standardisierter Methoden als zu subjektiv und zu wenig systematisch, so werden ihre Forschungsmethoden mittlerweile als gleichberechtigt und genauso hochwertig angesehen.

Das folgende Kapitel gibt einen Einblick in die Besonderheiten der qualitativen Sozialforschung und zeigt ihr Methodenspektrum auf. Die einzelnen Methoden werden detailliert erklärt, sodass genügend Verständnis vorhanden ist, um die passende Methode für eine wissenschaftliche Arbeit auszuwählen und anzuwenden.

Zusätzlich wird überblicksmäßig vorgestellt, wie man idealerweise eine qualitative Datenauswertung durchführt. Zwei Fallbeispiele sollen das Verständnis sichern und eine mögliche Anwendung erleichtern.

5.1 Wissenswertes zur qualitativen Sozialforschung

Im Folgenden werden die Besonderheiten und die Gütekriterien der qualitativen Forschung erläutert sowie die Durchführung qualitativer Studien vorgestellt.

5.1.1 Besonderheiten der qualitativen Forschung

Zur Untersuchung vieler wirtschafts- und sozialwissenschaftlicher Fragestellungen ist die Erhebung und Auswertung qualitativer Daten notwendig, vor allem dann, wenn es darum geht, Ursachenforschung zu betreiben, Ideen zu generieren oder eine Grobauswahl von Alternativen (Screening) zu treffen. Die qualitative Forschung bedient sich dieser qualitativen Daten, vor allem verbalisierter oder schriftlicher Daten oder Texte, die in erster Linie Bedeutungen, Strukturen und Veränderungen erfassen. Sie verzichtet überwiegend auf Messungen und arbeitet mit Interpretationen von verbalem oder schriftlichem Material.

Oft macht es Sinn, qualitative und quantitative Forschungsmethoden zu kombinieren, um eine Problemstellung auch wirklich tiefgehend analysieren zu können. Man beginnt meist mit einer qualitativen Methode, wie zum Beispiel mit einem qualitativen Interview, um vorerst einen Sachverhalt verstehen zu lernen. Diese verbalen Daten werden verarbeitet und interpretiert. Aus dem Ergebnis können dann zum Beispiel sinnvolle Fragen für eine quantitative Befragung abgeleitet werden.

Die wichtigsten Forschungsziele qualitativer Forschung sind:
1. die Beschreibung und das Verstehen empirischer Sachverhalte und sozialer Prozesse,
2. die Gewinnung von Hypothesen aus empirischem Material,
3. die Prüfung von Hypothesen,
4. die Aufstellung von Typologien oder Klassifikationen.

Versucht man qualitative Forschungsmethoden zu charakterisieren, so lassen sich ganz typische Aufgaben ableiten, die im Vordergrund stehen:

- Generell wird mit kleineren Stichproben oder Fallstudien gearbeitet. Die Auswahl der Personen oder der Fälle orientiert sich am jeweiligen Erkenntnisstand mit dem Ziel, den gesamten Gegenstand möglichst genau, vollständig und aspektreich zu erfassen (Theoretical Sampling).
- Angestrebt wird dabei eine Theoriebildung, das heißt, man strebt den Aufbau von Theorien an, um Neues zu schaffen und zu erklären.
- Dies wird dadurch erreicht, dass die eingesetzten Verfahren möglichst offen sind, entweder nicht strukturiert oder halbstrukturiert, dass sie sich an den Untersuchungsgegenstand anpassen und an dessen Relevanz orientieren. Man versucht, Gegenstände immer möglichst in ihrem natürlichen, alltäglichen Umfeld zu erforschen.
- Fokussiert wird bei der Untersuchung die Entstehung und Veränderung sozialer Phänomene. Die subjektive Sicht des Beforschten soll nachvollzogen werden. Man versucht, Regeln, Muster und Strukturen zu erkennen, auch wenn diese dem Beforschten gar nicht bewusst sind.
- Die Ergebnisse repräsentieren idealisierte, von Besonderheiten bereinigte Fälle (Typisierung).

Bei qualitativer Forschung fließen subjektive Wahrnehmungs- und Bewertungsprozesse in die Analyse mit ein, da diese vom Vorverständnis des Forschers geprägt sind. Dieses Vorverständnis muss daher immer offengelegt und schrittweise am Gegenstand weiterentwickelt werden. Der gesamte Forschungsprozess ist zirkulär organisiert (das heißt, er besteht aus Forschungszyklen) und nicht linear wie bei quantitativen Studien. Qualitatives Forschen ist somit der Versuch, herauszufinden, wie Menschen einen Sachverhalt sehen, welche individuelle Bedeutung er für sie hat und welche Handlungsmotive in diesem Zusammenhang auftreten. Erleben und Verhalten werden durch Verstehen und Interpretation bestimmbar. Aus den Ergebnissen werden Hypothesen generiert, Theorien konstruiert und Folgerungen für die Praxis gezogen. Repräsentativität, Standardisierung und Strukturierung werden durch Offenheit, Breite, Detaillierung, Nähe und Interdisziplinarität ersetzt.

5.1.2 Gütekriterien qualitativer Forschung

Wenn wir forschen, ist es wichtig, dass nicht nur wir selbst beurteilen können, ob der Forschungsprozess und die Ergebnisse nach bestem Wissen und Gewissen gemacht worden sind, sondern auch Adressaten wie Betreuer, Auftraggeber oder die Öffentlichkeit. Dafür werden gewisse Regeln und Kriterien benötigt, sogenannte Gütekriterien, die einen Maßstab für die Qualität einzelner Instrumente und des Forschungsdesigns bereitstellen.

Ein wesentliches Kennzeichen qualitativer Forschung ist ihre Offenheit und ihr interpretativer Charakter. Jeder Forscher hat aufgrund seiner Ausbildung und Erfahrung eine selektive Wahrnehmung. Empirische Untersuchungen erfordern aber verlässliche Ergebnisse frei von Subjektivität. Um diesem geforderten Qualitätsanspruch gerecht zu werden, ist es besonders wichtig, gewisse Gütekriterien einzuhalten. Diese werden nachfolgend aufgezeigt, wobei noch anzumerken ist, dass sich die qualitativen Gütekriterien aus forschungsstrategischen Gründen von den quantitativ orientierten Gütekriterien unterschieden.

Eines der wichtigsten Kriterien ist die intersubjektive Nachvollziehbarkeit. Im Gegensatz zur quantitativen Forschung geht es nicht um Überprüfbarkeit, da die Replikation aufgrund der begrenzten Standardisierbarkeit nicht möglich ist. Vielmehr geht es darum, den Forschungsprozess mit all seinen Entscheidungen, Problemen und Ergebnissen genauestens zu dokumentieren, damit die Möglichkeit besteht, den Forschungsprozess nachzuvollziehen und die entstandenen Ergebnisse entsprechend beurteilen zu können (Verfahrensdokumentation). Auch die Anwendung kodifizierter, vereinheitlichter Verfahren erleichtert die intersubjektive Nachvollziehbarkeit.

Die durch Interpretation getroffenen Annahmen müssen vom Forscher argumentiert werden (argumentative Interpretationsabsicherung). Zusätzlich macht es Sinn, die erhobenen Daten vom Beforschten auf ihre Gültigkeit hin bewerten zu lassen (kommunikative Validierung). So kann sichergestellt werden, dass Aussagen korrekt aufgefasst und interpretiert worden sind.

Ein weiteres wichtiges Gütekriterium ist, dass während des Forschungsprozesses ein Vertrauensverhältnis zum Beforschten hergestellt werden soll (Nähe zum Untersuchungsgegenstand). Dadurch sollen Verzerrungen vermieden werden, wie zum Beispiel das Problem sozialer Erwünschtheit (d.h., dass vom Beforschten jene Aussagen gegeben werden, die von unserer Gesellschaft erwartet werden).

Methodische Verzerrungen der Ergebnisse sollen durch Variation der Methoden und Daten sowie interdisziplinäre Forscherteams relativiert werden. Methodenvariation bedeutet, dass im Rahmen der fortschreitenden Erhebung mehrere Methoden angewandt werden und diese bei Bedarf auch modifiziert werden. Datenvariation erreicht man durch Erhebung zu mehreren Zeitpunkten, an mehreren Orten und Situationen sowie bei verschiedenen Beforschten. Interdisziplinäre Teams haben den Vorteil, dass Forscher aus unterschiedlichen Disziplinen verschiedene Sichtweisen verfolgen und somit für einen wertvollen Diskurs in der Planungs-, Durchführungs- und Auswertungsphase sorgen.

5.1.3 Durchführung qualitativer Studien

Die Durchführung qualitativer Studien erfolgt nicht linear in einer Abfolge von Forschungsschritten, wie es bei quantitativen Studien der Fall ist, sondern die Hauptforschungsphase erfolgt in Forschungszyklen. Die folgende Abbildung 5-1 veranschaulicht eine idealtypische Vorgehensweise.

Abbildung 5-1: *Idealtypische Vorgehensweise bei qualitativen Studien*

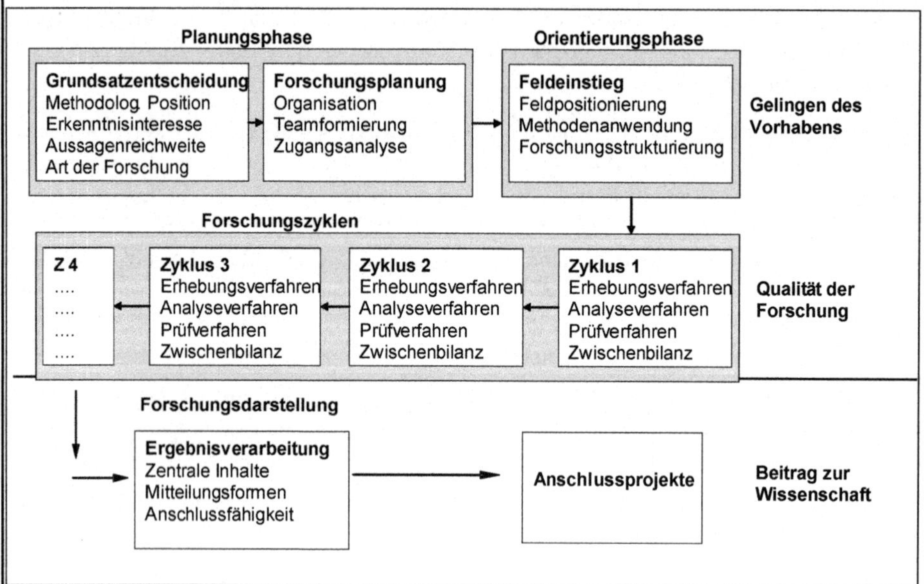

Die erste der vier Forschungsphasen ist die **Planungsphase**. In der Planungsphase geht es darum, Grundsatzentscheidungen zu treffen und die empirische Studie detailliert zu planen. Eine allgemeine Fragestellung wird festgelegt, die Präzisierung erfolgt erst dann, wenn die Literatur gesichtet und ein theoretischer Rahmen gefunden worden ist. In dieser Phase werden auch alle organisatorischen Rahmenbedingungen geschaffen, die für das Gelingen des Forschungsvorhabens ausschlaggebend sind. Deshalb sollte man sich hier auch genügend Zeit nehmen und nicht überstürzt gleich mit der Durchführung der Erhebung beginnen. Wichtig ist hier, die Forschungsplanung mit dem Betreuer abzustimmen, da nachträgliche Änderungen mit sehr viel Aufwand verbunden sind. Es werden zu Beginn Überlegungen angestellt, wie ein Zugang zum Forschungsfeld erfolgen kann, wie und welche Materialien gewonnen werden können und gebraucht werden und welche Voraussetzungen hier zu schaffen sind. Zusätzlich ist es notwendig, sofern nicht vorhanden, sich die notwendigen Kompetenzen anzueignen und bei Bedarf Experten zu Rate zu ziehen.

Anschließend folgt die sogenannte **Orientierungsphase**, die ebenfalls für das Gelingen des Forschungsprojektes ausschlaggebend ist. In dieser Phase wird das Geplante zunächst einmal umgesetzt. Im Detail entscheidet man sich für die endgültige Methode, Überlegungen zur Stichprobe werden angestellt und bei Bedarf das Erhebungsinstrument, abhängig von der gewählten Methode, erstellt. Öffentlich zugängige Materialien und Daten werden gesammelt und erste Beobachtungen im Untersuchungsfeld oder Expertengespräche durchgeführt. Erst wenn alle Vorbereitungen abgeschlossen sind, kann mit der eigentlichen Hauptforschung begonnen werden. Diese wird in **Forschungszyklen** durchgeführt. Jeder Zyklus besteht aus Erhebungen, Analysen, Prüfungen und einer Zwischenbilanz der vorläufigen Ergebnisse. Bei der Zwischenbilanz werden die gewonnenen Daten analysiert und interpretiert und in Form von Forschungsmemos festgehalten. Für das Zwischenbilanzziehen sollte man sich genügend Zeit nehmen, da diese Memos in den Endbericht einfließen und für dessen Qualität entscheidend sind. Für diese Forschungsmemos gilt das Postulat der sorgfältigen Deskription. Genau beschrieben werden zunächst das Untersuchungsobjekt, das Untersuchungsfeld, die einzelnen methodischen Schritte und der eigene Standpunkt.

Wie viele Forschungszyklen durchgeführt werden, liegt im eigenen Ermessen und hängt davon ab, ob weitere Erhebungen noch zusätzliche Erkenntnisse bringen. Dieser zirkuläre Vorgang hat den Vorteil, dass nach jedem Zyklus Schlussfolgerungen für den nächsten Zyklus gezogen werden können, sei es, dass methodische Probleme eine Adaptierung der Erhebung erfordern oder Forschungslücken aufgetreten sind, die es zu schließen gilt. Hat sich das erforderliche Wissen stabilisiert, soll dieses einen Beitrag zur Wissenschaft leisten. Deshalb ist es so wichtig, die Forschungsarbeit auch darzustellen. Die wissenschaftliche Abschlussarbeit entspricht einer solchen **Forschungsdarstellung**. Alle Zwischenbilanzen (Forschungsmemos) werden zu einem Endbericht zusammengefasst und die Ergebnisse somit verarbeitet. Dies soll möglichst bald nach der Erhebung erfolgen, da bei qualitativen Studien oft Details sehr entscheidend sind und umso mehr Details in Vergessenheit geraten, je länger man mit der

Niederschrift wartet. Wichtig ist es hier, die gewonnenen Ergebnisse im Hinblick auf bestehende Sekundärstudien und Erkenntnisse zu reflektieren und zu diskutieren. Der aktuelle Stand der Forschung darf nie außer Acht gelassen werden. Auch die Anschlussfähigkeit soll gewährleistet werden, indem man Hinweise für weiterführende Forschungsarbeiten gibt und etwaige Prämissen inkludiert.

Für welche Erhebungsmethode man sich letztendlich entscheidet, hängt in erster Linie vom jeweiligen Erkenntnisinteresse ab. Die wichtigsten Methoden werden im nächsten Kapitel vorgestellt.

5.2 Ausgewählte qualitative Erhebungsmethoden

In der fachspezifischen Literatur findet sich eine Fülle an unterschiedlichen qualitativen Erhebungsmethoden. Allen gemeinsam ist, dass qualitative Verfahren sehr offen sind, vom Forscher ein hohes Maß an Flexibilität, Kommunikationsfähigkeit und einen gekonnten Umgang mit Unsicherheiten erfordern. Zusätzlich braucht man Einfühlungsvermögen und Geduld, vor allem bei qualitativen Interviews, und man muss genau zuhören können, ohne dabei die eigene Erfahrungswelt zu sehr einzubringen.

Die Offenheit der qualitativen Methoden bringt mit sich, dass eine Standardisierung nicht möglich, aber auch nicht erwünscht ist, da die Strukturierung vom Beforschten und in der jeweiligen Untersuchungssituation erfolgen soll.

In diesem Kapitel werden nur jene Erhebungsmethoden vorgestellt, die am häufigsten in wissenschaftlichen Abschlussarbeiten angewandt werden. Alle anderen können in der fachspezifischen Literatur nachgelesen werden.

Qualitative Daten werden oft durch die Analyse von bereits vorhandenen Texten (Textanalyse) oder von Texten (Transkriptionen), die durch Interviews generiert wurden, gewonnen. Man spricht in diesem Zusammenhang von gesprächsanalytischen Verfahren.

Wenn man qualitative Daten durch Beobachtung von Situationen oder Vorgängen (Beobachtungsanalyse) oder durch Interpretation von vom Menschen geschaffenen Gegenständen (Artefaktanalyse) erhält, spricht man von der Analyse von Beobachtungen und Artefakten.

5.2.1 Qualitatives Interview

Die Durchführung von Gesprächen ist in der empirischen Forschungsarbeit eine der wichtigsten Methoden. Bei qualitativen Interviews handelt es sich um eine mündliche und persönliche Form der Befragung, die verschiedene Ausprägungsformen annehmen kann. Der Vorteil gegenüber quantitativen, standardisierten Interviews ist, dass qualitative Interviews viel offener sind, eine vertraute Gesprächsatmosphäre schaffen und durch die kleinere Stichprobe stärker in die Tiefe gehen können.

Es existieren verschiedene Möglichkeiten der qualitativen Interviewführung, die sich in erster Linie durch den Standardisierungsgrad der Fragen unterscheiden und dadurch, ob es sich um Einzel- oder Gruppengespräche handelt.

Einzelgespräche, die in diesem Kapitel vorgestellt werden, sind das narrative Interview, das ethnografische Interview, das problemzentrierte Interview und die Leitfadengespräche.

***Abbildung* 5-2:** *Möglichkeiten der qualitativen Einzelinterviewführung*

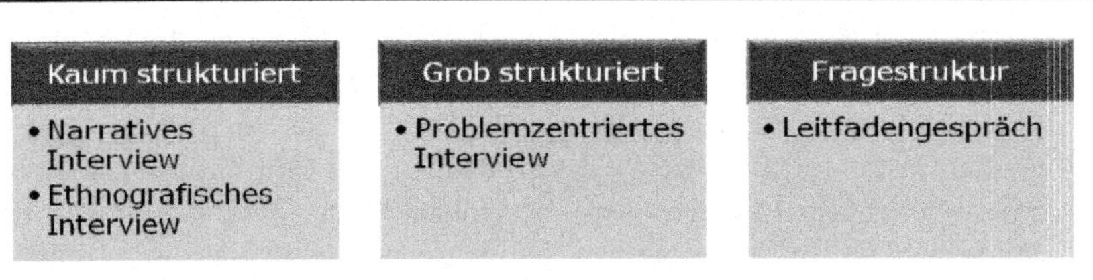

Kaum strukturiert
• Narratives Interview
• Ethnografisches Interview
Grob strukturiert
• Problemzentriertes Interview
Fragestruktur
• Leitfadengespräch

Das Gruppengespräch findet am häufigsten Anwendung in der Gruppendiskussion (**Fokusgruppe**), die auch in diesem Kapitel vorgestellt wird.

Allen qualitativen Interviews gemeinsam ist, dass bei ihrer Anwendung einige Grundvoraussetzungen erfüllt sein müssen:

- Der Befragte muss eine gewisse Kooperationsbereitschaft aufweisen,
- eine gemeinsame Sprache zwischen Forscher und Befragtem ist notwendig,
- der Befragte muss eine kommunikative Kompetenz aufweisen und sich artikulieren können und
- der Befragte muss bereit sein, sich mit dem Untersuchungsgegenstand auseinanderzusetzen.

Bevor ein qualitatives Interview durchgeführt werden kann, gilt es vielseitige Vorbereitungen zu treffen. Die wichtigste Aufgabe ist es, nach der Interviewplanung und Auswahl geeigneter Interviewpartner diese Interviewpartner zu gewinnen und die Interviews zeitlich, räumlich und thematisch zu verabreden. Die Auswahl der Interviewpartner erfolgt in der qualitativen Forschung durch eine bewusste Fallauswahl aus der Grundgesamtheit, welche die Heterogenität des Untersuchungsfeldes falltypisch repräsentieren soll (Theoretical Sampling).

Diese Fallauswahl kann:

- entweder im Verlauf des Datenerhebungsprozesses geschehen, um möglichst unterschiedliche und möglichst ähnliche Typen zu berücksichtigen, oder

- vorab festgelegt werden, indem im Vorhinein theoretisch begründete Merkmalskategorien bestimmt werden (wie z.B. Alter, Geschlecht, Beruf etc.), sodass entsprechende Probanden gesucht werden können.

Wie groß die Fallzahl sein soll, ist von mehreren Faktoren abhängig:

- von der Forschungsfrage,
- von der Auswertungsmethode,
- vom Samplingverfahren, d.h. ob eine theoretische Sättigung angestrebt wird (theoretical sampling) oder ein selektives Sampling erfolgt, z.B. von Extremfällen, typischen Fällen, Convenience sample etc.,
- von der Reichhaltigkeit des Datenmaterials, zurückzuführen auf die gewählte Erhebungsmethode.

Räumlich gesehen, kann grundsätzlich jeder beliebige Ort für ein Interview gewählt werden. Wichtig ist nur, dass dieser eine gute Akustik hat, ungestört ist und eine Tonbandaufnahme bzw. Videoaufzeichnung ermöglicht. Manchmal macht es Sinn, die Interviews am Wohn- oder Arbeitsort des Probanden durchzuführen, da eine vertraute Atmosphäre in der Regel zu mehr Offenheit führt. Bei der Zeitdauer ist zu beachten, dass ein Interview nicht länger als eine Stunde dauern sollte, da es sehr mühsam ist, ein mehrstündiges Interview aufzuarbeiten. Man muss bedenken, dass alles Gesprochene anschließend transkribiert werden muss und dies durchschnittlich bis zu 10 Mal länger dauern kann als das eigentliche Gespräch. Außerdem lässt nach einer Stunde die Konzentration nach, sowohl die eigene als auch die der Probanden, was zu einer Verzerrung der Ergebnisse führen kann.

Thematisch ist zu beachten, dass die Befragten wissen müssen, um welchen Untersuchungsgegenstand es sich im Interview handeln wird. Um die Aussagen des Probanden nicht zu beeinflussen, soll nur das Thema der Forschungsarbeit genannt werden, aber nicht die genaue Forschungsfrage. Die Aufgabe im Interview selbst ist, möglichst viel und vor allem Persönliches vom Interviewpartner zu erfahren. Deshalb ist es auch so wichtig, ein starkes Vertrauensverhältnis herzustellen und den Befragten nicht zu beeinflussen, sondern ihn das Gespräch selber strukturieren zu lassen. Individuelle Meinungen, Gefühle, Eindrücke etc. sollen gewonnen werden. Um Verzerrungen zu vermeiden, soll der Forscher nur dann Eingriffe vornehmen, wenn das Gespräch in eine Richtung geht, die für das Forschungsvorhaben nicht mehr hilfreich wäre.

Die Dokumentation des Gesprächs erfolgt in Form einer Transkription. Ganz allgemein gesprochen, wird dabei die Interviewsituation (Ort, Zeitdauer, Gesprächspartner) und alles für die Forschungsfrage Relevante detailliert niedergeschrieben, am besten unmittelbar nach dem Gespräch. Es ist wichtig, auch die eigenen Eindrücke, Beobachtungen, Auffälligkeiten und Emotionen festzuhalten, da jede Transkription ein reales Abbild des Gesprächs sein soll.

Für die Transkription werden grundsätzlich zwei verschiedene Methoden empfohlen:

- Wenn zur Beantwortung der Forschungsfragen das „WAS" der Erzählung ausreicht, dann werden nur die Fragen und Antworten notiert. Beispielsweise geht es in Expertengesprächen meist darum, fachliches Wissen zu gewinnen.
- Für manche Fragestellungen ist neben dem „WAS" auch das „WIE" entscheidend, wie z.B. die Tonlage des Probanden, Gesprächspausen und andere non-verbale Kommunikationsweisen (Mimik, Gestik, Lachen, Weinen etc.). Diese müssen dann detailgetreu im Gesprächsverlauf notiert werden, dürfen aber auf keinen Fall vorinterpretiert werden (z.B. „die Person A beginnt sich verlegen zu räuspern").

Dialekt wird normalerweise in Schriftsprache übersetzt, da das Transkribieren von Dialekt meist sehr schwierig ist. Schlüsselwörter und Namen sind im Dialekt zu belassen, da bei Übersetzung der Bedeutungsgehalt verändert werden könnte.

Beispiel für eine Transkription einer Gruppendiskussion
Thema: „Verpackungsgestaltung von Konsumgütern"

Person A 51 Jahre, weiblich, berufstätig, zwei Kinder; Person B 23 Jahre, weiblich, Student, keine Kinder; Person C 23 Jahre, weiblich, teilzeitbeschäftigt, keine Kinder; Person D 48 Jahre, weiblich, Hausfrau, Pflegetätigkeit, ein Kind; Person E 19 Jahre, männlich, Schüler, keine Kinder; Person F 56 Jahre, weiblich, berufstätig, ein Kind (erwachsen); Person G 52 Jahre, männlich, berufstätig, zwei Kinder

A Coca-Cola ist eine Weltmarke, gibt es schon sehr lange, die Verpackung hat sich nicht sehr viel verändert, die Grundzüge bleiben immer gleich, sehr einfach gehalten, ich nehme an, dass die Verpackung geschützt ist, B Ziel von Coca-Cola ist es, die Flasche immer gleich zu halten, es ist neu, dass die alte, erste Verpackung wieder auf dem Markt verwendet wird, A die Flasche wird auch als Schlüsselanhänger verkauft, wahrscheinlich, damit sich die Leute das merken, auch für Jugendliche und Kinder, man sieht die Flasche und braucht nicht lesen, man schaut hin und weiß, das ist Coca-Cola, B Coca-Cola und Celebration haben eine eigene Verpackungsform, man sieht an der Verpackung, dass es genau das Produkt ist, das Milka-Produkt ist eher eine Universalverpackung, von der Form her nicht sehr ansprechend, C ich finde Celebrations nicht sehr ansprechend, von außen zwar für Jugendliche sicher super, die Verwendung selbst, wenn man die Packung öffnet, eines oder zwei isst und das wieder verschließen möchte, wenn sich das ältere Leute kaufen, ist sehr unpraktisch, nicht sehr verbraucherfreundlich, obwohl es vielleicht schön ausschaut, E weil es von allen Seiten aufgeht, kann jeder hingreifen, D durch die Größe des Inhalts würde sicher nicht so viel übrig bleiben, B wenn ich das (Celebrations gezeigt) auf den Tisch stelle, sieht jeder das ist Celebrations, da stelle ich direkt die Verpackung auf den Tisch, bei dem Produkt (Milka Kekse gezeigt) würde ich die Kekse herausgeben in eine Schüssel, dann sieht niemand mehr, dass das ein Milka-Produkt ist, solche Kekse gibt es von mehreren Firmen, C das ist richtig, F sollen wir reinschauen?

Sobald in der wissenschaftlichen Arbeit die empirische Forschungsmethode beschrieben wird, empfiehlt es sich, zur Veranschaulichung einen methodischen Steckbrief einzufügen. In diesem sollen alle wichtigen Aspekte zur Methode, der Durchführung und der Datenanalyse festgehalten werden. Das nachfolgende Beispiel stammt aus einer Masterarbeit zum Thema „Verpackungsgestaltung von Konsumgütern". Im Empirieteil wurden zwei Gruppendiskussionen (Fokusgruppen) mit Konsumenten durchgeführt.

Methodischer Steckbrief einer qualitativen Untersuchung mittels Fokusgruppen:

***Abbildung* 5-3:** *Methodischer Steckbrief*

Erhebungsform	Gruppendiskussion mit Teilnehmern unterschiedlicher Altersgruppen und Geschlecht
Grundgesamtheit	Endverbraucher, die in österreichischen Lebensmittelgeschäften einkaufen gehen
Befragte Personen	Speziell ausgewählte Endverbraucher, die der Grundgesamtheit entsprechen und sich aufgrund ihrer Soziodemografie unterscheiden
Erhebungsinstrument	2 Fokusgruppen mit thematischen Frageblöcken (Leitfaden)
Befragungszeitraum	24. Mai 2013, 1. Gruppe: 9.00 Uhr, 2. Gruppe: 11.00 Uhr
Ort der Befragung	Seminarraum an der Fachhochschule Krems
Stichprobengröße	2 x 8 Personen
Auswertung	qualitative Auswertung in Form einer Inhaltsanalyse

Bei qualitativen Interviews sind grundsätzlich einige Regeln zu beachten, die nachfolgend aufgelistet werden:

1. Ein zu häufiges Nachfragen ist zu vermeiden, da die Strukturierungsleistung durch den Befragten erfolgen soll.
2. Zustimmende Mimik und Gestik, wie z.B. Kopfnicken, interessiertes Zuhören, sichern den Gesprächsverlauf.
3. Aussagen des Gesprächspartners dürfen nicht bewertet oder kommentiert werden.
4. Fragen dürfen nicht doppelt gestellt werden, dies verunsichert den Gesprächspartner.
5. Eine zu starke Fixierung auf den Gesprächsleitfaden und mangelnder Augenkontakt wirken unhöflich und unpersönlich.
6. Der Gesprächspartner soll nicht unterbrochen werden, nur dann, wenn das Gespräch in eine falsche Themenrichtung gehen würde.
7. Suggestive Fragen oder Interpretationen sollen vermeiden werden (z.B. „Das muss ja für Sie sehr langweilig gewesen sein").

8. Wenn geschlossene Fragen gestellt werden (z.B. Geburtsdatum, Beruf, Ausbildung etc.), sollten diese am Ende des offenen Interviewteils gestellt werden.
9. Folgende Utensilien sind mitzubringen: Leitfaden, ausreichend Papier, Handblatt mit schriftlichen Informationen über Hintergrund und Zweck des Interviews, Name der Person, die das Interview führt, und Telefonnummer für Rückfragen, Bleistift, Kugelschreiber, Radiergummi, Aufnahmegerät, Kamera, eventuell Schaumaterialien.

5.2.1.1 Narratives Interview

Das narrative Interview weist von allen qualitativen Interviews den geringsten Standardisierungsgrad auf, ist kaum strukturiert und wird daher ohne Interviewleitfaden durchgeführt. Narrative Interviews eigenen sich besonders für Themen mit starkem Handlungsbezug, wie die Verlebendigung früherer Erlebnisse oder der Rückblick in vergangene Erlebnissituationen (z.B. Kauferlebnisse, Arbeitssituationen, Freizeitaktivitäten etc.). Sie sind auch für Fragestellungen geeignet, bei denen es um schwer abfragbare Sinnstrukturen geht, wie die Entdeckung neuer Prozesse in sozialen Wirklichkeiten.

Der Forscher will durch freies Erzählenlassen zu den subjektiven Bedeutungsstrukturen des Erzählers vordringen. Es geht darum, dass selbst erlebte Erfahrungen in eigenen Worten dargestellt werden, und zwar in dem Ausmaß, dass der Forscher den Kontext versteht. Somit erläutert der Proband gleichzeitig auch seine Sichtweise des Untersuchungsgegenstandes.

Beim narrativen Interview geht man idealerweise in sechs Schritten vor, die in der folgenden Abbildung 5-4 dargestellt sind.

Abbildung 5-4: *Ablauf narrativer Interviews*

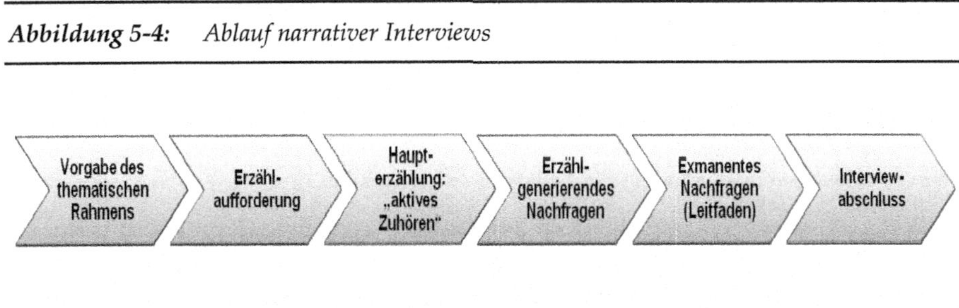

Der erste Schritt ist die Vorgabe eines thematischen Rahmens, bei dem der Forscher den Befragten über den Erzählgegenstand und die Gesprächsabwicklung aufklärt. Danach erfolgt die Erzählaufforderung mit einer möglichst offen formulierten Einstiegsfrage, die den Befragten zum zwanglosen Erzählen bewegen soll und genügend

Raum für Beschreibungen gibt. Die Aufgabe des Forschers ist, bei der Haupterzählung dafür zu sorgen, dass der Proband einen „roten Faden“ beibehält. Er nimmt die Rolle des aktiven Zuhörers ein, indem er versucht, den Erzählfluss durch angepasste Mimik und Gestik (z.B. mit dem Kopf nicken) zu unterstützen. Der Detaillierungsgrad der Ausführungen bleibt vollkommen dem Erzähler überlassen. Dieser darf nicht durch Nachfragen unterbrochen werden, sondern man hört schweigend so lange zu, bis der Proband die Erzählung abschließt. Ist die Spontanerzählung beendet, geht das Interview in den dialogischeren Teil des erzählgenerierenden Nachfragens über. Mithilfe von „Warum-Fragen“ versucht man, die eigentlichen Handlungsintentionen zu erfassen und Widersprüchlichkeiten in der Erzählung klarzustellen. Es können Detaillierungsfragen zu Einzelheiten, die nicht deutlich wurden bzw. zu denen sich der Forscher mehr Informationen wünscht, gestellt werden (immanentes Nachfragen).

Der nächste Schritt ist die Phase des exmanenten Nachfragens. Nachdem die Detaillierungsfragen abgearbeitet sind, besteht die Möglichkeit, anhand von vorbereiteten Leitfadenfragen Themen anzuschneiden, die im Interview vielleicht noch nicht berührt wurden, die aber für das Forschungsvorhaben wichtig erscheinen.

Der letzte Schritt ist der Interviewabschluss. Dabei zieht der Forscher gemeinsam mit dem Probanden eine Gesprächsbilanz, bei welcher vor allem der Sinn der Erzählung gemeinsam beleuchtet und diskutiert wird.

Beispiele für Fragestellungen
Thematischer Rahmen
„Ich möchte in dem folgenden Interview mit Ihnen über Ihre ganz persönlichen Erfahrungen beim Kauf von Geschenken sprechen. ..."
Erzählaufforderung
„Vielleicht können Sie sich erinnern, wie Sie letztes Jahr für Ihre Kinder Weihnachtsgeschenke gekauft haben? Erzählen Sie doch bitte!"
Erzählgenerierendes Nachfragen
„Sie erwähnten den Kauf einer Puppe. Können Sie bitte diese Situation noch etwas genauer erzählen?"
Exmanentes Nachfragen
„Mir ist aufgefallen, dass Sie bis jetzt noch nicht über Ihren Sohn gesprochen haben. Können Sie dazu bitte noch etwas sagen?"

Wichtig ist, wie bei allen qualitativen Interviews, das gesamte Gespräch zu dokumentieren (Transkription). Auch die eigenen Eindrücke, Beobachtungen, Auffälligkeiten und emotionalen Regungen beim Probanden müssen festgehalten werden. Nur so kann das Interview anschließend interpretiert und analysiert werden. Die Gesprächsanalyse wird am besten mit einer qualitativen Inhaltsanalyse durchgeführt (vgl. dazu Kapitel 5.2.2.1).

Grenzen der Methode

Ein narratives Interview eignet sich nicht für jedes Thema, da gewisse Dinge kaum oder nur sehr schwer erzählbar sind, wie zum Beispiel routinemäßige Handlungen oder längere Zeitabschnitte. Zum Beispiel ist es für die gesamte Lebensgeschichte einer Person sinnvoller, mehrere kleine Erzählungen zu erfragen. Grundsätzlich gilt zu beachten, dass narrative Interviews größtmögliche Offenheit zulassen und somit auch größtmögliche Gestaltungsspielräume für den Forscher vorhanden sind.

5.2.1.2 Ethnografisches Interview

Das ethnografische Interview ist eine qualitative Forschungsmethode, die sich steigender Beliebtheit erfreut. Diese Interviewform bietet die Möglichkeit, Einblicke in die Lebenswelt und den Alltag von Personen zu geben und ihre kulturabhängigen Werteorientierungen zu erkunden. Deshalb werden diese Interviews im natürlichen Umfeld der Personen durchgeführt, wie zum Beispiel zu Hause, in der Arbeit, bei Freunden etc., wo die Probanden zu ihren Gewohnheiten befragt werden.

Die Interviews sind sehr offen gehalten und kaum strukturiert, mit einigen zuvor festgelegten Leitfragen oder Themenblöcken. Vorannahmen und Vermutungen über Erkenntnisse aus dem ethnografischen Interview werden jedoch nicht angestellt. Es geht vielmehr darum, zu verstehen, was genau für den Probanden wichtig ist, seine Motive und Einstellungen zu verschiedenen Themen des Alltags oder der Lebenswelt des Befragten zu erforschen.

Das Interview basiert auf der Methode des aktiven Zuhörens, vergleichbar den narrativen Interviews. Der Proband wird ermutigt, seine Erfahrungen und Erlebnisse zu einem bestimmten Sachverhalt wiederzugeben.

Beispiele
Wie sieht der Büroalltag des Probanden aus?
Wie läuft bei dem Interviewten ein Abendessen ab?
Wie geht der Proband bei der Suche nach bestimmten Themen im Internet vor?

Vorgehensweise
Versucht man beispielsweise zu erforschen, wie bestimmte Personen bei der Suche nach gewissen Themen im Internet vorgehen, könnte die Durchführung folgendermaßen aussehen. Der Proband wird aufgefordert, sich zu Hause an seinen PC zu setzen und mittels Suchmaschinen nach gewissen Themen zu suchen. Der Proband erläutert während der Suche seine Vorgehensweise, Hintergründe und was während des gesamten Vorganges in seinem Kopf vor sich geht.

Ethnografische Interviews werden meist mit teilnehmenden Beobachtungen kombiniert, da durch die Beobachtung Diskrepanzen zwischen einer Aussage im Interview und der tatsächlichen Handlung aufgedeckt werden können. Deshalb empfiehlt es sich auch, die Interviews mit Video aufzuzeichnen; so können auch im Nachhinein Aussagen, Mimik, Gestik etc. analysiert werden.

Das gesamte Interview muss vom Forscher dokumentiert (transkribiert) werden. Wie bei allen qualitativen Interviews wird die Interviewsituation (Ort, Zeitdauer, Gesprächspartner) sowie alles für die Forschungsfrage Relevante detailliert niedergeschrieben, am besten unmittelbar nach dem Gespräch. Auch die eigenen Eindrücke und Beobachtungen werden festgehalten. Das ethnografische Interview wird daher im Vergleich zu anderen qualitativen Interviewformen stärker durch konkrete Verhaltensweisen und Erlebnisse der Beforschten gestützt. Diese können aus der konkreten unmittelbaren Erfahrung berichten, somit ist die Erinnerung noch frisch im Gedächtnis. Und der Forscher hat die Möglichkeit, bei Handlungen gleich nachzufragen, damit sich Aussagen auf konkretes Verhalten beziehen.

Ein bekannter Soziologe, der sich sehr intensiv mit ethnografischer Forschung beschäftigt hat, ist Professor Roland Girtler. Er hat Regeln aufgestellt, die dem Forscher die Feldarbeit erleichtern sollen:

- Passe dich, ohne dich selbst zu verleugnen, in deinem Benehmen, aber auch deinem Erscheinungsbild dem Forschungsfeld an!
- Nähere dich unvoreingenommen und ohne falsches Misstrauen den Menschen, die dich interessieren!
- Denke und berichte über diese Menschen ohne jegliche Geringschätzung!
- Sammle und studiere Hintergrundinformationen zu deinem Forschungsfeld!
- Protokolliere, was du beobachtest und erfährst! Führe ein Forschungstagebuch!
- Bleibe immer wohlwollend, aber kritisch, und versuche, den Wahrheitsgehalt einer jeden Äußerung zu prüfen!
- Sei dir im Vorfeld der Forschungsarbeit bewusst, dass Feldforschung körperlich anstrengend ist!

Die Vorteile der ethnografischen Interviews liegen auf der Hand: Durch die offene, wenig strukturierte Interviewführung gewinnt man ein besseres Verständnis für die Bedürfnisse, Arbeitsabläufe und Präferenzen von Personen. Es wird nur über das gesprochen, was der beforschten Person wirklich wichtig ist, und durch das Interview unter realen Bedingungen werden viele sonst nicht erfasste Faktoren mit einbezogen. Als Nachteil muss betont werden, dass die Methode sehr zeit- und arbeitsaufwendig ist.

5.2.1.3 Problemzentriertes Interview

Das problemzentrierte Interview ist im Vergleich zum narrativen und ethnografischen Interview stärker strukturiert, da es leitfadengestützt durchgeführt wird. Problemzentrierung bedeutet, dass sich der Forscher an einer relevanten gesellschaftlichen Fragestellung orientiert, welche er im Vorfeld durch Literaturrecherche erforscht hat bzw. zu der noch Erkenntnisse fehlen. Ziel dieses Interviews ist das problemorientierte Sinnverstehen: das möglichst unvoreingenommene Erfassen individueller und subjektiver Handlungen. Das objektive theoretische Vorwissen des Forschers soll durch die subjektive Sicht des Befragten ergänzt werden.

Am Beginn des problemzentrierten Interviews wird dem Probanden ein standardisierter Kurzfragebogen zur Ermittlung der soziodemografischen Daten vorgelegt und um den Einstieg in das Gespräch zu vereinfachen. Die Themenstellung, die im Rahmen der Forschungsarbeit untersucht wird, wird in verschiedene Themenblöcke aufgegliedert, wobei zu jedem dieser Blöcke in einem Leitfaden eine offene, erzählgenerierende Einstiegsfrage formuliert wird. Zwischendurch werden zu den einzelnen Themenblöcken immer wieder spontane „adhoc"-Fragen gestellt (exmanentes Nachfragen), ähnlich dem narrativen Interview, um ein Thema tiefergehend zu analysieren und sich besser auf den Befragten einzustellen. Dadurch soll auch ein Vertrauensverhältnis zwischen Interviewer und Proband hergestellt werden.

Der Forscher muss während des gesamten Gesprächs die Erzählsequenzen und Darstellungen des Probanden nachvollziehen und verstehen können. Dies geschieht durch Spiegelung, indem der Forscher einerseits mittels Verständnisfragen Widersprüche oder ausweichende Aussagen thematisiert, andererseits teilt er dem Probanden in eigenen Worten seine Interpretation der Ausführungen mit. Dadurch kann der Befragte die Interpretationen nochmals korrigieren, sodass es zu keinen Verzerrungen der Ergebnisse kommt.

Der gesamte Gesprächsverlauf muss, wie bei allen qualitativen Interviews, dokumentiert werden (z.B. mittels Diktiergerät), und wird im Anschluss transkribiert.

Abbildung 5-5: *Vorgehensweise beim problemzentrierten Interview*

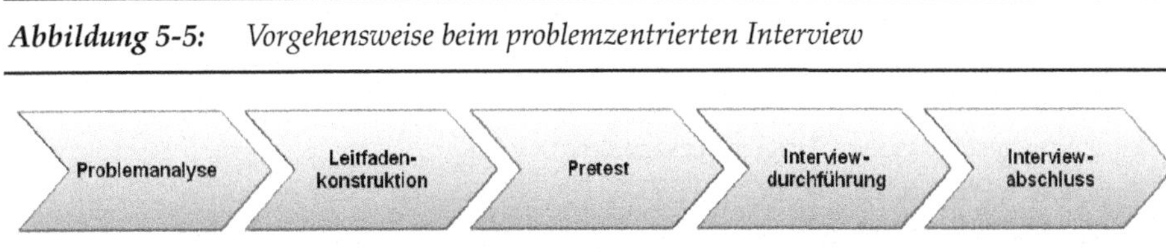

Problemzentrierte Interviews bieten sich vor allem bei theoriegeleiteter Forschung mit spezifischen Fragestellungen an. Durch die Standardisierung der Erhebungssituation aufgrund der Leitfragen und des soziodemografischen Kurzfragebogens ist es auch möglich, eine größere Stichprobe zu untersuchen.

5.2.1.4 Leitfadeninterview

Das Leitfadeninterview ist eine halbstrukturierte Interviewform, welche für die Datenerhebung einen Leitfaden benutzt. Dieser Leitfaden wird auf Basis einer theoretischen Voranalyse des Forschungsgegenstands erstellt und erleichtert die Vergleichbarkeit mehrerer Interviews. Wichtig ist, zu beachten, dass trotzdem noch genügend Spielraum für spontane Äußerungen vorhanden sein muss. Der Vorteil dieser Methode liegt darin, dass der Forscher sich an einen Fragenkatalog mit konkreten Fragen halten kann, die Reihenfolge der Fragestellung ist aber nicht zwingend einzuhalten. Die Reihung der Fragen erfolgt zunächst mit einer berufsbiografischen Einstiegsfrage, wie z.B. „Wie sind Sie zur jetzigen Tätigkeit gekommen?" Danach folgen maximal zehn offene Fragen zu drei bis vier Hauptthemen. Zu jedem dieser Themen ist auch ein spezifisches Nachfragen möglich. Die offenen Fragen sind insofern wichtig, um dem Experten eine Chance zu geben, seine Sicht darzustellen. Die wichtigsten Fragen kommen im zweiten Drittel des Interviews. Am Ende jedes Leitfadeninterviews werden mit einem Kurzfragebogen die soziodemografischen Daten des Probanden erhoben.

Eine Form des Leitfadeninterviews, die sehr häufig in wissenschaftlichen Arbeiten eingesetzt wird, ist das Experteninterview. Bestimmte Personen, Experten, werden als Repräsentanten einer Gruppe interviewt. Wer als Experte gilt, ist vom jeweiligen Forschungsgegenstand abhängig. Dies kann jemand sein, der umfangreiches Wissen oder Erfahrungen auf einem abgegrenzten Gebiet hat oder für einen bestimmten Sachverhalt Verantwortung trägt. Ziel ist, das Wissen und die Erfahrungen der Experten möglichst umfassend zu rekonstruieren.

Damit das Interview auch wirklich nur auf das Expertenwissen beschränkt wird, wird ein Leitfaden verwendet. Bei diesem Leitfaden sind folgende allgemeine Aspekte der Formulierung zu beachten:

- Keine missverständlichen und nur eindeutige Fragen verwenden.
- Keine Mehrfachfragen oder Fragealternativen.
- Eine einfache Wortwahl verwenden: Alltagssprache, keine Fachsprache.
- Wortwahl dem Sprachschatz und der Redeweise des Interviewten anpassen.
- Keine geschlossenen Fragen verwenden.
- Keine wertenden Fragen.
- Keine direkten, suggestiven Fragen und empathischen Kommentare.
- Keine Deutungsangebote machen („Wenn ich Sie richtig verstanden habe, sehen Sie das so, dass ...")
- Tabuthemen vorsichtig und eher am Ende eines Interviews ansprechen.

Wichtig ist, nicht zu vergessen, den Leitfaden vor den Interviews zu testen (Pretest). Während des gesamten Interviews muss der Forscher dem Probanden Wertschätzung entgegenbringen und zuhören statt reden. Ein Interview kann bis zu einer Stunde dauern, wobei hier vorab abzuklären ist, wie lang der Experte zur Verfügung steht.

Die Auswertung von Experteninterviews geschieht, wie bei den anderen qualitativen Interviews, am besten mittels qualitativer Inhaltsanalyse. Wichtig ist, hier zu beachten, dass viele Experten aus Datenschutzgründen nur in anonymisierter Form erwähnt werden wollen. Daher unbedingt vorher abklären, ob die Experten anonym bleiben wollen. Es empfiehlt sich auch, die Interpretationen nochmals mit dem Experten durchzugehen, um abzusichern, dass alle Inhalte richtig verstanden wurden. Nachträgliche Ausbesserung der Sprache, Grammatik oder auch der grundsätzlichen Aussagen sind aber nicht erlaubt, da dies die spontanen Äußerungen verfälschen würde.

5.2.1.5 Gruppendiskussion (Fokusgruppe)

Eine weitere qualitative Erhebungsmethode, die sehr gerne in wissenschaftlichen Arbeiten verwendet wird, ist die Gruppendiskussion, auch Fokusgruppe genannt. Sie ist eine ein- bis mehrstündige Diskussion mit mehreren Teilnehmern zu einem bestimmten Thema, welches von einem geschulten Moderator bzw. dem Verfasser der wissenschaftlichen Arbeit geleitet wird. Sie wird entweder alleine oder aber auch zusätzlich zu anderen qualitativen und quantitativen Erhebungsmethoden angewandt. Die Gruppendiskussion wird eingesetzt, um die Einstellungen, Meinungen, Gefühle, Wünsche und Ideen von Personen zu einem bestimmten Themengebiet zu ermitteln. Der Vorteil der Methode liegt darin, dass durch die gruppendynamischen Prozesse Hemmungen oder Ängste der Teilnehmer reduziert werden, die tieferliegende Motive und Einstellungen sichtbar werden lassen.

Diese Methode kann sehr vielfältig eingesetzt werden und lässt sich flexibel an die zu erforschende Themenstellung anpassen. Notwendige Informationen können bei relativ geringem Kosten- und Zeitaufwand erhoben werden.

Am wichtigsten ist bei der Gruppendiskussion die Auswahl der Teilnehmer. Es empfiehlt sich eine Gruppengröße von sechs bis zehn Teilnehmern, bei sehr komplexen, emotionsbeladenen Inhalten eine geringere Gruppengröße mit maximal sechs Teilnehmern. Ob eine Gruppenzusammensetzung homogen oder heterogen gewählt wird, hängt von der Themenstellung ab. Wichtig ist nur, zu beachten, dass der Wissensstand in Bezug auf das Thema möglichst homogen ist. Die Meinungen zum Untersuchungsgegenstand sollen durchaus heterogen sein, wobei aber jeder dieselbe Chance haben muss, seine freie Meinung zu äußern. Insgesamt werden je nach Thematik etwa vier bis acht Diskussionsrunden durchgeführt.

Die Vorgehensweise ist, dass zunächst der Moderator zu Beginn der Gruppendiskussion einen stimulierenden Anreiz mittels einer Fragestellung oder eines Statements gibt. Dies kann auch ein Werbespot oder ein Bild sein. Am Beginn müssen immer leicht zu beantwortende Fragen stehen, um die Motivation der Teilnehmer hochzuhalten. Im Laufe der Diskussion erfolgt dann eine Stimulierung der Diskussionsbeiträge, indem neue Themenaspekte aufgegriffen werden, das Gesagte zusammengefasst wird oder kritische Meinungsäußerung gefordert wird. Der spontane Gesprächsverlauf soll dabei aber möglichst wenig beeinflusst werden, d.h. die Diskussion muss ausschließlich zwischen den Teilnehmern passieren; der Moderator greift nur dann ein, wenn es unbedingt notwendig erscheint. Am Ende einer Gruppendiskussion empfiehlt es sich, mit den Teilnehmern ein Gespräch über die zuvor geführte Diskussion zu führen, um Gefühle und Emotionen zu eruieren.

Die gesamte Diskussion wird wie bei allen qualitativen Interviews protokolliert und mit Tonband oder Video aufgezeichnet. Hierbei muss darauf geachtet werden, dass die Aufzeichnung zu keiner Hemmung der Teilnehmer führt. Bei der anschließenden Gesprächsanalyse, d.h. bei der Auswertung der Transkription, werden inhaltsanalytische Verfahren verwendet.

Bei der Methode der Gruppendiskussion ist zu beachten, dass Gruppen dazu neigen, eine eigene Dynamik zu entwickeln, und häufig vom Thema abkommen. Es kommt auch vor, dass dominierende Gruppenmitglieder den größten Redeanteil haben oder versuchen, andere zu beeinflussen, während zurückhaltendere Teilnehmer sich gar nicht äußern. Die Qualität der Ergebnisse hängt deshalb zu einem beträchtlichen Teil vom Moderator ab, der einerseits dafür sorgen muss, dass die Gruppe sich nicht zu stark vom ursprünglichen Zweck der Diskussion entfernt. Andererseits darf sie nicht zu frei sein und muss eine Gesprächsentfaltung aller Teilnehmer sichern.

5.2.2 Textanalyse

Die textanalytischen Verfahren befassen sich mit der systematischen Erhebung und Auswertung von Texten aller Art. Dies können zum Beispiel, um nur eine kleine Palette an Möglichkeiten aufzuzeigen, Tagebücher, Schulbücher, Magazine, Tageszeitungen, diverse Anzeigen, Kochbücher, Werbung, historische Texte u.v.m. sein. Texte entstehen aber auch durch alle zuvor genannten qualitativen Datenerhebungsmethoden, da durch die durchgeführten Interviews Transkriptionen generiert werden, die nun einer Analyse unterzogen werden müssen.

Bei diesen Analysen richtet sich die Konzentration nicht nur auf inhaltliche Aspekte, sondern auch auf formale Gesichtspunkte, wie stilistische Merkmale, häufiger Gebrauch gewisser Wörtern, Satzlänge, Einbeziehung und Verwendung von Bildmaterial etc.

In diesem Kapitel werden die zwei am häufigsten in wissenschaftlichen Abschlussarbeiten verwendeten qualitativen Analyseverfahren vorgestellt: die qualitative Inhaltsanalyse und die computergestützte Textanalyse.

5.2.2.1 Qualitative Inhaltsanalyse

Die qualitative Inhaltsanalyse beschäftigt sich mit der Auswertung von erhobenen Daten in Form von Texten, Filmen oder akustischen Inhalten. Besonders eignet sich die Methode für die systematische, theoriegeleitete Bearbeitung von Textmaterial. Auch große Mengen sind damit zu bewältigen. Latente Bedeutungen und Sinnstrukturen, unabhängig von der Intention des Textproduzenten, sollen analysiert werden.

Das Hauptziel ist, das vorliegende Textmaterial so zu reduzieren und zu analysieren, dass eine Beantwortung der Forschungsfrage möglich ist. Das Datenmaterial darf aber niemals isoliert gesehen werden, sondern immer eingebettet in den Kommunikationszusammenhang. Der Text wird innerhalb seines Kontextes interpretiert sowie auf seine Entstehung und Wirkung hin untersucht. Wichtig ist zu beachten, dass jeder Analyseschritt und jede Entscheidung im Auswertungsprozess auf eine begründete und getestete Regel zurückzuführen sein muss, sodass Interpretationen nachvollziehbar sind.

Im Zentrum der Datenanalyse steht die Kategorienkonstruktion. Kategorien und eventuelle Subkategorien sind wichtig, damit eine Vergleichbarkeit der Ergebnisse gewährleistet ist. Auf standardisierte Verfahren wird dabei verzichtet, da diese auf die konkrete Studie hin modifiziert werden müssen. Deshalb müssen die Verfahren und das Kategoriensystem in einer Pilotstudie getestet und dokumentiert werden. Bei allen Verfahrensentscheidungen wird der aktuelle Stand der Forschung zum Themenbereich herangezogen. Inhaltliche Argumente haben immer Vorrang vor Verfahrensargumenten.

Eine qualitative Inhaltsanalyse besteht im Wesentlichen aus vier Phasen: Planungs-, Entwicklungs-, Test- und Haupterhebungsphase mit anschließender Auswertung.

Planungsphase

In dieser Phase werden die Forschungsfrage(n) festgelegt sowie die Grundgesamtheit und Stichprobe definiert. Des Weiteren erfolgt die Festlegung der Analyseeinheiten (Wörter und Wortverbindungen).

Entwicklungsphase

Hier wird das Kategoriensystem konstruiert sowie der Kodierbogen und die Kodieranweisungen mit Kodierregeln erstellt. Kodierregel bedeutet, dass bei Abgrenzungsproblemen zwischen Kategorien Regeln formuliert werden, die eine eindeutige Zuordnung ermöglichen. Wichtig ist, für die Bildung des Kategoriensystems drei Aspekte zu beachten: die Trennschärfe (disjunkt), die Vollständigkeit (erschöpfend) und die Eindeutigkeit (präzise) der Kodierung. Für jede Kategorie müssen Oberbegriffe, Beispiele, eine Stichwortliste, eine Beschreibung und Aggregationsregeln festgelegt werden, das heißt, es wird genau festgelegt, welche Textbestandteile in welche Kategorie fallen.

Beispiel
Kategoriensystem für Selbstvertrauen:
Kategorie hohes Selbstvertrauen = (1) Klarheit über die Art der Anforderung und deren Bewältigung; (2) positives, hoffnungsvolles Gefühl beim Umgang mit Anforderungen; (3) Überzeugung, die Bewältigung der Anforderungen selbst in der Hand zu haben.
Kategorie mittleres Selbstvertrauen = (1) nur teilweise oder schwankende Gewissheit, mit der Anforderung gut fertig geworden zu sein; (2) zweifelndes, aber positives Gefühl beim Umgang mit Anforderungen; (3) Gefühl, die Bewältigung der Anforderungen nur teilweise selbst in der Hand zu haben.

Kategorie niedriges Selbstvertrauen = (1) keine Klarheit über die Art der Anforderung und deren Bewältigung; (2) negatives Gefühl beim Umgang mit Anforderungen; (3) Überzeugung, die Bewältigung der Anforderungen nicht selbst in der Hand zu haben.
Ankerbeispiel (konkrete Textstellen werden als Beispiele für Kategorien herangezogen):
„Ich hab mich da einigermaßen durchlaviert, aber es war oft eine Gratwanderung."
Kodierregel:
Eine Zuteilung zu einer Kategorie erfolgt nur, wenn alle drei Definitionsaspekte auf hoch, mittel oder niedrig schließen lassen.

Testphase

In der Testphase erfolgt ein Pretest des Kategoriesystems, des Kodierbogens und der Kodierregeln. Hier wird vor allem überprüft, ob das Analyseinstrument den qualitativen Gütekriterien entspricht.

Haupterhebungsphase und Auswertung

In dieser Phase erfolgt die tatsächliche Auswertung und Analyse des Textmaterials.

In der Praxis werden drei Grundformen der Inhaltsanalyse angewandt: die zusammenfassende Inhaltsanalyse, die explikative und die strukturierende Inhaltsanalyse. Die zusammenfassende Inhaltsanalyse wird bei wissenschaftlichen Abschlussarbeiten am häufigsten eingesetzt und soll daher nachfolgend erläutert werden.

Zusammenfassende Inhaltsanalyse

Bei dieser Form der Inhaltsanalyse wird das Textmaterial so verdichtet, dass wesentliche Inhalte erhalten bleiben. Den Abschluss bilden die befüllten Kategorien und nicht ihr Inhalt. Zuerst müssen die Kategoriendimensionen und das Abstraktionsniveau (d.h. wie grob wird zusammengefasst?) definiert werden. Hierbei handelt es sich um eine induktive Kategorienbildung. Wird eine passende Textstelle gefunden, wird dafür eine Kategorie erstellt und diese mit einer aussagekräftigen Bezeichnung versehen. Weitere dazu passende Textstellen werden ebenfalls dieser Kategorie zugeordnet. So wird der gesamte Text bearbeitet und in die verschiedenen Kategorien aufgeteilt. Zuletzt wird das gesammelte Kategoriensystem überarbeitet und geprüft, ob der Aufbau verständlich ist. Das Resultat der Zusammenfassung ist eine Sammlung von Themenkategorien, denen spezifische Textstellen zugeordnet sind.

Um ein besseres Verständnis der einzelnen Schritte der qualitativen Inhaltsanalyse sicherzustellen, empfiehlt es sich, bei Mayring (2010) nachzulesen. An dieser Stelle sollen nochmals zusammenfassend die konkreten Schritte bei der Kodierung eines Textes bzw. die Bildung von Kategorien erläutert werden:

1. Schritt: Der transkribierte Text wird aufmerksam gelesen. Dann werden jene Stellen markiert, die in Bezug auf die Fragestellung aussagekräftig erscheinen. Nach diesem ersten Durchgang hat man zumindest eine grobe Vorstellung vom Inhalt des transkribierten Textes.

2. Schritt: Beim zweiten Durchgang werden nur mehr die markierten Stellen in der Transkription betrachtet. Zu jeder markierten Stelle wird eine Kategorie formuliert, d.h. ein Schlüsselbegriff, der den Inhalt dieser markierten Stelle prägnant zum Ausdruck bringt.

3. Schritt: Die gebildeten Kategorien werden nun auf ein eigenes Blatt Papier geschrieben (= Kategorienblatt).

4. Schritt: Zu allen Kategorien, die auf dem Kategorienblatt stehen, werden jene Textstellen angegeben, auf die sie sich beziehen. Folgende Angaben sind empfehlenswert:

a. Kurzbezeichnung des Textes, der kodiert wird, z.B. für die Transkription des ersten Experteninterviews „E1" sowie die Seitennummer des Textes.

b. Zeilennummer der markierten Stelle im transkribierten Text: Jede Zeile des transkribierten Textes wird fortlaufend durchnummeriert. Jede neue Seite beginnt wieder mit 1. Beispiel: Kategorie: Arbeitsmotivation T1/1/3.

5. Schritt: Auf dem gesonderten Kategorienblatt ist die kodierte Textstelle der Kategorie zugeordnet. Diese systematische Vorgehensweise ermöglicht das rasche Auffinden aller Textstellen, die einer Kategorie zugeordnet sind.

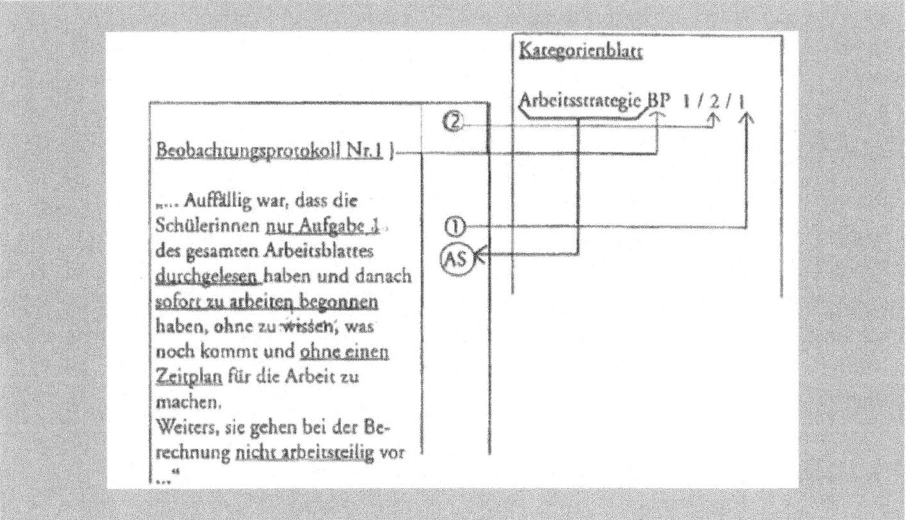

6. Schritt: Alle gebildeten Kategorien werden in eine Ordnung gebracht, indem zusammengehörige Begriffe gruppiert werden. Bei der Gruppierung (= Kategorisierung) muss beachtet werden, dass sich die einzelnen Kategorien trennscharf voneinander unterscheiden. Um die Unterscheidung der Kategorien zu erleichtern, empfiehlt es sich, jede Kategorie genau zu definieren. Aus den einzelnen Kategorien ergibt sich ein Kategoriensystem, d. h. die Gesamtheit der Kategorien einer inhaltsanalytischen Untersuchung. Durch die Kategorisierung gelingt es, die Inhalte der Texte in eine Struktur zu überführen, aus der sich Vermutungen über Zusammenhänge zwischen einzelnen Kategorien ergeben können.

Themenbereich: **Unterricht und Lernen**

Einleitende und erklärende Worte zum entsprechenden Themenbereich

Kategorie: **Arbeitsstrategie**

Einleitende und erklärende Worte zur entsprechenden Kategorie

Ausgewähltes wörtliches Zitat:

„Auffällig war das die Schülerinnen nur Aufgabe 1 des gesamten Arbeitsblattes durchgelesen haben und danach sofort zu arbeiten begonnen haben." (BP1/2/1)

Persönliche Interpretation des Zitats
ev. Verweis auf wissenschaftliche Erkenntnisse, Untersuchungen etc.
ev. eigene Erfahrungen und Stellungnahmen

Für die Bearbeitung dieser sechs Schritte kann unterstützend auch auf geeignete inhaltsanalytische Softwareprogramme zurückgegriffen werden, die im nachfolgenden Kapitel erläutert werden. Auch Textverarbeitungsprogramme wie Microsoft Word bieten bereits einige Arbeitserleichterungen: automatische Zeilennummerierung, Markierung der relevanten Textstellen durch farbige Hervorhebungen, Festhalten von Kodierungen mittels Schlüsselbegriffen oder von Memos unter Nutzung der Kommentarfunktion.

5.2.2.2 Computergestützte Textanalyse

Die qualitative Datenauswertung kann genauso wie die quantitative mit der Unterstützung von Computerprogrammen erfolgen. Softwarelösungen für qualitative Datenanalysen (QDA) spielen seit Anfang der 90er Jahre, als die ersten DOS-Versionen in diesem Bereich von Windows-Programmen abgelöst wurden, eine wachsende Rolle in der empirischen Sozialforschung. Die eigentliche Analyse der Daten können diese Computerprogramme dem Forscher aber nicht abnehmen. Sie funktionieren eher wie große Karteikästen, in denen beliebige Texte abgelegt, mit farbigen Reitern oder Notizen versehen und dann sortiert werden können.

Eine teilcomputerisierte Textanalyse geht beispielsweise so vor, dass Texte bei der Kodierung und Auswertung manuell bearbeitet werden; die Manipulation der Texte erfolgt dann mit dem Computer. Dabei werden Analyseeinheiten aus Texten von Kodierern erfasst und den Kategorien eines inhaltsanalytischen Computerprogramms zugewiesen. Der Computer verarbeitet und wertet die eingegebenen Daten aus. Bei der vollcomputerisierten Textanalyse wird auch schon die Kodierung automatisch erledigt. Hier ergibt sich aber die Schwierigkeit der programmgesteuerten Erkennung kontextabhängiger Bedeutungen.

Es gibt eine große Auswahl verschiedenster Softwareprogramme für die qualitative Datenanalyse. Für die Arbeit mit Verfahrensweisen der Qualitativen Inhaltsanalyse haben sich dabei Softwareprogramme besonders bewährt, die auch als Demo-Versionen im Internet zur Verfügung stehen:

- ATLAS/ti (http://www.atlasti.com/de/demo.html) und
- winMAX (http://www.winmax.de).

Weitere häufig verwendete Programme sind beispielsweise:

- NVivo (http://www.qsrinternational.com/products_free-trial-software.aspx)
- GABEK (http://www.gabek.com) und
- AMOS (http://www-01.ibm.com/software/de/analytics/spss/)

ATLAS/ti ist für eine große Anzahl verschiedener methodischer Ansätze verwendbar. Diese Flexibilität bzw. Vielseitigkeit ist zugleich die Stärke des Programmes. Aber nicht nur hinsichtlich der Methodik zeichnet sich das Programm durch Flexibilität aus, sondern auch in Bezug auf die Funktionalität. In dieser Hinsicht dürfte ATLAS/ti zurzeit alle vergleichbaren QDA-Programme hinter sich lassen. Ebenfalls ist das gleichzeitige Arbeiten mehrerer Personen an einem Programm möglich. Eine Schwäche stellt hingegen die geringe Benutzerfreundlichkeit dar. Ohne gründliche Durchsicht des Handbuches ist es nicht möglich, mit dem Programm zu arbeiten.

NVivo zeichnet sich, im Vergleich zu ATLAS/ti, durch ein gut verständliches und leicht zu erlernendes Grundmenü aus. Es ist für das Arbeiten mit Windows XP ausgerichtet und in den verschiedensten Sprachen zu bedienen. Es ermöglicht den Anwendern das Veranschaulichen und das Analysieren von Beziehungen zwischen Personen, Prozessen und Konzepten. Das Abfragen bestimmter Daten wird durch eine – auf dem modernsten Stand stehende – Suchmaschine vereinfacht. NVivo hat aufgrund seiner vielen positiven Eigenschaften eine breite Kundenschicht. Diese reicht von Forschern, Psychologen, Wissenschaftlern bis hin zu Universitäten und Studenten.

Ausführliche Informationen zu **winMAX**, **GABEK** und **AMOS** sind unter den oben angeführten Links nachzulesen.

5.2.3 Artefaktanalyse

Artefakte sind - ganz allgemein gesprochen - vom Menschen geschaffene Gegenstände. Artefakte als materialisierte Produkte menschlichen Handelns verkörpern Objekte sozialer Beziehungen und gesellschaftlicher Verhältnisse. Sie werden durch Aktivitäten geschaffen und stehen auch für diese. Das können zum Beispiel Bilder, Werbematerialien, Architektur, Formationen einer Kulturlandschaft, Fotos, Kleidung und Nahrungsmittel sein. Der tägliche Hausmüll eines Haushalts kann für eine qualitative Analyse bedeutsam sein, da dieser für den Bedeutungsgehalt sozialen Handelns und sozialer Strukturen steht. Darüber hinaus verlassen sie nach ihrer Herstellung den Kontext menschlicher Beziehung nicht: Artefakte werden ge- oder verbraucht.

Die Artefaktanalyse ist somit eine interpretierende Umwandlung bildhafter oder räumlicher Symbole in Sprache. Diese Interpretationsarbeit umfasst zwei Schlüsselelemente, die Dekonstruktion des Artefaktes und die Integration des Artefaktes.

Ziel der Dekonstruktion eines Artefaktes ist es, sich von dem alltäglichen Sinn zu distanzieren und sich einer kritischen Analyse zuzuwenden. Es ist nicht nur die Aufspaltung des Artefakts, die hier eine wichtige Rolle spielt, sondern auch das Entfernen von seinem ursprünglichen Kontext. Die Phase der Deskription lässt sich in zwei Teilschritte unterteilen:

1. die innere Differenzierung des Artefakts; das können Materialeigenschaften, die räumliche Struktur oder vorhandene Textelemente sein;
2. die alltagsweltliche Einbettung des Artefakts; darunter versteht man die Abgrenzung des Artefakts, alltägliche Bedeutung des Artefakts oder auch der übliche Kontext des Auftauchens des Artefakts.

Bei der Integration in einen Sinnhorizont wird das Artefakt in den Gesamtzusammenhang des Untersuchungsfeldes gestellt. Bei diesem Vorgang wird der soziale Kontext des Artefaktes als Bedingungsgefüge für dessen Existenz rekonstruiert. Hier lassen sich zwei Verfahrensschritte angeben:

1. Eine Analyse jener Strukturierungsprozesse, in die das Artefakt eingebunden ist. Nennenswerte Beispiele wären die Produktion, Gebrauch, Funktion und Bedeutung des Artefakts.
2. Die komparative Analyse behandelt in einem sozialen Gesamtzusammenhang ähnliche Artefakte in unterschiedlichen und vergleichbaren Kontexten oder in Bezug zu anderen Analysematerialien.

Ein Vorteil der Artefaktanalyse ist die leichte Zugänglichkeit zum Feld. Ein Nachteil ist, dass die Methode sehr zeitaufwendig ist.

5.2.4 Beobachtungsanalyse

Die Beobachtungsanalyse ist eine Methode, die sinnlich wahrnehmbares Verhalten zum Zeitpunkt des Entstehens planvoll, systematisch und reflektierend erfasst, dokumentiert und deutet. Sie wird oft als Begleitverfahren zur Befragung eingesetzt.

Anhand der Kriterien Standardisierung, Beobachtungsrolle und Authentizität gilt es eine Reihe von Beobachtungsformen zu unterscheiden. Die idealtypische qualitative Beobachtungsanalyse ist jedoch unstrukturiert, offen, aktiv teilnehmend und nicht intervenierend. Je weniger sich der Forscher an diese Beobachtungsformen hält, umso mehr quantitative Züge trägt die Beobachtung.

Strukturierte versus unstrukturierte Beobachtung

Während der Forscher bei der strukturierten Beobachtung vorweg ein Schema festlegt, werden bei der unstrukturierten Beobachtung lediglich einige Leitfragen festgelegt. Hierbei wird auf die Erstellung eines fixen Schemas verzichtet, es werden jedoch Hypothesen entwickelt. Hingegen kann der Forscher bei der strukturierten Beobachtung flexibel und offen für die Gegebenheiten und Veränderungen im Feld sein.

Teilnehmende versus nicht teilnehmende Beobachtung

Nimmt der Forscher eine Rolle im beobachtenden Feld ein und wird dadurch selbst ein Bestandteil des Feldes, so spricht man von einer aktiven Beobachtung. Dagegen beteiligt sich der Forscher bei der passiven Teilnahme wenig bis gar nicht an den zu untersuchenden Situationen.

Offene versus verdeckte Beobachtung

Während bei der verdeckten Beobachtung der Beobachter ins Feld eindringt, ohne sich zu erkennen zu geben, sind die Beobachteten bei der offenen Beobachtung darüber informiert, dass sie beobachtet werden. Sie müssen aber nicht zwangsläufig den wahren Forschungszweck kennen.

Intervenierende versus nicht intervenierende Beobachtung

Bei der intervenierenden Beobachtung greift der Forscher manipulierend in das Feld ein. Dies widerspricht den Grundregeln der qualitativen Forschung, welche die Erfassung des Subjektes in seiner natürlichen Lebensumgebung vorsieht. Die Idealvorstellung ist eine nicht intervenierende Beobachtung. Eventuelles Problem dabei ist aber z.B., dass die zu untersuchende Situation in Natura selten auftritt, sodass sie vom Forscher künstlich herbeigerufen wird, um sie zu beobachten.

Der **Forschungsablauf** vollzieht sich idealtypisch in fünf Phasen:

Jede Beobachtung beginnt mit dem Feldzugang. Bevor aber mit der Beobachtung begonnen werden kann, gilt es zu klären, welche Kontaktpersonen den Zugang zum Feld erleichtern könnten bzw. was unter dem Feldzugang verstanden wird. Erst nachdem der Feldzugang erfolgt ist, kann eine teilnehmende Person im Feld Situationen analysieren. Einhergehend mit dem Feldzugang gilt es, eine Rollendefinition zu treffen, d.h. zu definieren, welche soziale Rolle der Forscher im Feld einnimmt. Die qualitative Forschung setzt eine offene Rolle voraus, sodass ein Rollenwechsel jederzeit durchführbar ist.

Der nächste Schritt ist die eigentliche Datenerhebung. In dieser Phase ist es besonders wichtig, zu überlegen, welche Aufzeichnungsinstrumente angewendet werden sollen. Einerseits soll das Aufzeichnungsinstrument keinen Einfluss auf die Personen haben, andererseits soll die Beobachtung so genau wie möglich festgehalten werden.

Nachdem die notwendigen Daten erhoben worden sind, beginnt der Forscher mit dem Feldrückzug. Besonders bei der verdeckten Beobachtung will der Rückzug aus der Forschungsarbeit gut überlegt sein. Der Forscher klärt, wie mit den gewonnenen sozialen Kontakten umgegangen werden kann.

Der letzte Schritt ist die Nachlaufphase. In dieser werden Berichte geschrieben, eventuelles Feedback eingeholt und diskutiert und, falls notwendig, Folgekontakte hergestellt.

Eine Grenze der Beobachtungsanalyse ist sicherlich der hohe Anspruch an die fachliche und soziale Kompetenz des Forschers. Des Weiteren kommen hinzu das Problem der selektiven Wahrnehmung und die Gefahr des „going native", das heißt, dass der Forscher im Laufe der Beobachtung eine fehlende Distanz zum Untersuchungsobjekt entwickelt.

5.3 Fallbeispiele qualitativer Forschungsprojekte

Fallbeispiel Bachelorarbeit

Thema: Effizienter Einsatz kommunikationspolitischer Instrumente beim Jugendmarketing in Fahrschulen;
Forschungsfrage: Welche kommunikationspolitischen Instrumente sind geeignet, um die Zielgruppe von Fahrschulen (17- bis 19-Jährige) zu erreichen?
Empirische Methode: Gruppendiskussion
Auswertung: Qualitative Inhaltsanalyse

Diese Bachelorarbeit hat zur Beantwortung der Forschungsfrage die qualitative Methode der Gruppendiskussion gewählt. Hierfür wurden 16 Jugendliche aus ganz Niederösterreich mit einem Altersdurchschnitt von 18 Jahren und unterschiedlicher soziodemografischer Zusammensetzung (Geschlecht, Wohnort, Schule etc.) ausgewählt. Diese wurden in zwei Gruppen zu jeweils acht Personen eingeteilt und zu jeweils einer 90-minütigen Gesprächsrunde eingeladen. Die Diskussion wurde von einem Moderator geführt, unterstützt von einer Hilfsperson, die alles Wesentliche schriftlich festhielt, und von einer Videokamera aufgezeichnet. In Summe wurden neun Fragestellungen diskutiert. Diese gliederten sich in zwei Themenbereiche, wobei sich Teil A auf die Erfahrungen, Erwartungen und Ansprüche der Befragten gegenüber Fahrschulen bezog. Teil B analysierte kommunikationspolitische Instrumente und erhob Sympathiewerte für die behandelten klassischen Medien. Am Ende der Gruppendiskussion wurden die Teilnehmer aufgefordert, einen Kurzfragebogen zu ihren soziodemografischen Charakteristika auszufüllen. Dieser diente zur Beschreibung der Stichprobe, wurde aber nicht in die Analyse miteinbezogen.

Fallbeispiel Masterarbeit A

Thema: Kühlschrankdeskription österreichischer Haushalte
Forschungsfrage: Welchen Inhalt weisen die Kühlschränke in österreichischen Haushalten auf und können hier Typen identifiziert werden?
Empirische Methode: Artefaktanalyse
Auswertung: Qualitative Inhaltsanalyse

Für die Bearbeitung dieses Themas bietet sich die Artefaktanalyse an. Die Stichprobenauswahl erfolgte aufgrund eines Quotensamples, sodass die untersuchten Haushalte auf ganz Österreich verteilt waren und eine unterschiedliche Zusammensetzung hinsichtlich Alter und Größe hatten. Als Analyseinstrument für den Kühlschrankinhalt wurde ein teil-standardisierter Beobachtungsbogen verwendet, der neben deskriptiven Punkten auch noch Platz für Auffälligkeiten ließ. Zusätzlich wurde von jedem Kühlschrankinhalt ein Foto gemacht, um anschließend eine vergleichende Analyse der Anordnung der Produkte, Menge an Produkten und Produktzusammensetzung zu machen. In Summe konnten fünf unterschiedliche „Kühlschranktypen" gebildet werden. Die Typenbildung wurde vom Studenten vorbereitet und in einem Forschungsteam nochmals tiefgehend diskutiert und für stimmig befunden.

Fallbeispiel Masterarbeit B

Thema: Effiziente Gestaltung frauenspezifischer Werbung in klassischen Medien zur Beeinflussung von Kaufentscheidungen
Forschungsfrage: Welche Elemente muss klassische Werbung für die Zielgruppe Frau enthalten, damit Frauen diese Werbung positiv wahrnehmen?
Empirische Methode: Problemzentriertes Interview
Auswertung: Qualitative Inhaltsanalyse

Bei dieser Masterarbeit gelangte als empirische Methode das problemzentrierte Interview zur Anwendung. Es wurden in Summe 12 weibliche Personen interviewt, im Alter von 18 bis 65 Jahren, mit unterschiedlichen Berufen, Ausbildungen und Haushaltszusammensetzungen. Um das Interview zu stimulieren, wurde als Grundreiz klassische Werbung in Form von TV-Spots, Außenwerbung und Anzeigen in Zeitschriften ausgewählt. Diese frauenspezifischen Werbematerialien wurden nach inhaltlichen Kriterien sorgfältig ausgewählt, das heißt gestalterische Elemente, wie Farbwahl, Layout, Größe, Motive, Text etc., mussten sich unterscheiden. Im Rahmen der Interviews wurde mit jeder Frau einzeln über die gezeigten Materialien diskutiert. Die Diskussion wurde so offen wie möglich gehalten, das heißt der Interviewer sollte so wenig Einfluss wie möglich nehmen, sodass Reaktionen auf Details auf Grund des vorher gezeigten Anreizes herausgefunden werden konnten und ein breites Spektrum abgedeckt werden konnte. Die Dauer eines Interviews betrug 50 Minuten. Dies erwies sich als ausreichend, da danach die Konzentration nachlassen würde. Ein Leitfaden diente dem Moderator als Stütze, um sicherzustellen, dass gewisse Forschungsschwerpunkte auch wirklich diskutiert wurden, wie z.B. wann Werbung zum Kaufen eines Produktes anregt oder wie Werbung gestaltet werden muss, um in Erinnerung zu bleiben.

Fallbeispiel Masterarbeit C

Thema: The Impact of Ambient Experiential Advertising on the Generation Y's Brand Perception in the International FMCG Industry
Forschungsfrage: Is Ambient Experiential Advertising of international FMCG brands influencing the brand perception of Generation Y's consumers?
Empirische Methode: Gruppendiskussion
Auswertung: Qualitative, zusammenfassende Inhaltsanalyse nach Mayring

Anbei findet sich ein Ausschnitt der qualitativen, zusammenfassenden Inhaltsanalyse nach Mayring, in welchem ersichtlich ist, wie Schritt für Schritt – von der Kategorienbildung, Paraphrasierung, Generalisierung bis zur Reduktion I und Reduktion II des Datenmaterials – bei der Auswertung im empirischen Teil dieser Masterarbeit vorgegangen wurde.

Category 2: Branding within Gen Y					
Sub-Category 2.1: Characteristics of favoured brands					
Participant	**Line**	**Paraphrasing**	**Generalising**	**Reduction I**	**Reduction II**
Focus Group 1					
C	134	Bei Preis-Leistungsverhältnis ist die Leistung fast noch wichtiger, als der Preis.	Die Leistung einer Marke ist wichtiger als der Preis.	o Punkte, die für eine gute Marke sprechen: - Leistung ist wichtiger als Preis - stimmiges Gesamterlebnis - Glaubwürdigkeit - positive Mundpropaganda - man kann sich mit der Marke identifizieren - es wird eine klare Linie verfolgt - Möglichkeit zur Individualisierung von Produkten	o Punkte, die für eine gute Marke sprechen: - Leistung ist wichtiger als Preis - stimmiges Gesamterlebnis - Glaubwürdigkeit - positive Mundpropaganda - es wird eine klare Linie verfolgt - Möglichkeit zur Individualisierung von Produkten - spiegelt die eigene Persönlichkeit wider, bereichert sie und bringt sie vor anderen zum Ausdruck - häufig neue Produkte bei gleichbleibender Qualität - hebt sich von der Konkurrenz ab - besitzt einen Wiedererkennungswert - Geschichte hinter dem Namen die Emotionen weckt und sie zu etwas besonderen macht - man kann sich mit dem Image der Marke identifizieren - Sympathie und Ausstrahlung
C	137	Die Marke muss ein stimmiges Gesamterlebnis bieten.	Es muss ein stimmiges Gesamterlebnis geboten		
D	138-139	Die Marke muss glaubwürdig sein und es muss eine klare Linie verfolgt werden.	Glaubwürdigkeit und eine klare Linie sind sehr wichtig.		
D	140-141	Wenn mir jemand erzählt, dass etwas gut ist, dann probiere ich das auch gerne aus.	Positive Mundpropaganda beeinflusst die Kaufentscheidung.		
A	144-145	Ich würde mir nichs kaufen, mit dem ich mich nicht selbst identifizieren kann.	Man muss sich mit einer Marke identifizieren können.		
E	154-159	Ich bin gewillt mehr zu zahlen, wenn die Qualität passt, das heißt ich zahle nicht nur wegen dem Markennamen.	Die Qualität ist wichtiger als der Markenname und der Preis.		
E	161-162	Es muss nicht groß ein Logo auf dem Produkt sein, aber man wird nichts kaufen, wo man sich selbst nicht wiederfindet.	Man muss sich in einer Marke selbst wiederfinden.		
E	162-163	Es muss eine klare Linie verfolgt werden.	Die Marke muss eine klare Linie verfolgen.		
F	166-167	Es ist gut, wenn ich irgendetwas individualisieren	Die Möglichkeit von Produkt-Individualisierungen ist gut.		
Focus Group 2					
M	192-194	Eine Marke soll meine Persönlichkeit widerspiegeln und zeigen wie ich mich sehe, oder wie ich von anderen gesehen werden möchte.	Eine Marke soll die eigene Persönlichkeit widerspiegeln und diese vor anderen zum Ausdruck bringen.	o Punkte, die für eine gute Marke sprechen: - spiegelt die eigene Persönlichkeit wider, bereichert sie und bringt sie vor anderen zum Ausdruck - häufig neue Produkte bei gleichbleibender Qualität - heben sich von der Konkurrenz ab - besitzt einen Wiedererkennungswert - Geschichte hinter dem Namen die Emotionen weckt und sie zu etwas besonderen macht - positive Mundpropaganda - man kann sich mit dem Image der Marke identifizieren - Sympathie und Ausstrahlung	
I	197-199	Einzigartige Marken bringen immer wieder neue Produkte mit gleichbleibender Qualität und bieten etwas anderes wie	Einzigartige Marken heben sich von der Konkurrent ab und launchen immer wieder Neuheiten mit gleibleibender		
J	210	Eine wertvolle Marke muss einen Wiedererkennungswert	Eine wertvolle Marke muss einen Wiedererkennungswert		
J	211-213	Es solle eine Art Legende hinter dem Namen stehen, mit der man immer wieder neue Emotionen wecken kann und das dann ein bisschen anders	Mit einer Legende hinter dem Namen können immer wieder Emotionen geweckt werden.		
G	218	Eine Geschichte hinter der Marke ist immer etwas	Eine Geschichte hinter der Marke macht sie zu etwas		
G	221-222	Erfahrungen von anderen machen auch eine gute Marke aus, also grundsätzlich wie sie bei anderen ankommt.	Positive Mundpropaganda macht eine gute Marke aus.		
G	223-224	Eine Marke muss mich in meiner Person bereichern und mich in meiner Perönlichkeit unterstreichen und unterstützen.	Eine gute Marke bereichert die eigene Persönlichkeit und unterstreicht diese.		
L	231-232	Bei mir hat es nichts mit Selbstdarstellung zu tun, aber die Marke muss zu meinen Werten passen.	Die Marke muss zu den eigenen Werten passen.		
H	246-248	Eine Marke trägt immer ein Image und wenn man die Produkte kauft, dann trägt man dieses Image mit und daher muss man sich damit	Als Käufer einer Marke muss man sich mit ihr identifizieren können, denn man trägt ihr Image automatisch mit.		
K	250-252	Die Ausstrahlung einer Marke ist an erster Stelle und wie sympathisch sie ist.	Sympathie und Ausstrahlung einer Marke sind unabdingbar.		

Weiterführende Literaturempfehlungen

Buber, R., & Holzmüller, H. (2009). *Qualitative Marktforschung: Konzepte – Methoden – Analysen*. Wiesbaden: Gabler.

Flick, U., Kardorff, E. von, & Steinke, I. (2013). *Qualitative Forschung: ein Handbuch*. Reinbek bei Hamburg: Rowohlt.

Froschauer, U., & Lueger, M. (2003). *Das qualitative Interview: zur Praxis interpretativer Analyse sozialer Systeme*. Wien: WUV-Univ.-Verlag.

Kvale, St. (2009). *Doing Interviews*. Los Angeles, California: Sage.

Lueger, M. (2000). *Grundlagen qualitativer Feldforschung: Methodologie, Organisierung, Materialanalyse*. Wien: WUV.

Mayring, P. (2010): *Qualitative Inhaltsanalyse. Grundlagen und Techniken*. Weinheim: Deutscher Studienverlag.

6 Angewandte quantitative Sozialforschung

Viele Studierende entschließen sich, im Rahmen ihrer wissenschaftlichen Arbeit eine quantitative Studie durchzuführen. Vor allem Befragungen mittels strukturiertem und standardisiertem Fragebogen sind sehr beliebt, da diese einfach und rasch auszuwerten sind und wenig Spielraum für freie Interpretationen zulassen, was für weniger geübte Forscher von Vorteil ist. Auch standardisierte Beobachtungen mit Beobachtungsprotokoll werden sehr gerne durchgeführt, auch in Kombination mit einer Befragung. Eine weitere quantitative Sozialforschungsmethode, die für studentische Arbeiten zweckmäßig erscheint, sind experimentelle Erhebungen. Panelstudien sind eine weitere – wenn auch selten angewandte – Möglichkeit, um dynamische, längerfristige Messungen durchzuführen.

Die quantitative Sozialforschung bietet somit, wie auch die qualitative Forschung, ein umfangreiches Spektrum an Methoden, aus denen ein Forscher die für seine wissenschaftliche Fragestellung passenden auswählen kann. Die nachfolgenden Kapitel geben einen Überblick über alles Wissenswerte zur quantitativen Forschung, stellen die relevanten Forschungsmethoden vor und erläutern, wie eine quantitative Datenauswertung durchführt wird.

6.1 Wissenswertes zur quantitativen Sozialforschung

Die quantitative Sozialforschung ermöglicht die Messung von Ausschnitten der Beobachtungsrealität, die in eine statistische Verarbeitung der Messwerte mündet. Die Quantifizierung, d.h. die Angabe von Zahlenwerten, erfolgt durch Operationalisierung (Messbarmachung) von Merkmalen.

Beispiel
Die Beobachtungsrealität ist der Lebensstil von Studenten in Österreich. Nun gilt es, das Konstrukt „Lebensstil" messbar zu machen. Dies kann dadurch erfolgen, dass man Aktivitäten, Interessen und Meinungen der Studierenden erhebt. Noch detaillierter gesprochen, werden z.B. Aktivitäten vorgegeben, wie „Ich lese sehr gerne ein Buch", „Ich betreibe sehr gerne Sport" etc., und jeder Proband muss auf einer Skala von 1= trifft zu bis 5= trifft überhaupt nicht zu einstufen, wie sehr diese Aussagen auf ihn zutreffen.

Die wichtigsten Unterschiede zu qualitativen Untersuchungen wurden bereits behandelt. Betont werden soll an dieser Stelle aber nochmals, dass quantitative Verfahren mit großen Stichproben arbeiten, da versucht wird, zu repräsentativen Ergebnissen zu gelangen. Diese Ergebnisse sind quantifizierbar, das heißt in Zahlen auszudrücken. Durch den hohen Grad an Objektivität ist kein individuelles Eingehen auf Probanden möglich. Setzt man sich das Untersuchungsziel, Ursachenforschung zu betreiben, dann sollte man besser qualitative Verfahren auswählen.

Das nachfolgende Kapitel geht detailliert darauf ein, welche Hauptziele generell mit quantitativen Untersuchungen verfolgt werden.

6.1.1 Hauptziele quantitativer Untersuchungen

Quantitative Untersuchungen verfolgen zwei allgemeine Zielsetzungen, die Deskription (Beschreibung) und die Explanation (Erklärung). Beide werden nachfolgend erklärt.

6.1.1.1 Deskriptive Untersuchung

Bei deskriptiven Untersuchungen geht es in erster Linie darum, Populationen zu beschreiben. Das heißt im Detail, dass Häufigkeiten, Anteile, Mittelwerte etc. von Eigenschaften in einer Population beziffert werden. Dies ist beispielweise bei der gesamten amtlichen Statistik der Fall (z.B. Volkszählungen). Da Vollerhebungen aus ressourcentechnischen Gründen in den meisten Fällen nicht möglich sind, werden Stichprobenerhebungen durchgeführt. Diese Stichproben sollen repräsentativ für die Population (Grundgesamtheit) sein, für ihre Zusammensetzungen gibt es verschiedene Möglichkeiten. Ziel ist es, mit möglichst genauer Schätzung unbekannte Merkmalsausprägungen in der jeweiligen Population zu eruieren.

Bei der Stichprobenplanung sollte man sich folgende Fragen stellen:

- Welche Personen sollen befragt werden? Hier geht es darum, die Grundgesamtheit zu definieren.
- Wie wähle ich die Personen aus? Bei diesem Schritt wird eine Entscheidung getroffen, wie die Auswahl einer repräsentativen Stichprobe erfolgen soll.
- Wie viele Personen müssen befragt werden? Das heißt, dass die Stichprobengröße bzw. der Stichprobenumfang bestimmt werden muss.

Alle diese Fragen werden in Kapitel 7 genau erklärt.

6.1.1.2 Explanative Untersuchung

Ziel der explanativen Untersuchungen ist die Überprüfung und Erklärung von begründeten Hypothesen; explanativ bedeutet somit hypothesenprüfend. Untersucht werden entweder Zusammenhänge, Unterschiede, Veränderungen oder bestimmte

Einzelfälle. Darauf begründet sind die unterschiedlichen Arten von Hypothesen, die unterschiedliche Zielsetzungen verfolgen.

Zusammenhangshypothese
Bei diesem Hypothesentyp geht es um die Überprüfung der Art und Intensität des Miteinander-Variierens zweier Merkmale (bivariat) oder mehrerer Merkmale (multivariat). Die Überprüfung erfolgt mittels Chi-Quadrat-Test oder Korrelations- und Regressionsanalyse.

Unterschiedshypothese
Hier wird ein Vergleich zweier oder mehrerer Stichproben angestellt, die sich in einer oder mehreren unabhängigen Variablen unterscheiden. Zur Überprüfung werden zum Beispiel Experimente durchgeführt, in welchen ein Vergleich mit einer Kontrollgruppe erfolgt. Die Überprüfung kann statistisch gesehen mittels t-Test erfolgen.

Veränderungshypothese
Diese Hypothesen werden mittels Querschnitt- oder Längsschnittuntersuchungen überprüft. Querschnittuntersuchungen vergleichen zu einem Zeitpunkt Stichproben unterschiedlichen Alters, wie zum Beispiel das Einkommen mehrerer Personen. Längsschnittuntersuchungen (Longitudinalstudien) führen Analysen von Generationsstichproben zu verschiedenen Zeitpunkten durch. Beide Untersuchungen können entweder als Trenddesign oder als Paneldesign gestaltet werden. Beim Trenddesign verwendet man gleiche Variablen unterschiedlicher Stichproben zu mehreren Zeitpunkten. Beim Paneldesign nimmt man eine identische Stichprobe und untersucht in Panelwellen Veränderungen auf individueller Ebene.

Einzelfallhypothese
Bei der Überprüfung einer Einzelfallhypothese bleibt das Untersuchungsfeld auf einen Einzelfall beschränkt, das heißt, es wird eine Fallstudie durchgeführt. Theoriegeleitete Vermutungen werden durch systematische Analyse überprüft.

6.1.2 Durchführung quantitativer Studien

Der Ablauf einer quantitativen Studie besteht im Wesentlichen aus fünf Schritten:

1. der Formulierung und Präzisierung des Forschungsproblems,
2. der Planung und Vorbereitung der Erhebung,
3. der Datenerhebung,
4. der Datenauswertung und
5. der Berichtserstattung.

Formulierung und Präzisierung des Forschungsproblems
Ein Forschungsprojekt beginnt mit der Formulierung des Forschungsproblems in Form wissenschaftlicher Fragestellungen. Die Entscheidung über das Forschungsproblem sowie die Auswahl des Forschungszieles hängen vom Typ der Studie ab. So wird

entweder eine überprüfbare Hypothese oder eine klar definierte Fragestellung als Ansatzpunkt herangezogen.

Planung und Vorbereitung der Erhebung

In der zweiten Phase werden zunächst die in den Forschungshypothesen auftretenden Begriffe definiert und operationalisiert. Durch die Operationalisierung wird versucht, den theoretischen Begriff der Hypothese durch konkrete Indikatoren und Merkmale zu erfassen und dadurch messbar zu machen. Darauf folgt die Ausarbeitung des Untersuchungsdesigns, die Auswahl von geeigneten Erhebungsmethoden und die Erstellung der Erhebungsinstrumente, wie zum Beispiel Fragebogen oder Beobachtungsprotokoll. Die Wahl der Untersuchungsform hängt von der Fragestellung ab.

Zur Planung und Vorbereitung der Erhebung quantitativer Studien muss die zu erhebende Stichprobe festgelegt werden. Die Größe der Stichprobe bestimmt die Schätzgenauigkeit der Untersuchung. Die Stichprobe soll für die Grundgesamtheit repräsentativ sein. Ein wesentlicher Aspekt der Forschungsplanung ist die Frage nach der Qualität der für den Einsatz vorgesehenen quantitativen Erhebungsmethoden. Ziel dieser sind intersubjektiv nachvollziehbare Aussagen über die Realität. Die Güte einer Messung ist von den Faktoren Objektivität, Reliabilität und Validität abhängig (vgl. Kapitel 6.1.3).

Datenerhebung

Nachdem die Planung sorgfältig durchgeführt und abgeschlossen ist, kann die Erhebung der notwendigen Daten erfolgen. Je nach Fragestellung und Untersuchungsdesign werden für die Erhebung verschiedene Instrumente eingesetzt. Als Arbeitsort gelten entweder das soziale Feld, deshalb auch Feldarbeit genannt, oder das Labor, welches gerne bei Experimenten verwendet wird.

Datenauswertung

In dieser Phase folgen Eingabe, Aufbereitung und Analyse der erhobenen Daten aufeinander. Zuerst ist die Überprüfung der erhobenen Daten vorzunehmen, um Unvollständigkeiten oder Mängel zu beheben. Das gewonnene Material wird so aufbereitet, dass es der Anwendung von statistischen Analysen dienen kann. Dafür ist eine Messlatte notwendig, auf der die Ausprägung der Eigenschaften quantitativ bestimmt wird. Daraus entstehen Skalen, die unterschiedliche Skalenniveaus aufzeigen.

Der Erfassung der Daten folgt deren Auswertung und Analyse durch Untersuchung einzelner Variablen, auch univariate Methoden genannt, oder Auswertungen von Beziehungen zwischen mehreren Variablen, bivariate Methoden. Hilfestellung bieten statistische Analyseprogramme, wie SPSS und Office Programme, wie Excel oder Access. Die Ergebnisse von Datenanalysen werden in tabellarischer oder graphischer Form dargestellt.

Berichterstattung

Am Ende des Forschungsprozesses steht die Schlussfolgerungsphase. Die Schnittstelle zwischen Datenauswertung und Berichterstattung bildet die Interpretation der Ergebnisse, einerseits innerhalb der Untersuchung und andererseits zwischen bestehenden Forschungsergebnissen. Der Forschungsbericht, welcher den empirischen Teil einer wissenschaftlichen Arbeit darstellt, soll die Fragestellung, die einzelnen methodischen Schritte und die Darstellung der Ergebnisse sowie Interpretationen und Schlussfolgerungen dokumentieren.

6.1.3 Gütekriterien quantitativer Forschung

In der quantitativen Sozialforschung werden drei Kriterien verwendet, um die Güte einer Untersuchung beurteilen zu können. Die Güte der durch eine Messung gewonnenen Daten hängt ganz entscheidend von der Qualität des Messvorgangs, insbesondere des Messinstrumentes ab. Damit die Messergebnisse und die daraus resultierenden Schlussfolgerungen verlässlich sind, muss der Messvorgang zumindest drei Kriterien genügen, nämlich denen der Objektivität, Reliabilität und Validität.

Objektivität

Unter Objektivität versteht man den Grad, in dem die Ergebnisse einer Messung unabhängig von den Anwendern sind. Das heißt, dass mehrere Personen, die unabhängig voneinander die Messung durchführen, zum gleichen Ergebnis gelangen. Der Messvorgang gilt als vollständig objektiv, wenn Anwender A und B mit dem gleichen Messinstrument zu einem identischen Resultat gelangen.

Reliabilität

Unter Reliabilität versteht man das Ausmaß, in dem ein Erhebungsinstrument bei wiederholten Datenerhebungen unter gleichen Bedingungen und bei denselben Probanden das gleiche Ergebnis erzielt. Die Reliabilität eines Messinstrumentes ist also ein Maß für die Reproduzierbarkeit von Messergebnissen. Der Grad, mit dem die Messergebnisse bei wiederholter Messung um einen Mittelwert liegen, wird als Standardfehler bezeichnet. Für die Reliabilität einer Messung ist es allerdings vollkommen unerheblich, was genau das Messinstrument misst. Beispielsweise gilt eine Körperwaage als reliables Messinstrument, auch wenn sie bei jedem Gebrach um genau zehn Kilo zu viel anzeigt oder gar etwas ganz anderes als das Körpergewicht. Einziges Kriterium für die Reliabilität ist, dass die Waage zuverlässig zu viel oder etwas völlig anderes misst.

Validität

Die Validität gibt an, inwieweit ein Erhebungsinstrument tatsächlich die Variable misst, die es zu messen vorgibt. Ein Test ist dann valide, wenn er genau das misst, was er messen soll, und nichts anderes. Eine Körperwaage gilt demnach als valide, wenn sie genau das misst, was sie messen soll, das heißt das Körpergewicht.

6.2 Ausgewählte quantitative Erhebungsmethoden

In der fachspezifischen Literatur existiert eine Fülle an quantitativen Forschungsmethoden. Im Rahmen dieses Kapitels werden nur jene vorgestellt, die für wissenschaftliche Abschlussarbeiten sinnvoll erscheinen, nämlich die quantitative Befragung, die quantitative Beobachtung, das Experiment und das Panel.

6.2.1 Befragung

Befragungen sind in der empirischen Sozialforschung sehr beliebt und werden von den Studierenden gerne für wissenschaftliche Arbeiten eingesetzt. Dabei unterscheidet man mehrere Arten, die sich nach dem Grad der Strukturierung oder Standardisierung unterscheiden. Bei einer „vollständig strukturierten" quantitativen Befragung werden alle Fragen mit vorgegebenen Antwortkategorien in festgelegter Reihenfolge gestellt. Hingegen gibt es bei „offenen, unstrukturierten" qualitativen Befragungen nur minimale Vorgaben und die Schwerpunkte der Befragung werden erst im Gesprächsverlauf festgelegt. Die quantitative Befragung kennzeichnet eine Vorgehensweise nach standardisierten Grundsätzen. Durch diese Vereinheitlichung von Fragebögen und Interviews sollen möglichst vergleichbare Ergebnisse erzielt werden. Quantitative Befragungen können auf vier Arten durchgeführt werden, entweder mündlich („face-to-face"), telefonisch, schriftlich oder online. Die Entscheidung, wie eine Befragung durchgeführt wird, hängt von diversen Aspekten ab: den zu erfragenden Inhalten, der Art der Befragungspersonen, den finanziellen und zeitlichen Rahmenbedingungen sowie den Auswertungsmöglichkeiten.

6.2.1.1 Mündliche („face-to-face") Befragung

Bei der mündlichen Befragung stehen sich Interviewer und Interviewter persönlich am Erhebungsort gegenüber. Durch diesen direkten Kontakt ist die Rücklaufquote bei der mündlichen Befragung vergleichsweise hoch, da in den meisten Fällen einem Interview zugestimmt wird. Sobald sich eine Person dazu bereit erklärt hat, beginnt der Interviewer gemeinsam mit dem Probanden einen standardisierten Fragebogen auszufüllen. Dabei lässt man den Probanden meist nur dann mitschauen, wenn Bilder oder Skalen zur Veranschaulichung gezeigt werden. Auch Produktmuster, Printwerbung, Werbespots, Markenlogos etc. können eingesetzt werden, um spontane Reaktionen hervorzurufen.

Vorteile
Während der Befragung besteht für den Interviewer die Möglichkeit, bei Unklarheiten nachzufragen, wodurch Missverständnisse vermieden werden können. Durch dieses gezielte Eingreifen kann die Validität gewährleistet werden. Aus diesen Gründen ist

das persönliche Interview die bevorzugte Methode für komplexere Themen, die einer genaueren Erklärung und Erläuterung seitens des Befragers bedürfen.

Nachteile
Negative Aspekte sind beispielsweise die hohen Kosten und der Aufwand für die Durchführung der Befragung. Die Befragung an sich beansprucht die meiste Zeit, da zu befragende Personen persönlich aufgesucht werden und der Interviewer diese durch die gesamte Befragung führt. Bei unzureichend ausgebildeten Interviewern besteht die Gefahr, dass sie die Befragten beeinflussen und zu einer Antwort drängen. Dieser sogenannte Interviewer-Bias ist automatisch gegeben, wenn sich zwei Menschen gegenüberstehen, da sich jeder ein eigenes Bild vom anderen macht und einen Eindruck aufgrund des Aussehens und der äußeren Erscheinung gewinnt. Dieser direkte Kontakt hat zur Folge, dass die Anonymität der befragten Personen nicht gegeben ist, und das kann dazu führen, dass Antworten nicht der Wahrheit entsprechen. Das ist so zu erklären, dass diese Personen versuchen, gesellschaftlichen Erwartungen gerecht zu werden (Phänomen der sozialen Erwünschtheit). Zusätzlich kann es zu Antwortverzerrungen aufgrund von Schätz- und Erinnerungsschwierigkeiten seitens des Befragten kommen.

6.2.1.2 Telefonische Befragung

Bei der telefonischen Befragung besteht wie bei der mündlichen Befragung eine direkte Verbindung zwischen Interviewer und Befragtem, jedoch kein Blickkontakt. Voraussetzung für diese Form ist ein Telefonanschluss, welchen nahezu alle Haushalte in Deutschland und Österreich besitzen. Diese Methode dient somit der Befragung geographisch verteilter Bevölkerungsgruppen.

Beim telefonischen Interview kann mit Hilfe eines Fragebogens vorgegangen werden. Zu beachten ist, dass die Formulierung der Fragen leicht verständlich sein muss, da der interviewten Person zur Beantwortung keine schriftlichen Unterlagen vorliegen. Aus diesem Grund sollen auch nicht zu viele Antwortmöglichkeiten zur Auswahl stehen, da es sonst zu einer verstärkten Nennung der ersten und letzten Antwort kommt, was wiederum zu Verzerrungen führt. Des Weiteren soll die Länge der Befragung berücksichtigt werden; im Idealfall beträgt sie 10 bis 15 Minuten.

Vorteile
Wesentliche Vorteile der Methode sind die leichte Erreichbarkeit der Zielgruppe durch die flächendeckenden Telefonanschlüsse, geringer Zeitaufwand und geringer Kostenaufwand. Der Interviewer kann bei Unklarheiten weiterhelfen und für die Vollständigkeit der Daten sorgen. Der Interviewer-Bias ist eingeschränkt, da sich Befragter und Interviewer nicht direkt gegenüberstehen und Aussehen und Verhalten keinen Einfluss auf die Beantwortung nehmen. Außerdem sind am Interview nur zwei Personen beteiligt und eine Verzerrung durch Dritte kann deshalb grundsätzlich auch ausgeschlossen werden. Durch die gewisse Distanz bleibt der Befragte anonym und ist

leichter bereit, heikle Fragen ehrlich zu beantworten. Das Problem der sozialen Erwünschtheit tritt somit nicht so stark auf.

Nachteile
Ein Nachteil ist sicherlich, dass man bei telefonischen Interviews nicht so sehr ins Detail gehen kann wie bei der persönlich-mündlichen Form. Es kommt hinzu, dass befragte Personen oft nicht dazu bereit sind, an der Studie teilzunehmen, und so die Repräsentativität sinkt. Das ist dann der Fall, wenn gewisse Personen speziell ausgewählt werden und die Stichprobe somit nicht per Zufall festgelegt wird. Generell liegt die Ausschöpfungsquote im Durchschnitt bei der telefonischen Befragung fast so hoch wie bei der persönlichen, also zwischen 50 und 70 Prozent, wobei die Quote stark vom Thema abhängt.

6.2.1.3 Schriftliche Befragung

Es handelt sich um eine schriftliche Befragung, wenn Untersuchungsteilnehmer schriftlich vorgelegte Fragen in Form eines Fragebogens selbstständig schriftlich beantworten. Sie erfordert eine hohe Strukturierbarkeit der Befragungsinhalte und verzichtet auf steuernde Eingriffe eines Interviewers, jedoch liegen die Begleitumstände beim Ausfüllen eines Fragebogens in der Hand des Befragten. Diese kostengünstige Untersuchungsmethode eignet sich besonders für die Befragung einheitlicher Gruppen. Eine Art der schriftlichen Befragung ist die postalische Befragung. Bei dieser Befragungsform füllen die befragten Personen den Fragebogen ohne Mitwirkung eines Interviewers aus. Dies setzt voraus, dass der Fragebogen transparent und verständlich gestaltet ist. Um dies zu erreichen, werden ein informatives Deckblatt, klare Instruktionen, eindeutige Antwortvorgaben sowie ein ansprechendes Layout benötigt. Je besser dies gelingt, desto sorgfältiger und ehrlicher wird der Befragte antworten.

Vorteile
Die schriftliche Befragung zeichnet sich durch den Wegfall des Interviewereinflusses sowie durch eine höhere Anonymität der Befragten aus. Der Zeit- und Kostenaufwand ist relativ gering. Zudem können schwer erreichbare Personen leichter angesprochen werden, da sie den Zeitpunkt der Befragung selbst wählen.

Nachteil
Ein entscheidender Nachteil der schriftlichen Befragung ist die unkontrollierte Erhebungssituation. Oft bleibt bei postalischen Befragungen unklar, wer den Fragebogen tatsächlich ausgefüllt hat, ob die vorgegebene Reihenfolge der Fragen eingehalten wurde bzw. wie viel Zeit die Bearbeitung des Fragebogens erforderte. Ein weiterer Nachteil ist, dass bei dieser Befragungsversion mit einer höheren Ausfallquote zu rechnen ist. Allgemein werden kaum Rücklaufquoten über 20 Prozent erzielt. Bei offenen Frageformulierungen ist damit zu rechnen, dass Befragte aus Angst vor Rechtschreibfehlern oder stilistischen Mängeln nur kurze, unvollständige Antworten formulieren. Zudem gibt es bei der Auswertung solcher Fragen das Problem der Lesbarkeit von Handschriften.

6.2.1.4 Online-Befragung

Alternativ zur postalischen Befragung werden immer häufiger auch computerübermittelte Befragungen durchgeführt. Hier bekommt der Befragte den Fragebogen in elektronischer Form auf einem Computer vorgelegt, meistens mit einem Link per E-Mail zugeschickt. Die Online-Befragung wird vor allem zur Erreichung von räumlich verstreuten Personen eingesetzt, ist aber auch für studentische Stichproben sehr beliebt. Die Form der Stichprobenziehung spielt eine wichtige Rolle. Werden die Online-Fragebögen einfach in das Netz gestellt und beworben, so erhält man eine Gelegenheitsstichprobe, auch Ad-hoc-Stichprobe genannt. Dadurch bekommt man vor allem beantwortete Fragebögen von Netznutzern, die viel im Internet surfen und das Thema interessant gefunden haben – meist jüngere Internetnutzer (zwischen 16 und 25 Jahren). Ein großer Vorteil der Online-Befragung ist, dass man in kurzer Zeit einen repräsentativen Stichprobenumfang im drei- bis vierstelligen Bereich erreichen kann. Im Durchschnitt erhält man nach 2 Wochen bereits 80% der ausgefüllten Fragebögen des gesamten Rücklaufes. Voraussetzung ist jedoch, dass man den Fragebogen auf einer Homepage platziert, die eine hohe Frequenz aufweist. Ein Fragebogen bzw. der entsprechende Link dazu kann aber auch mittels E-Mails versendet werden. Hier liegt der Vorteil darin, dass sich die Zielpersonen den Zeitpunkt des Ausfüllens selbst aussuchen. Jedoch haben sie auch beliebig viel Zeit zum Durchdenken ihrer Antworten, was zu möglichen Verzerrungen führen kann.

Am Markt existieren mittlerweile eine Vielzahl von Softwaretools, um Online-Umfragen zu erstellen, durchzuführen und auszuwerten. Einige Anbieter stellen für Studierende kostenlose Downloads zur Verfügung, wie beispielsweise

- Limesurvey (http://www.limesurvey.org)
- e-questionnaire (http://www.equestionnaire.de/deu)
- 2ask (http://www.2ask.at)
- q-set (http://www.q-set.at)
- SurveyMonkey (https://de.surveymonkey.com/)
- UmfrageOnline (http://www.umfrageonline.com)

Alle oben angeführten Softwaretools bieten die Möglichkeit, dass die ausgefüllten Fragebögen gleich in Excel oder SPSS transformiert werden können, sodass man sich eine händische Eingabe erspart und gleich mit der Auswertung beginnen kann. Arbeitet man mit SPSS, sollte man dennoch die übernommenen Daten in der SPSS Eingabemaske daraufhin prüfen, ob auch alles seine Richtigkeit hat. Nur so können Auswertungsfehler vermieden werden.

6.2.2 Beobachtung

Unter einer quantitativen Beobachtung versteht man das systematische Erfassen, Festhalten und Deuten von Verhalten zum Geschehenszeitpunkt. Der Forschungsablauf einer quantitativen Beobachtung muss in einem standardisierten Rahmen stattfinden und intersubjektiv überprüfbar sein. Grundsätzlich werden Beobachtungen in allen Methoden der empirischen Sozialforschung eingesetzt, wie es zum Beispiel bei einem Interview der Fall ist, wo der Interviewer den Befragten bei seiner Beantwortung beobachtet. Das heißt wiederum, dass Beobachtungen sehr gerne mit anderen qualitativen oder quantitativen Verfahren kombiniert werden.

Da Beobachtung auch im Alltag stattfindet, müssen vier grundlegende Rahmenbedingungen erfüllt sein, um wissenschaftlich anerkannt zu werden. Es sind folgende Informationen zu bestimmen und festzuhalten: das Beobachtungsfeld, die Beobachtungseinheit, die Beobachter und die Beobachteten. Zu Beginn jeder Beobachtung wird das Vertrautmachen mit dem Beobachtungsfeld vorausgesetzt. Hierbei werden Kriterien festgelegt, wo, wann und unter welchen Bedingungen beobachtet wird. Diese Information wird benötigt, weil das Beobachtungsfeld nicht während des Forschungsverlaufs verändert werden kann. Wird das Beobachtungsfeld zu stark eingeengt, hat das die Folge eines eingegrenzten Ergebnisses der Beobachtung. Daraus resultierend werden relevante Untersuchungsziele wegen des festgelegten Beobachtungsfeldes nicht erfasst.

Weiter verlangt eine wissenschaftliche Arbeit eine Beobachtungseinheit, das heißt ein zu untersuchender Gegenstand wird benötigt. Hierfür sind Kriterien zu beachten, wer und was wann beobachtet wird. Da nie alles beobachtet werden kann, muss eine Auswahl, basierend auf dem Beobachtungsfeld, getroffen werden.

Für eine wissenschaftliche Arbeit wird auch ein Beobachter benötigt. Zu diesem Zweck muss zuerst der Beobachterstatus des Forschers definiert werden. Das heißt, wie weit die zu beobachtende Person an der Untersuchung teilnimmt (offene versus verdeckte Beobachtung, teilnehmend versus nicht-teilnehmend). Die Festlegung der zu beobachtenden Personen (Beobachtete) erfolgt bereits in der Definition des Beobachtungsfeldes.

6.2.2.1 Formen der Beobachtung

Die Art und Größe einer Untersuchung sind ausschlaggebend dafür, welche Beobachtungsform für das Forschungsfeld angewandt wird. Ebenso ist die Rolle des Forschers ein Kriterium dafür, welche Form benutzt werden kann. Folgende Beobachtungsformen stehen grundsätzlich zur Verfügung:

Aktive versus passive Beobachtung
Nimmt der Forscher aktiv an der Beobachtung teil, ist er in der natürlichen Umwelt der zu untersuchenden Objekte enthalten. Bei einer passiven Teilnahme konzentriert sich der Forscher nur auf die Untersuchung und die Forschungsobjekte.

Feldbeobachtung versus Laborbeobachtung
Bei einer Feldbeobachtung wird das soziale Verhalten der zu beobachtenden Personen in deren natürlicher Umgebung erforscht, wogegen die Laborbeobachtung ein künstliches Beobachtungsfeld schafft.

Offene versus verdeckte Beobachtung
Im Vorhinein muss geklärt werden, welche Rolle die Beobachter einnehmen. Einerseits kann die Beobachtung offen und andererseits verdeckt geschehen. Unter einer offenen Beobachtung versteht man, dass die zu Beobachtenden über die Beobachtung Bescheid wissen. Die verdeckte Beobachtung findet ohne das Wissen der Probanden statt.

Selbst- oder Fremd-Beobachtung
Ebenso muss vor Antritt der Beobachtung geklärt werden, ob selbst bzw. fremd beobachtet wird. Bei einer Selbstbeobachtung wird kein Forscher eingesetzt. Hier beobachtet die zu erforschende Person selbst. Da diese Methode schwierig zu überprüfen und nachzuvollziehen ist, ist sie nur mit einem hochstandardisiertem Instrument sinnvoll. Die Fremdbeobachtung wird nach Sicht der Autoren von einer fremden Person durchgeführt, die die Rolle des Forschers übernimmt.

6.2.2.2 Standardisierungsgrad

Die Frage, ob standardisiert oder teilstandardisiert vorgegangen werden soll, hängt von dem Forschungsfeld selbst ab. Für eine standardisierte Beobachtung werden Beobachtungsschemata, die vorher festgelegt werden müssen, wie beispielsweise ein standardisierter Fragebogen, eingesetzt. Bei einer teilstandardisierten Beobachtung ist ebenfalls ein standardisiertes Beobachtungsschema vorhanden, jedoch werden zusätzliche Antworten des Beobachteten ebenfalls in die Forschung miteinbezogen.

Es empfiehlt sich zur genaueren Durchführung der Beobachtung der Einsatz von technischen Hilfsmitteln, wie Film- und Videoaufnahmen. Der Forschungsablauf kann somit wiederholt betrachtet und in Ruhe ausgewertet werden.

6.2.3 Experiment

Das Experiment ist eine weitere Methode der quantitativen Sozialforschung. In Experimenten werden hypothetisch vermutete Ursachen oder Bedingungen manipuliert, um eine Wirkung oder einen Effekt bei paralleler Kontrolle möglicher Störfaktoren bzw. experimenteller Randbedingungen zu erzielen. Es ist eine nach festgelegten Bedingungen ablaufende Überprüfung von bereits vorher theoretisch festgelegten Aussagen.

Die erste Bedingung für ein Experiment ist die Bildung einer Hypothese, welche bereits die Variablen bzw. Faktoren für das Forschungsproblem identifiziert. Die zweite Bedingung umfasst die Aufstellung einer Hypothese, die eine Kausalbeziehung und einen Zusammenhang von verursachenden Faktoren (unabhängige Variable) und bewirkten Faktoren (abhängige Variable) enthält. Die dritte Bedingung erfasst die Kontrolle der Beziehungen; hier muss die Isolierbarkeit der betrachteten Variablen gegeben sein. In der vierten Bedingung geht es darum, dass die unabhängige Variable variierbar sein muss. Die fünfte Bedingung bildet die Wiederholbarkeit der Manipulation.

6.2.3.1 Arten von Experimenten

Es gibt im Wesentlichen drei Arten von Experimenten: das Laborexperiment, das Feldexperiment und das Quasi-Experiment.

Laborexperiment
In einem Laborexperiment sind die Bedingungen kontrolliert, künstlich und konstant. Das sind bereits drei wesentliche Vorteile des Laborexperiments, neben der Konstanthaltung und Überwachung der Randbedingungen. Der große Nachteil bei Laborexperimenten ist die Realitätsferne.

Feldexperiment
Das Feldexperiment wird in einer natürlichen Umgebung durchgeführt, was zwei wesentliche Vorteile bietet. Der erste ist die hohe Realitätsnähe und der zweite die bessere Voraussetzung für eine Verallgemeinerung. Der Nachteil bei einem Feldexperiment liegt in der erschwerten Kontrolle und Aufzeichnung aller Bedingungen und Reaktionen.

Quasi-Experiment
Die Charakteristiken von Labor- bzw. Feldexperimenten werden nicht vollständig erfüllt. Bei Quasi-Experimenten treten Abänderungen in der beschriebenen bzw. vollständigen Versuchsanordnung auf. Bei dieser Art des Experiments werden normale Abläufe aus der Realität verwendet.

6.2.3.2 Design von Experimenten

Experimente können grundsätzlich verschiedene Designs aufweisen. Der Vorteil eines strikten Designs ist, dass die Effizienz und die Effektivität von Experimenten vergrößert werden kann und die benötigte Anzahl an Experimenten, um diese zu verstehen, im Idealfall reduziert wird. Es sind fünf verschiedene Designs möglich:

Experimentelle Designs
Bei experimentellen Designs müssen drei Bedingungen vorliegen. Die erste Bedingung verlangt, dass mindestens zwei experimentelle Gruppen vorhanden sind. Die zufällige Zuweisung der Versuchspersonen zu den Versuchsgruppen ist Bedingung Nummer zwei. Bedingung Nummer drei ist das Vorhandensein einer manipulierten unabhängigen Variablen (verursachender Faktor).

Quasiexperimentelle Designs

Bei quasiexperimentellen Designs handelt es sich um Experimente ohne Randomisierung. Dies ist darauf zurückzuführen, dass meist eine Zufallsaufteilung nicht möglich ist, wie z.B. bei Untersuchungen von Auswirkungen wirtschaftlicher Maßnahmen, da der Einfluss von Drittvariablen oft nicht kontrolliert werden kann. Es werden zwei Arten von quasi-experimentellen Designs unterschieden: Versuchsanordnungen mit nicht gleichartiger Kontrollgruppe und Zeitreihen-Experimente.

Vorexperimentelle Designs

Bei vorexperimentellen Designs werden keine Vergleichsgruppen oder Kontrollgruppen berücksichtigt. Die jeweiligen Angaben zu der Versuchs- und Vergleichsgruppe sind unvollständig. Zu den vorexperimentellen Designs gehören folgende: XO-Design und OXO-Design. Das O steht für die Beobachtung (z.B. Fragebogen) und das X für den experimentellen Stimulus (z.B. Informationsveranstaltung).

Ex-post-facto-Design

Bei diesem Design erfolgt die Zuweisung zu den Experimentalgruppen erst nach der experimentellen Veränderung. Messungen vor der Veränderung werden nicht durchgeführt.

Ex-ante-Design

Beim Ex-ante-Design werden bereits vor der experimentellen Veränderung die Zuweisungen zu den Experimentalgruppen durchgeführt. Dieses Design verfügt dadurch über einen höheren Aussagewert.

6.2.4 Panel

Bei einem Panel werden Werte der gleichen Variable zu mehreren Zeitpunkten (Panelwellen), d.h. wiederholt zu einer bestimmten Thematik mit identischer Stichprobe gemessen. Der Hauptvorteil liegt darin, dass Veränderungen auf individueller Ebene gemessen werden können und Verhaltensänderungen innerhalb einer identischen Stichprobe über einen längeren Zeitraum festgestellt werden können.

Diese Methode wird nur selten in wissenschaftlichen Arbeiten angewandt, da eine Untersuchung über einen längeren Zeitraum meist nicht möglich ist. Dennoch erscheint es wichtig, die wesentlichen Charakteristika hier darzustellen.

Eine Panelbefragung kann grundsätzlich in jeder Erhebungsform vorgenommen werden (mündlich, schriftlich, telefonisch, online). Die Wahl der Erhebungsmethode ist stark von den gewünschten Daten des Panels und vom allgemeinen Stand der Technik abhängig. Zum Beispiel wird ein Online-Formular bei der Erhebung der Einkaufsgewohnheiten von Senioren wenig zielführend sein.

Die Auswahl der Panelteilnehmer (= Erhebungskreis) richtet sich nach dem Thema der Untersuchung oder der Untersuchungsregion. Ein exklusives Panel wird von einem Auftraggeber finanziert, damit seine Daten vertraulich behandelt werden, oder wenn Daten gewünscht sind, die anderweitig nicht interessieren. Ein Kundenpanel zählt zum Beispiel zu dieser Kategorie, wobei der Auftraggeber Aufschluss darüber gewinnen will, wo seine Kunden außerdem noch Produkte einkaufen.

In der Literatur werden drei Arten von Panels unterschieden:

- Verbraucherpanel: Beim Verbraucherpanel werden konsumspezifische Informationen auf Individual- oder Haushaltsebene erhoben. Das heißt, man schaut sich im Detail an, welche Güter wann und in welchen Mengen konsumiert werden.
- Fernsehpanel: Im Fernsehpanel werden Informationen zu den Fernsehgewohnheiten bestimmter Personen oder Haushalte gewonnen. Die Aufzeichnung erfolgt während des Fernsehens und wird in der Nacht via Telefonleitung an das erhebende Institut übermittelt.
- Handelspanel: Bei einem Handelspanel werden Daten von verschiedenen Handelsunternehmen (in der Regel Einzelhandelsgeschäften) erhoben. In Österreich und in Deutschland gibt es aufgrund der hohen Kosten und des benötigten Fachwissens nur zwei Unternehmen, die solche Panels kommerziell durchführen. Das ist zum einen die AC Nielsen Company und zum anderen die GfK AG, die aus der Gesellschaft für Konsumforschung entstanden ist.

Wenn man sich für diese Methode entscheidet, muss man sich der folgenden Vor- und Nachteile bewusst sein.

Vorteile

- Ist ein Panel einmal erstellt und eingearbeitet, können durch diese Erhebungsmethode schnell Daten gewonnen werden.
- Die gewonnenen Daten sind sehr genau und auf die Fragestellung zugeschnitten.
- Bei Handelspanels steht den Instituten eine große, aktuelle und genaue Menge an Daten von Seiten der Handelsunternehmen zur Verfügung.

Nachteile

- Panelmortalität: Darunter versteht man Ausfälle an Auskunftspersonen zwischen den einzelnen Panelwellen. Diese beträgt ca. 10 Prozent pro Welle.
- Für die Verwaltung der Adressen, Auswertung der Daten und Betreuung des Panels entstehen hohe Kosten.
- Die Pflege eines Panels bedeutet einen großen Zeitaufwand.
- Die Ergebnisse enthalten meist einen sogenannter Mittelschichtbias, was bedeutet, dass bei Panels die Teilnehmer hauptsächlich der „Mittelschicht" angehören und die untere oder oberste Schicht nur schwer erreichbar ist.

6.3 Auswertung quantitativer Daten mittels SPSS

Die Datenerhebung quantitativer Untersuchungen mündet in die anschließende Datenauswertung. Diese wird heutzutage in der Regel computergestützt durchgeführt. Ein sehr praktisches statistisches Softwareprogramm ist beispielsweise SPSS. Es gibt noch eine Fülle weiterer Statistikprogramme, wie SAS, R oder aber auch Excel. Da SPSS aber an den meisten Hochschulen vorhanden ist und auch gelehrt wird, wird in diesem Kapitel die Datenanalyse mittels SPSS erklärt.

Grundsätzlich werden mit einer Datenauswertung folgende Ziele verfolgt: die Zusammenfassung des Datenmaterials mit einer übersichtlichen Darstellung, die Aufdeckung von Relationen zwischen den Daten, die Bestätigung oder Falsifizierung von Hypothesen und Schlussfolgerungen aus den Ergebnissen.

Die erhobenen Daten werden, je nachdem, wie viele und welche Variablen analysiert werden, univariat, bivariat und/oder multivariat ausgewertet. Bei Bachelor- und Masterarbeiten reichen meist uni- und bivariate Auswertungen. In Dissertationen sind zusätzlich auch multivariate Auswertungen erforderlich. Die wichtigsten Auswertungsmöglichkeiten werden in der Folge vorgestellt.

6.3.1 Univariate Auswertungen

Bei der univariaten Auswertung werden statistische Verfahren verwendet, bei denen nur eine Variable analysiert wird, das heißt, es werden keine Beziehungen zwischen Variablen geprüft. Es wird versucht, sich einen ersten Einblick in die Struktur der Daten zu verschaffen, indem man die Verteilungseigenschaften der einzelnen Variablen untersucht. Die Untersuchung univariater Verteilungen gilt daher nur als erster Schritt einer Analyse. Im Wesentlichen handelt es sich dabei um die Auszählung von absoluten Häufigkeiten, Berechnung von relativen Häufigkeiten und Mittel-, Modal- oder Medianwerten mit ihren statistischen Zusatzwerten.

Häufigkeiten

Die absolute Häufigkeit ist die Anzahl der Werte einer Ausprägung. Bei der relativen Häufigkeit erfolgt diese Angabe in Prozent. Die Auszählung von Häufigkeiten erstreckt sich vor allem auf jene Variablen, die nominal ausgeprägt sind.

Arithmetisches Mittel

Das arithmetische Mittel (Durchschnitt) wird als Quotient aus der Summe aller beobachteten Werte und der Anzahl der Werte definiert. Die Berechnung hat nur einen Sinn, wenn die Variable zumindest Intervallcharakter aufweist.

Modus

Der Modus ist der häufigste Wert in einer Häufigkeitsverteilung. Für die Bestimmung genügt nominales Skalenniveau.

Beispiel mit einem Modus:
{1,1,1,2,2,2,3,4,4,4,4,4,4,4,5,5}
Bei dieser Verteilung ist die häufigste Ausprägung 4, das heißt der Modus beträgt 4.
Beispiel mit mehreren Modi:
{1,2,2,3,4,5,5,6,7}
Diese Verteilung weist zwei Modi auf, 2 und 5.

Median

Der Median ist der „Wert in der Mitte", das heißt jener Wert, der die Fläche einer Verteilung in zwei genau gleich große Hälften teilt. Sortiert man die Beobachtungswerte der Größe nach, so ist der Median bei einer ungeraden Anzahl von Beobachtungen der Wert der in der Mitte dieser Folge liegenden Beobachtung. Bei einer geraden Anzahl von Beobachtungen gibt es nicht ein einziges mittleres Element, sondern zwei. Hier sind die Werte der beiden mittleren Beobachtungen ein Median der Stichprobe. Voraussetzung für die Berechnung ist zumindest Ordinaleigenschaft.

Beispiele:
Messwerte 1, 2, 4, 5, 13, 17, 19: ungerade Anzahl. Der Median ist der Wert an der mittleren Stelle, also 5.
Messwerte 1, 1, 2, 3, 4, 14: gerade Anzahl. Der Median ist die Hälfte der Summe der beiden mittleren Zahlen, also ½ (2 + 3), also 2,5.

Streuungswerte

Spannweite: ist definiert als die Differenz zwischen dem größten und kleinsten Messwert einer Verteilung, das heißt Maximum minus Minimum. Der Vorteil liegt in der einfachen Ermittlung, der Nachteil darin, dass die Spannweite von Extremwerten („Ausreißern") beeinflusst wird.

Quartilabstand: Die Quartile trennen die unteren und oberen 25 Prozent der Fälle einer Verteilung von den mittleren 50 Prozent der Fälle. Das zweite Quartil (Q 2) halbiert die Verteilung und ist mit dem Median identisch. Der Quartilabstand ist demnach die Länge des Intervalls, das die mittleren 50 Prozent der Fälle einer Beobachtungsreihe umfasst. Dieser Wert ist stabiler als die Spannweite, weil er nicht von Extremwerten der Verteilung abhängt.

Abbildung 6-1: *Quartilabstände*

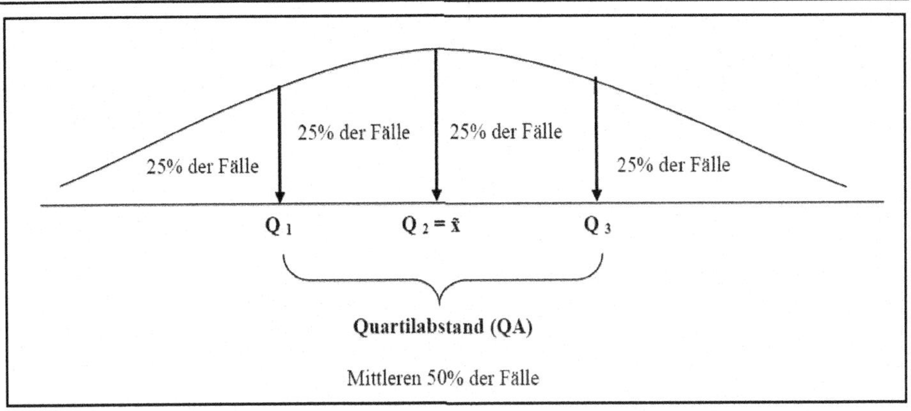

Standardabweichung: ist das gebräuchlichste Streuungsmaß, da es Informationen sämtlicher Messwerte ausschöpft. Sie ist ein Maß für die Streuung der Werte einer Zufallsvariablen um ihren Mittelwert. Vereinfacht gesagt, ist die Standardabweichung die durchschnittliche Entfernung aller gemessenen Ausprägungen eines Merkmals vom Durchschnitt. Die Standardabweichung für eine Stichprobe wird mit „s" angegeben, für die Grundgesamtheit mit „σ". Eine kleinere Standardabweichung gibt in der Regel an, dass die gemessenen Ausprägungen eines Merkmals eher enger um den Mittelwert liegen, eine größere Standardabweichung gibt eine stärkere Streuung an. Wichtig ist zu beachten, dass die Standardabweichung immer die Einheit des Merkmals trägt. Für normalverteilte Merkmale gilt, dass innerhalb der Entfernung einer Standardabweichung nach oben und unten vom Mittelwert rund 68 Prozent aller Antwortwerte liegen. Im Umkreis von zwei Standardabweichungen sind es rund 95 Prozent aller Werte.

Beispiel

Gefragt wurden 600 Studenten, wie viel Geld sie im Schnitt beim Mittagessen ausgeben. Der Mittelwert liegt bei 4,50 Euro, die Standardabweichung bei s = 0,50. Das heißt, dass die durchschnittliche Entfernung aller Antworten zum Mittelwert 0,50 Euro beträgt. Das Merkmal weist eine glockenartige Normalverteilung auf. Daher lässt sich ableiten, dass rund 68 Prozent aller Befragten der Stichprobe mittags zwischen 4,00 Euro und 5,00 Euro ausgeben (4,50 +/- 0,50 Euro). Rund 95 Prozent geben zwischen 3,50 Euro und 5,50 Euro aus (4,50 +/- 2 mal 0,50 Euro).

6.3.2 Bivariate Auswertungen

Die Analyse von Beziehungen zwischen zwei Variablen sowie die Erforschung gemeinsamer Häufigkeitsverteilungen wird als bivariate Auswertung bezeichnet. War die univariate Analyse noch rein deskriptiver Natur, so wendet sich die bivariate Analyse mehr der Überprüfung von Hypothesen zu. Die am meisten verwendeten bivariaten Analysemethoden sind die Kontingenzanalyse, die Korrelations- und die Regressionsanalyse.

6.3.2.1 Kontingenzanalyse

Die Kontingenzanalyse ist eine Analysemethode für die Abhängigkeit zwischen nominal skalierten Variablen. Dabei kann festgestellt werden, ob ein Zusammenhang besteht, aber nicht, in welche Richtung dieser geht, wie stark dieser ist oder wie sich die Veränderung einer Variablen auf eine andere auswirkt.

Die Kontingenzanalyse erfasst die Differenzen zwischen den tatsächlichen und theoretischen Häufigkeiten und errechnet daraus den sogenannten Chi-Quadrat-Wert. Liegt dieser Wert bei einem bestimmten Signifikanzniveau und bei einer bestimmten Anzahl von Freiheitsgraden unterhalb eines bestimmten Tabellenwertes, dann besteht ein Zusammenhang bzw. muss die Nullhypothese H0 (es besteht kein Zusammenhang zwischen den Variablen) verworfen werden. Ist beispielsweise der p-Wert $\leq 0{,}05$ (5%), dann geht man von einem signifikanten Ergebnis aus (es besteht ein Zusammenhang zwischen zwei Variablen). Somit wird die Alternativhypothese H1 (es besteht ein Zusammenhang zwischen den Variablen) angenommen. Ist der p-Wert $\leq 0{,}01$ (1%), spricht man von einem hoch signifikanten Ergebnis.

Im Beispiel in Abbildung 6-2 beträgt der Chi-Quadrat-Wert nach Pearson $p = 0{,}003$. D.h. der Wert ist eindeutig $< 0{,}05$. Somit wird die Alternativhypothese (es besteht ein Zusammenhang zwischen zwei Variablen) angenommen. Als Faustregel gilt, dass der Chi-Quadrat-Test zu verwerfen ist, wenn mehr als 20% der Tabellenzellen eine theoretische Häufigkeit < 5 aufweisen. D.h. ist eine erwartete Häufigkeit kleiner als 5, wird zusätzlich der exakte Test nach Fisher (Fisher-Yates-Test) ausgeführt. In unserem Beispiel beträgt dieser Wert 0%. D.h. der Chi^2-Test behält seine Gültigkeit, es handelt sich um ein signifikantes Ergebnis.

Abbildung 6-2: *Chi-Quadrat-Test*

Chi-Quadrat-Tests

	Wert	F.G.	Irrtumswahr-scheinlichkeit
Chi-Quadrat nach Pearson	11,743[a]	2	,003
Anzahl der gültigen Fälle	115		

a. 0 Zellen (,0%) haben eine erwartete Häufigkeit kleiner 5. Die minimale erwartete Häufigkeit ist 10,87.

Unterstützt werden kann die Kontingenzanalyse durch sogenannte Kreuztabellen, in denen die Häufigkeitsverteilungen der Ausprägungen zweier Variablen tabellarisch gegeneinander aufgetragen sind. Während aus der Kontingenzanalyse die Richtung des Zusammenhangs nicht direkt abgelesen werden kann, erlaubt die Darstellung der Häufigkeitsverteilungen in Kreuztabellen Rückschlüsse auf diese Richtung.

Die Abbildung 6-3 zeigt den Zusammenhang zwischen dem Geschlecht und dem Konsum von Frisörbesuchen. Dieser Kreuztabelle ist zu entnehmen, ob sich die beobachteten Häufigkeiten von den erwarteten Häufigkeiten signifikant unterscheiden. Um zu berechnen, wie stark die beobachteten von den erwarteten Häufigkeiten abweichen, verwendet man Residuen. Ein standardisiertes Residuum von 2 oder größer zeigt eine signifikante Abweichung.

In unserem Beispiel nähert sich lediglich das Residuum bei *Männlich* und *Frisörbesuch 1x/Monat* dem Wert 2 an. Es zeigt sich aber kein signifikanter Zusammenhang.

Abbildung 6-3: Kreuztabelle

Kreuztabelle

			Geschlecht		
			weiblich	männlich	Gesamt
Konsum Frisör	2-3x/Woche	Anzahl	0	2	2
		Erwartete Anzahl	1,1	,9	2,0
		% von Konsum Frisör	,0%	100,0%	100,0%
		% von Geschlecht	,0%	2,6%	1,1%
		% der Gesamtzahl	,0%	1,1%	1,1%
		Standardisierte Residuen	-1,1	1,2	
	1x/Monat	Anzahl	13	21	34
		Erwartete Anzahl	19,5	14,5	34,0
		% von Konsum Frisör	38,2%	61,8%	100,0%
		% von Geschlecht	12,5%	27,3%	18,8%
		% der Gesamtzahl	7,2%	11,6%	18,8%
		Standardisierte Residuen	-1,5	1,7	
	seltener	Anzahl	24	7	31
		Erwartete Anzahl	17,8	13,2	31,0
		% von Konsum Frisör	77,4%	22,6%	100,0%
		% von Geschlecht	23,1%	9,1%	17,1%
		% der Gesamtzahl	13,3%	3,9%	17,1%
		Standardisierte Residuen	1,5	-1,7	
	nie	Anzahl	67	47	114
		Erwartete Anzahl	65,5	48,5	114,0
		% von Konsum Frisör	58,8%	41,2%	100,0%
		% von Geschlecht	64,4%	61,0%	63,0%
		% der Gesamtzahl	37,0%	26,0%	63,0%
		Standardisierte Residuen	,2	-,2	
Gesamt		Anzahl	104	77	181
		Erwartete Anzahl	104,0	77,0	181,0
		% von Konsum Frisör	57,5%	42,5%	100,0%
		% von Geschlecht	100,0%	100,0%	100,0%
		% der Gesamtzahl	57,5%	42,5%	100,0%

Achtung: Ein nicht signifikantes Ergebnis ist kein Indiz dafür, dass es keinen Zusammenhang (Unterschied) gibt. Es bedeutet nur, dass die erhobenen Daten nicht genügend „Beweise" liefern, um einen Zusammenhang (Unterschied) nachzuweisen!

Auf die konkrete Vorgehensweise bei der Datenaufbereitung, -eingabe und Datenauswertung wird im Rahmen dieses Buches nicht eingegangen. Eine übersichtliche und leicht verständliche Einführung in die Datenanalyse mit SPSS findet sich beispielsweise in Bühl, A. (2011), *SPSS 20. Einführung in die moderne Datenanalyse*. Pearson Studium.

6.3.2.2 Varianzanalyse

Die Varianzanalyse ist ein Verfahren, das die Beeinflussung einer abhängigen metrischen Variablen (z.B. Ausgaben beim Mittagessen in Euro) durch eine (oder mehrere) unabhängige nominale Variable (z.B. Geschlecht) untersucht. Wenn auch die unabhängige Variable metrisch skaliert ist, geht die Varianzanalyse in eine Regressionsanalyse über. Die Varianzanalyse prüft, ob generell eine Wirkung der unabhängigen Variablen besteht. Ausgangspunkt für die Prüfung ist wieder die Nullhypothese.

Die Prüfung erfolgt anhand eines Vergleiches des empirischen F-Wertes mit einem F-Wert in der Tabelle. Die Höhe des letzteren hängt von der Anzahl der Freiheitsgrade und dem Signifikanzniveau ab.

Beispiel
Es soll geprüft werden, ob sich der durchschnittliche Ausgabebetrag beim Mittagessen nach Geschlecht signifikant unterscheidet.
Die Ermittlung der Mittelwerte nach Geschlecht gibt einen ersten Hinweis auf den Einfluss der unabhängigen Variablen auf die abhängige. Ein signifikanter Zusammenhang kann daraus noch nicht abgeleitet werden, da dieser erst aus der Varianz der Mittelwerte berechnet werden kann. Deshalb wird der F-Wert berechnet sowie auch das Signifikanzniveau.

Im Beispiel in Abbildung 6-4 wird überprüft, ob ein signifikanter Unterschied besteht, wie viel Geld Frauen im Vergleich zu Männern für ihre Unterkunft während des Studiums ausgeben. Der p-Wert beträgt 0,733, was bedeutet, dass in unserem Beispiel kein signifikanter Zusammenhang zwischen den monatlichen Bruttokosten und dem Geschlecht besteht.

***Abbildung 6-4**: T-Test bei unabhängigen Stichproben*

Independent Samples Test

		Levene's Test for Equality of Variances		t-test for Equality of Means						
		F	Sig.	t	df	Sig. (2-tailed)	Mean Difference	Std. Error Difference	95% Confidence Interval of the Difference	
									Lower	Upper
monatliche Bruttokosten Unterkunft	Equal variances assumed	25,556	,000	,341	119	,733	7,84243	22,98931	-37,63909	53,32395
	Equal variances not assumed			,286	53,724	,776	7,84243	27,44021	-47,17835	62,86320

6.3.2.3 Korrelationsanalyse

Die Korrelationsanalyse überprüft die Stärke eines linearen Zusammenhangs (Korrelation) zwischen zwei Variablen. Das Maß für den Grad des Zusammenhangs ist der sogenannte Korrelationskoeffizient (r). Dieser variiert von – 1,0 bis + 1,0, womit nicht nur die Stärke des Zusammenhanges, sondern auch die Richtung angezeigt wird. Ist der Korrelationskoeffizient negativ, deutet dies auf einen gegenläufigen Zusammenhang hin.

Interpretation:
0 = es besteht kein Zusammenhang
bis 0,2 = sehr geringe Korrelation
bis 0,5 = geringe Korrelation
bis 0,7 = mittlere Korrelation
bis 0,9 = hohe Korrelation
über 0,9 = sehr hohe Korrelation

Wie der Korrelationskoeffizient berechnet wird, hängt vom Skalenniveau der betreffenden Variablen ab. Meist verwendet man den *Korrelationskoeffizienten nach Pearson* (intervallskalierte, normalverteilte Variablen) oder die *Rangkorrelation nach Spearman* (mindestens eine der beiden Variablen ist ordinalskaliert oder nicht normalverteilt).

Oft wird anstelle des Korrelationskoeffizienten r das Bestimmtheitsmaß r^2 angegeben. Hier gilt, je näher das Bestimmtheitsmaß r^2 an 1 liegt, desto höher ist die Wahrscheinlichkeit des linearen Zusammenhangs. Ist $r^2 = 0$, liegt kein Zusammenhang vor. Das Bestimmtheitsmaß stellt also eine Maßzahl für die Güte der Anpassung dar. Bei der Anwendung der Korrelationsanalyse ist zu berücksichtigen, dass der Wert des Koeffizienten keine Aussage über Kausalzusammenhänge (Kausalität) macht. Hierfür ist die Regressionsanalyse besser geeignet.

Beispiel
Ein Beispiel für den Einsatz der Korrelationsanalyse im Marketing ist die Frage nach der Stärke des Zusammenhangs zwischen dem Haushaltseinkommen und den Ausgaben für Lebensmittel.

6.3.2.4 Regressionsanalyse

Die Regressionsanalyse unterstellt im Gegensatz zur Korrelationsanalyse eine eindeutige Richtung des Zusammenhangs mit einer klaren "je-desto-Beziehung". Das heißt, man schaut sich zum Beispiel an: Wie ändert sich der Absatz eines Produktes, wenn die Werbung verstärkt wird?

Untersucht wird der Zusammenhang zwischen einer abhängigen und einer oder mehreren unabhängigen Variablen. Voraussetzung dafür ist eine metrische Skalierung. Zusätzlich können Prognosen für die abhängigen Variablen gestellt werden.

Untersuchung des Zusammenhanges
Mit Hilfe des sogenannten Bestimmtheitsmaßes (R^2) kann die Stärke des Zusammenhanges von Werbung auf den Absatz des Produktes angegeben werden. Durch einen Vergleich der standardisierten Regressionskoeffizienten kann man auf die relative Bedeutung der unabhängigen Variablen schließen. Es lässt sich somit feststellen, dass beispielsweise das Einkommen einen doppelt so starken Einfluss wie das Alter besitzt.

Prognose der abhängigen Variablen

Man kann berechnen, um wie viel Stück der Absatz des Produktes höchstwahrscheinlich steigen wird, wenn sich beispielsweise die Werbeausgaben um 100 Einheiten erhöhen. Andererseits lässt sich für jedes Unternehmen, von dem die Werbeausgaben bekannt sind, der Absatz des Produktes schätzen. In der Literatur findet man die Regressionsanalyse daher häufig auf Absatzprognosen im weitesten Sinne angewandt.

Die Berechnung der Regressionsgeraden folgt dem Schema:
$y = a + bx$
y...abhängige Variable
x...unabhängige Variable
a...konstanter Wert, Residualwert (zw. 0 und 1)
b...Steigung der Geraden

Die Werte der abhängigen Variablen y und der unabhängigen Variablen x sind beobachtbar, während die Parameter der Regressionsfunktion a und b zu schätzen sind. Das Ziel der Regressionsanalyse besteht darin, die Parameter der Regressionsfunktion so zu schätzen, dass die Summe der quadrierten Residualgrößen minimiert wird. Dies wird auch als Methode der kleinsten Quadrate bezeichnet. Die Betrachtung der quadrierten Abweichungen bietet den Vorteil, dass großen Abweichungen eine höhere Bedeutung zugemessen wird als kleineren Abweichungen und die Lösung der Zielfunktion algorithmisch einfach zu ermitteln ist.

6.3.3 Multivariate Auswertungen

Unter multivariater Auswertung versteht man die Analyse von Beziehungen zwischen drei und mehr metrischen Variablen und die Erforschung gemeinsamer Häufigkeitsverteilungen dieser Variablen. Zu den multivariaten Analyseverfahren zählen unter anderem die Diskriminanzanalyse, Clusteranalyse, Faktorenanalyse sowie die multidimensionale Skalierung. Werden mehrere Variablen untersucht, so zählt man auch die Varianzanalyse zu den multivariaten Verfahren.

6.3.3.1 Diskriminanzanalyse

Die Diskriminanzanalyse ist ein Klassifikationsverfahren zur Analyse von Gruppen- bzw. Klassenunterschieden. Mit dieser Methode ist es möglich, zwei oder mehrere Gruppen unter Berücksichtigung von mehreren Variablen zu analysieren und zu eruieren, wie sich diese Gruppen unterscheiden. Wichtig ist, zu beachten, dass im Unterschied zur Clusteranalyse keine Gruppen gebildet werden, sondern man von einer vorhandenen Gruppierung ausgeht und die Qualität dieser Gruppierung überprüft. Meist wird dieses Verfahren als zweiter Schritt mit einer vorgeschalteten Clusteranalyse kombiniert. Die Aufgabe der Diskriminanzanalyse ist es dann, zu überprüfen, ob die gebildete Gruppierung optimal ist oder ob sie verbessert werden kann. Zusätzlich kann festgestellt werden, in welche Gruppe ein neues Objekt aufgrund seiner Merkmalsausprägungen einsortiert werden kann bzw. auch, welche Variablen für die Gruppenbildung besonders geeignet sind. Die Auswahl der Merkmalsvariablen (metrisch) erfolgt zunächst hypothetisch, d.h. aufgrund von theoretischen oder sachlogischen Überlegungen. Durch Vergleich der Mittelwerte einer Merkmalsvariablen in den verschiedenen Gruppen lässt sich überprüfen, ob ein diskriminatorisches Potenzial vorliegt.

Beispiel
Es wird versucht, die Konsumenten aufgrund ihrer Einkaufsgewohnheiten bei Lebensmitteln in Konsumtypen einzuteilen. Aufgabe der Diskriminanzanalyse ist es, zu überprüfen, wie trennscharf sich die gebildeten Konsumtypen voneinander unterscheiden oder ob es Überlappungen gibt.

Die **Vorgehensweise** ist folgendermaßen:

Zuerst muss definiert werden, welche Gruppen anhand welcher Variablen überprüft werden sollen. Das heißt im Detail, dass man aus der Clusteranalyse die gebildeten Gruppen übernimmt. Diese Gruppierung soll dann anhand von bestimmten Variablen überprüft werden.

Der nächste Schritt ist die Formulierung der Diskriminanzfunktion (Trennfunktion). Die Diskriminanzfunktion, deren Koeffizienten es zu schätzen gilt, ergibt sich aus der Linearkombination der einzelnen Merkmalsvariablen. Die Diskriminanzfunktionen spiegeln den Informationsgehalt wider, den alle Ausgangsvariablen gemeinsam zur Trennung der Gruppen liefern. Die maximale Anzahl der Diskriminanzfunktionen ergibt sich aus der Anzahl der Gruppen minus 1. Die tatsächliche Anzahl ergibt sich aus der Höhe des Erklärungswertes der einzelnen Funktionen; ab einem gewissen Grenzwert werden diese nicht in die Analyse einbezogen.

Die unbekannten Koeffizienten der Funktionen werden so geschätzt, dass das sogenannte Diskriminanzmaß (ein Maß, das sich aus der Differenz der Mittelwerte der Diskriminanzvariablen in den einzelnen Gruppen ergibt) maximiert wird. Je höher das Diskriminanzmaß, desto besser diskriminieren (trennen) die gefundenen Funktionen die Gruppen.

Im Beispiel wurden 60 Konsumenten anhand eines umfangreichen Fragebogens nach ihrem Lebensstil befragt. Die vier gebildeten Lebensstilgruppen sind in diesem Beispiel trennscharf und lassen sich durch die eingangs gebildeten sechs identifizierten Faktoren überschneidungsfrei beschreiben. Würden wir bei grafischer Darstellung Werte im Überschneidungsbereich erhalten, dann könnten diese keiner Gruppe definitiv zugeordnet werden. In diesem Fall wären die Variablen als Trennfunktionen nicht geeignet.

Abbildung 6-5: *Beispiel Diskriminanzanalyse*

Diese Abbildung zeigt eine durchgeführte Diskriminanzanalyse mit ihrer grafischen Darstellung.

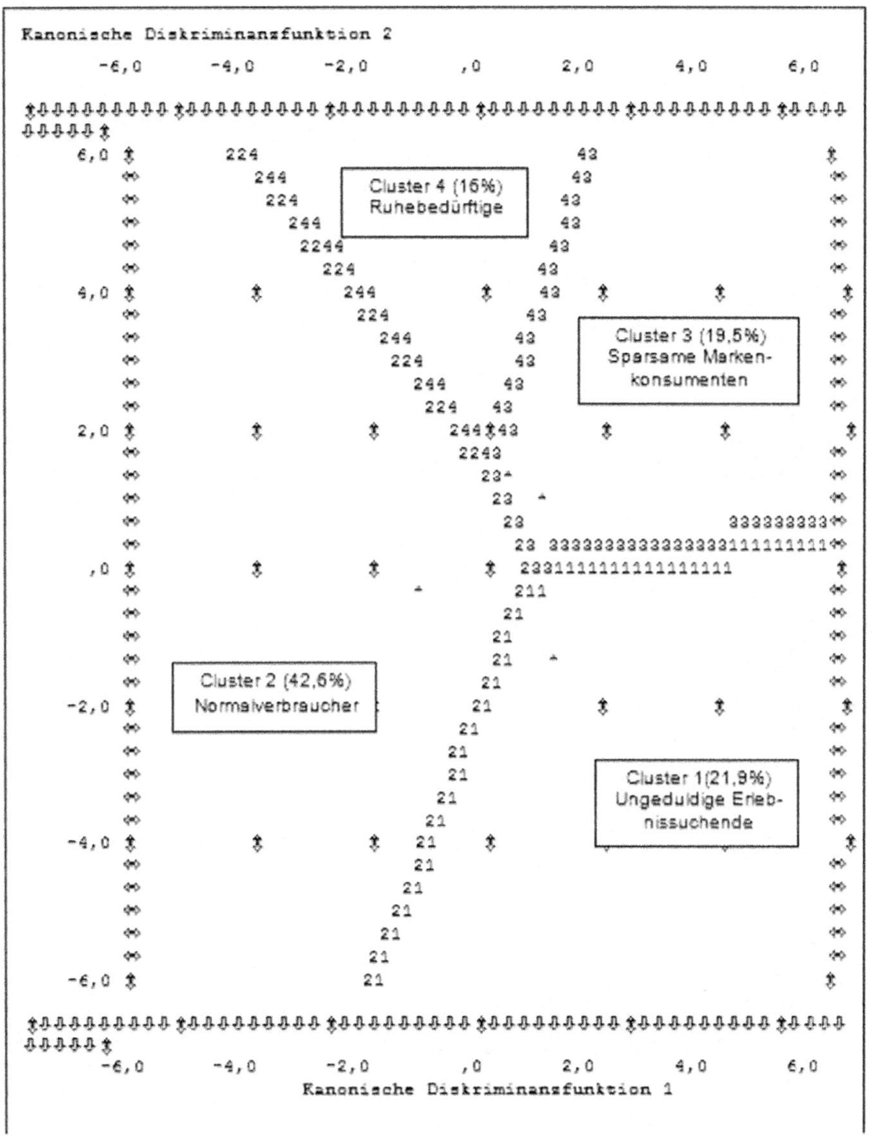

6.3.3.2 Faktorenanalyse

Manchmal kommt es in wissenschaftlichen Abschlussarbeiten vor, dass man es mit komplexen Begriffen zu tun hat, die einen hohen Grad an Komplexität aufweisen. Deshalb lassen sie sich oft nicht durch eine einzelne Variable, deren Werte zum Beispiel durch eine Frage in einem Fragebogen erhoben werden, ermitteln. Beispiele dafür sind Konstrukte wie „Erlebnisorientierung", „Traditionsorientierung" etc. Um komplexe Begriffe empirisch zu untersuchen, müssen diese in einzelne Variablen zerlegt werden, wobei nicht bekannt ist, ob und in welcher Weise sie miteinander in Zusammenhang stehen. Diese Variablen sind Ausgangspunkt einer Faktorenanalyse. Diese untersucht, ob sich aus diesen Variablen Gruppen bilden lassen, denen jeweils eine komplexe Hintergrundvariable (Faktor) wie zum Beispiel „Erlebnisorientierung" oder „Traditionsorientierung" zugrunde liegt. Ziel einer Faktorenanalyse ist es somit, eine große Anzahl von Variablen auf möglichst wenige Faktoren, die hinter ihnen stehen, zu reduzieren und dadurch eine Datenmenge überschaubar zu machen.

Abbildung 6-6: *Beispiel Faktorenanalyse*

	Lebensstilfaktoren					
Lebenstilitems	1	2	3	4	5	6
Markenartikel stehen für mich für gute Qualität.		0,66				
Ich finde es besser zu sparen, als sein ganzes Geld auszugeben.				0,649		
Für etwas Auserlesenes gebe ich gerne mehr Geld aus.		0,688				
Wenn ich einmal von einer Marke überzeugt bin, dann bleibe ich dabei.		0,555				
Ich gebe häufig mehr Geld aus als ich mir eigentlich vorgenommen habe.				-0,582		
Ich weiß meist genau wo ich etwas am günstigsten bekomme.				0,455		
Ich verzichte auf Dinge, die ich nicht unbedingt brauche.				0,597		
Ich vergleiche normalerweise die Preise im Geschäft.				0,637		
Für mich ist Qualität wichtiger als der Preis.		0,674				
Gewisse Marken widerspiegeln meinen persönlichen Lebensstil.		0,541				
Ich probiere oft etwas Neues aus.	0,662					
Ruhe und Entspannung sind für mich wichtig, damit ich mich wohlfühle.			0,67			
Ich gehe gerne da einkaufen, wo man mich kennt.					0,473	
Ich verwöhne mich gerne selber, indem ich mir etwas Besonderes gönne.						
Es ist mir wichtig, daß man mich nett und freundlich behandelt.					0,626	
Mich stört es, wenn ich auf etwas warten muß.						0,699
Ich brauche oft Zeit für mich selber.			0,631			
Ich beobachte gerne andere Leute.			0,545			
Ich lese gerne in Ruhe ein Buch oder die Zeitung.			0,598			
Ich lege großen Wert auf Bequemlichkeit.			0,468			
Ich erledige meistens gleich alles, was gerade auf dem Weg liegt.				0,454		0,549
Ich bin ein ungeduldiger Mensch, der alles schnell erledigen möchte.						0,741
Ich bin ein kommunikativer Mensch, der gerne mit anderen Leuten plaudert.	0,534					
Ich bin immer darüber informiert, was gerade „in" ist.	0,618					
Ich bin nicht gerne allein zu Hause.	0,4				0,48	
Wohlbefinden und Harmonie sind für mich wichtig.			0,42		0,54	
Ich versuche Langeweile zu vermeiden und Spaß zu haben.	0,609					
Traditionen müssen unbedingt erhalten bleiben.					0,626	
Ich treffe mich häufig mit meinen Freunden und Bekannten.	0,669					

In einer Masterarbeit wurden 600 Personen mit Hilfe eines umfangreichen standardisierten Fragebogens gebeten, lebensstilbezogene Aussagen auf einer Skala zu bewerten. Diese Aussagen (Variablen, Items) sollten durch die Anwendung einer Faktorenanalyse reduziert und zu Faktoren zusammengefasst werden. In unserem Beispiel waren die Aussagen auf sechs komplexe Hintergrundvariablen (Faktoren: „Erlebnisorientierung", „Traditionsorientierung", „Markenorientierung", „Sparorientierung", „Convenienceorientierung" und „Wellbeingorientierung") zurückzuführen.

Die konkrete Vorgehensweise bei einer Faktorenanalyse soll an dieser Stelle nur skizziert werden.

Der erste Schritt ist die Erstellung von Korrelationsmatrizen. Diese werden für alle in die Faktorenanalyse einbezogenen Variablen berechnet, um festzustellen, welche Variablen möglicherweise unberücksichtigt bleiben sollten, weil sie mit den übrigen Variablen nur sehr geringe Korrelationen aufweisen.

Danach folgt die Faktorextraktion. Da es verschiedene Methoden der Faktorextraktion gibt, muss eine Extraktionsmethode gewählt werden. Die statistischen Maßzahlen, die man bei diesem Schritt erhält, zeigen dann auf, ob das angenommene Faktorenmodell geeignet ist, die Variablen auf einfache Weise zu repräsentieren. Diese gefundenen Faktoren sind meist schwierig zu interpretieren. Durch eine geeignete Transformation wird versucht, die Verbindung zu den Beobachtungsvariablen deutlicher aufzuzeigen und damit die Interpretation der Faktoren zu erleichtern. Man bezeichnet diese Vorgehensweise als Rotation, da die Koordinatenachsen in gewisser Weise gedreht werden. Besteht das Ziel einer Faktorenanalyse darin, die ermittelten Faktoren anschließend in anderen statistischen Verfahren zu verwenden, können abschließend die konkreten Faktorwerte berechnen werden.

6.3.3.3 Clusteranalyse

Dieses multivariate Analyseverfahren wird zur Bündelung von Objekten eingesetzt. Ziel der Clusteranalyse ist es, Objekte aufgrund ihrer Ähnlichkeit hinsichtlich der gemessenen Variablen zu Gruppen („Cluster") zusammenzufassen. Elemente eines Clusters sollen möglichst ähnlich, Elemente unterschiedlicher Cluster möglichst unähnlich sein. Die Ähnlichkeit der Beobachtungen wird dabei über ihre Entfernung zueinander bewertet, so dass die Bestimmung der Punkt-zu-Punkt-Distanzen eine zentrale Rolle spielt.

Durch die Clusterbildung ist es möglich, eine vereinfachte, übersichtlichere Struktur zu schaffen, die vorhandenen Daten zu reduzieren und Zusammenhänge zu erkennen. Besondere Bedeutung kommt diesem Verfahren bei der planerischen Arbeit im Marketing zu, wo versucht wird, im Rahmen einer Marktsegmentierung Zielgruppen für neue Produkte zu erfassen.

Es gibt eine Vielzahl von Verfahren zur Bildung von Clustern. Man unterscheidet in erster Linie partitionierende Methoden, wie zum Beispiel das K-Means-Verfahren, und hierarchische Methoden, wie z.B. agglomerative Verfahren.

Das sehr häufig zu findende K-Means-Verfahren geht folgendermaßen vor:

1. Vorgabe der Anzahl von Clustern
2. Zufällige Vergabe von Clusterzentren
3. Zuweisung der Objekte über kleinsten Abstand zum Clusterzentrum
4. Bestimmung der Summe aller Abstandsquadrate
5. Wiederholung ab dem zweiten Schritt oder Abbruch, wenn die Summe der Abstandsquadrate nicht mehr kleiner wird.

Abbildung 6-7: *Beispiel Clusteranalyse*

Bei dieser empirischen Untersuchung sollten Konsumenten in Lebensstiltypen unterteilt werden. Als Datenanalysemethode wurde die Clusteranalyse gewählt. Zur Beschreibung der vier identifizierten Lebensstilsegmente (Cluster) wurde ein Mittelwertvergleich herangezogen.

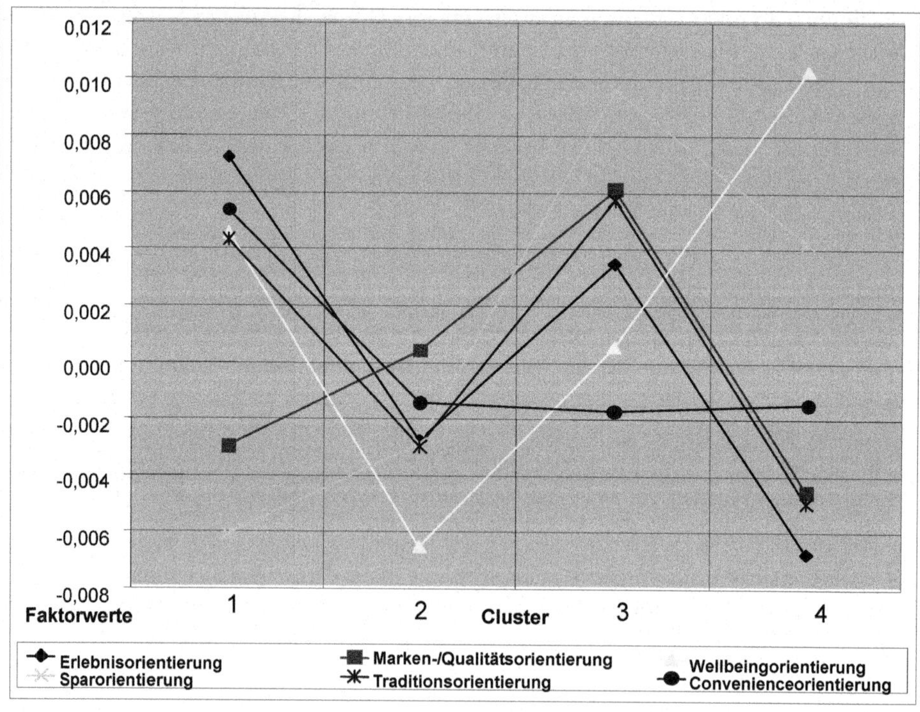

Da es sich bei der vorliegenden Untersuchung um einen Vergleich von mehr als zwei unabhängigen Stichproben handelt, erfolgte die Überprüfung der Mittelwerte mittels einfaktorieller ANOVA. Die segmentspezifischen Profile, die sich im Hinblick auf die Gruppierungskriterien ergeben haben, werden nachfolgend grafisch dargestellt. Es konnten vier Typen (Cluster) gebildet werden, die mit den sechs Faktoren, welche jeweils unterschiedlich stark ausgeprägt sind, beschrieben werden können.

Die Clusteranalyse soll an dieser Stelle nicht näher erläutert werden, es wird auf fachspezifische Literatur verwiesen.

6.3.3.4 Multidimensionale Skalierung (MDS)

Mithilfe der multidimensionalen Skalierung sollen Positionen (Positionierung) von Objekten in einem Wahrnehmungsraum einer oder vieler Person(en) bestimmt werden. Sie bildet somit eine Alternative zur faktoriellen Positionierung durch die Faktorenanalyse. Im Unterschied zur faktoriellen Positionierung werden bei der MDS nicht die subjektiven Beurteilungen von Eigenschaften der untersuchten Objekte erhoben, sondern es werden nur wahrgenommene globale Ähnlichkeiten zwischen den Objekten erfragt. Mittels der MDS werden die diesen Ähnlichkeiten zugrunde liegenden Wahrnehmungsdimensionen abgeleitet. Wie bei der faktoriellen Positionierung lassen sich sodann die Objekte im Raum dieser Dimensionen positionieren und grafisch darstellen. Da Objekte in räumlicher Nähe generell von Konsumenten als sehr ähnlich erlebt werden, ist eine Zusammenfassung zu Segmenten möglich.

Die MDS findet insbesondere dann Anwendung, wenn der Forscher keine oder nur vage Kenntnisse darüber hat, welche Eigenschaften für die subjektive Beurteilung von Objekten (zum Beispiel Produktmarken) von Relevanz sind. Sie gehört somit zu den strukturentdeckenden Verfahren. Details zur Durchführung der multidimensionalen Skalierung werden an dieser Stelle nicht behandelt, sie können in fachspezifischer Literatur nachgelesen werden.

Beispiel
Mit einer empirischen Erhebung wurde die Wahrnehmung folgender Automarken untersucht: Opel, VW, Suzuki, Toyota, Mercedes, BMW, Ferrari, Porsche, Lamborghini und Rolls Royce. Dabei wurden 10 Männer aufgefordert, folgende Aufgabe zu lösen:
"Beurteilen Sie paarweise die Ähnlichkeit der folgenden Automarken. Vergeben Sie für die Ähnlichkeit eines Automarkenpaares eine Zahl im Wertebereich von 1 (= sehr ähnlich) bis 9 (= sehr unähnlich)!"
Mit diesen Daten wurde eine MDS durchgeführt, deren Zwischenergebnis eine Unähnlichkeitsmatrix ist und deren Ergebnis eine zweidimensionale Konfiguration der Ähnlichkeit der Automarken ist.

6.4 Fallbeispiele quantitativer Forschungsprojekte

Wenn sich Studenten bei ihren wissenschaftlichen Abschlussarbeiten für eine empirische Untersuchung entscheiden, dann wählen sie großteils eine quantitative Befragung mittels standardisiertem Fragebogen, den sie uni- und bivariat mit SPSS auswerten. Um Ihnen Anregungen zu geben, welche anderen quantitativen Untersuchungsmethoden existieren, wurden hier absichtlich zwei Fallbeispiele ausgewählt, die sich für einen kreativeren Ansatz entschieden haben.

6.4.1 Projekt 1 - quantitative Beobachtung

Bei dieser quantitativen Studie war das Forschungsziel, die Wahrnehmung der Konsumenten von Infoscreens am POS im Lebensmitteleinzelhandel zu testen.

Abbildung 6-8: *Beispiel Beobachtungsprotokoll*

Beobachtungsprotokoll

Nr.	Geschlecht		Alter in Jahren						Blickkontakt			
1	m	w	< 20	20 - 29	30 - 39	40 - 49	50 - 59	? 60	0 sec	1-5 sec	6-10 sec	> 10 sec
2	m	w	< 20	20 - 29	30 - 39	40 - 49	50 - 59	? 60	0 sec	1-5 sec	6-10 sec	> 10 sec
3	m	w	< 20	20 - 29	30 - 39	40 - 49	50 - 59	? 60	0 sec	1-5 sec	6-10 sec	> 10 sec
4	m	w	< 20	20 - 29	30 - 39	40 - 49	50 - 59	? 60	0 sec	1-5 sec	6-10 sec	> 10 sec
5	m	w	< 20	20 - 29	30 - 39	40 - 49	50 - 59	? 60	0 sec	1-5 sec	6-10 sec	> 10 sec
6	m	w	< 20	20 - 29	30 - 39	40 - 49	50 - 59	? 60	0 sec	1-5 sec	6-10 sec	> 10 sec
7	m	w	< 20	20 - 29	30 - 39	40 - 49	50 - 59	? 60	0 sec	1-5 sec	6-10 sec	> 10 sec
8	m	w	< 20	20 - 29	30 - 39	40 - 49	50 - 59	? 60	0 sec	1-5 sec	6-10 sec	> 10 sec
9	m	w	< 20	20 - 29	30 - 39	40 - 49	50 - 59	? 60	0 sec	1-5 sec	6-10 sec	> 10 sec
10	m	w	< 20	20 - 29	30 - 39	40 - 49	50 - 59	? 60	0 sec	1-5 sec	6-10 sec	> 10 sec
11	m	w	< 20	20 - 29	30 - 39	40 - 49	50 - 59	? 60	0 sec	1-5 sec	6-10 sec	> 10 sec
12	m	w	< 20	20 - 29	30 - 39	40 - 49	50 - 59	? 60	0 sec	1-5 sec	6-10 sec	> 10 sec
13	m	w	< 20	20 - 29	30 - 39	40 - 49	50 - 59	? 60	0 sec	1-5 sec	6-10 sec	> 10 sec
14	m	w	< 20	20 - 29	30 - 39	40 - 49	50 - 59	? 60	0 sec	1-5 sec	6-10 sec	> 10 sec
15	m	w	< 20	20 - 29	30 - 39	40 - 49	50 - 59	? 60	0 sec	1-5 sec	6-10 sec	> 10 sec
16	m	w	< 20	20 - 29	30 - 39	40 - 49	50 - 59	? 60	0 sec	1-5 sec	6-10 sec	> 10 sec
17	m	w	< 20	20 - 29	30 - 39	40 - 49	50 - 59	? 60	0 sec	1-5 sec	6-10 sec	> 10 sec
18	m	w	< 20	20 - 29	30 - 39	40 - 49	50 - 59	? 60	0 sec	1-5 sec	6-10 sec	> 10 sec
19	m	w	< 20	20 - 29	30 - 39	40 - 49	50 - 59	? 60	0 sec	1-5 sec	6-10 sec	> 10 sec
20	m	w	< 20	20 - 29	30 - 39	40 - 49	50 - 59	? 60	0 sec	1-5 sec	6-10 sec	> 10 sec
21	m	w	< 20	20 - 29	30 - 39	40 - 49	50 - 59	? 60	0 sec	1-5 sec	6-10 sec	> 10 sec
22	m	w	< 20	20 - 29	30 - 39	40 - 49	50 - 59	? 60	0 sec	1-5 sec	6-10 sec	> 10 sec
23	m	w	< 20	20 - 29	30 - 39	40 - 49	50 - 59	? 60	0 sec	1-5 sec	6-10 sec	> 10 sec
24	m	w	< 20	20 - 29	30 - 39	40 - 49	50 - 59	? 60	0 sec	1-5 sec	6-10 sec	> 10 sec
25	m	w	< 20	20 - 29	30 - 39	40 - 49	50 - 59	? 60	0 sec	1-5 sec	6-10 sec	> 10 sec

Name des Beobachters: __________
Datum: __________
Zeit von: __________ bis: __________
Beobachtungsort (welcher Markt): __________

Zu diesem Zweck erfolgte eine Kooperation mit der Firma Infoscreen, welche laut Untersuchungsplan vier dieser Bildschirme in einem Supermarkt platzierte. Die Platzierungen erfolgten beim Eingang, bei der Feinkost, in der Obst- und Gemüseabteilung und bei der Kasse.

Danach wurde eine passive, verdeckte Feldbeobachtung mittels standardisiertem Beobachtungsbogen durchgeführt. Mittels Stoppuhr wurde eruiert, welche Konsumenten wie lange die Bildschirme betrachteten, und vor allem, welche Platzierung die größte Aufmerksamkeit erhielt. Es wurden 250 Konsumenten beobachtet und die Werte in das Beobachtungsprotokoll eingetragen und mit Excel ausgewertet. Dadurch konnten vorab aufgestellte Hypothesen sinnvoll überprüft werden.

6.4.2 Projekt 2 - Kühlschranktypologie

Bei dieser empirischen Untersuchung wurde folgende Fragestellung untersucht: Welchen Inhalt weisen österreichische Kühlschränke auf, und lassen sich diese Kühlschränke segmentieren bzw. Kühlschranktypen bilden? Zusätzlich wurde erhoben, wie die Produkte in den Kühlschränken verpackt waren.

Um diese Fragen zu beantworten, wurde eine Kühlschrankdeskription mittels standardisiertem Erhebungsbogen in ausgewählten österreichweiten Haushalten durchgeführt. In diesem Bogen wurde notiert, welche Produkte im Kühlschrank vorhanden waren und in welcher Menge diese vorrätig waren. Zusätzlich wurde festgehalten, wie diese Lebensmittel und Getränke verpackt waren.

Es wurden 120 Haushalte besucht und diese Erhebungsbögen mit Excel ausgewertet. Jeder dieser Kühlschränke wurde im geöffneten Zustand fotografiert, was den Vorteil hatte, dass diese auch im Nachhinein noch im Gedächtnis blieben. So konnten diese Kühlschränke auch sehr deutlich in sechs verschiedene Typen unterteilt werden, da sich beispielsweise der Kühlschrankinhalt von Studenten klar von dem eines Seniorenhaushalts unterschied.

Abbildung 6-9: *Kühlschrankdeskription*

Produkt	Menge	Verpackung				
		Plastik	Tetra Pak	Dose	Glas	Karton
1. MILCHPRODUKTE						
Milch						
Joghurt						
Milchmischgetränke						
Butter/Margarine						
Käse						
gekühlte Desserts						
2. GETRÄNKE						
Fruchtsäfte						
Limonaden						
Mineralwasser						
Energy Drinks						
Produkt	Menge	Verpackung				
		Plastik	Tetra Pak	Dose	Glas	Karton
Bier						
Wein						
Son. alkoholische Getränke						

Weiterführende Literaturempfehlungen

Backhaus, K. (2008). *Multivariate Analyseverfahren*. Berlin: Springer.

Böhler, H. (2004). *Marktforschung*. Stuttgart: Kohlhammer.

Bühl, A. (2014). *SPSS 22: Einführung in die moderne Datenanalyse*. München [u.a.]: Pearson Studium.

Hermann, A. (2014). *Handbuch Marktforschung: Methoden, Anwendungen, Praxisbeispiele*. Wiesbaden: Gabler.

Janssens, W. (2007). *Marketing research with SPSS*. Harlow [u.a.]; Financial Times Prentice Hall.

Noelle-Neumann, E. (2005). *Alle, nicht jeder: Einführung in die Methoden der Demoskopie.* Berlin: Springer.

7 Fragebogenkonstruktion und Stichprobenplanung

Im Kapitel 6 „Angewandte quantitative Methoden" wurde bereits ausführlich auf die Methode der Befragung eingegangen. Das Erhebungsinstrument, welches dafür eingesetzt wird, ist der Fragebogen. Da dieser gerne und sehr häufig im Rahmen von wissenschaftlichen Arbeiten zur Anwendung kommt, wird dem Thema „Fragebogenkonstruktion" ein eigenes Kapitel gewidmet.

Hat man sich erst einmal dafür entschieden, eine Befragung mit einem Fragebogen durchzuführen, folgt eine Reihe von Überlegungen. In diesem Kapitel werden folgende Aspekte behandelt:

- Welche und wie viele Fragen kommen in den Fragebogen (Fragebogeninhalt)?
- Wie sollen die Fragen am besten formuliert werden (Fragenformulierung)?
- Wie soll der Fragebogen formal gestaltet werden (Fragebogenlayout)?
- Welche Personen sollen einen Fragebogen erhalten (Stichprobenumfang und Stichprobenzusammensetzung)?
- Wie soll dieser ausgefüllt werden (persönlich, telefonisch, schriftlich, online)?

7.1 Erstellung eines Fragebogens

Die Erstellung eines Fragebogens erscheint im ersten Moment sehr einfach. Beschäftigt man sich damit aber genauer, so wird man bald bemerken, dass dies gar nicht so leicht ist. Wichtig ist auf alle Fälle, dass man sich für die Erstellung genügend Zeit nimmt und erst, wenn der Fragebogen vom Betreuer abgesegnet wurde, mit der eigentlichen Erhebung beginnt.

Die Schwierigkeit bei der Erstellung ergibt sich daraus, dass man vor der Aufgabe steht, ein standardisiertes Befragungsinstrument mit festgelegten Fragen und teilweise vorgegebenen Antwortmöglichkeiten zu entwickeln, welches für alle zu befragenden Personen gleichermaßen verständlich und anwendbar ist. Man erleichtert sich die Aufgabe dadurch, dass man zu Beginn der Fragebogenerstellung nach bereits vorhandenem Material sucht, sich dort Ideen holt oder sogar einige zum Thema passende Fragestellungen übernimmt. Dies hat den Vorteil, dass diese Fragen schon vorher getestet und erprobt wurden.

Erstellt man einen vollkommen neuen Fragebogen, so muss auch dieser vor der Verwendung erprobt werden, d.h., es wird ein sogenannter Pretest durchgeführt. Dazu wird der Fragebogen an Testpersonen (ca. 20 bis 30 Personen) erprobt. Diese sollten, wenn möglich, der Zielgruppe ähnlich sein und den Fragebogen unter denselben Bedingungen, wie Ort, Zeitdauer und Befragungsart, ausfüllen. Der Fragebogen kann durch diesen Vortest daraufhin überprüft werden, ob die Fragen gut verständlich sind, ob sinnvolle Antworten gegeben werden können und die Antwortmöglichkeiten ausreichen, ob sich Fragen inhaltlich überschneiden und ein roter Faden erkennbar ist. Nach dem Pretest werden beim Fragebogen noch notwendige Änderungen vorgenommen. Erst dann kann die eigentliche Befragung gestartet werden.

7.1.1 Fragebogeninhalt

Jede Fragebogenerstellung beginnt damit, dass zunächst die Ziele der Befragung sowie Hypothesen formuliert werden. Oft hat man diese vorab schon im Kopf, dennoch empfiehlt es sich, alles niederzuschreiben und sich selber immer wieder zu visualisieren. Danach werden thematische Blöcke festgelegt und zu jedem Block ein Fragenkatalog entworfen, wobei einige Regeln zu beachten sind:

Die erste Frage entscheidet, ob der Befragte den Fragebogen ausfüllt, deshalb sollte es eine leicht zu beantwortende Frage sein, die sogenannte Einleitungs- oder Eisbrecherfrage, die auf das Thema hinführt.

Beispiel
Thema: Einkaufsverhalten von Konsumenten in Lebensmittelgeschäften
Frage: Wie oft gehen Sie normalerweise Lebensmittel einkaufen?

Die darauffolgenden und weiterführenden Fragen sollen in einer möglichst logischen Abfolge stehen; es muss ein roter Faden erkennbar sein. Man beginnt bei den allgemeinen Fragen und wird immer spezieller. Dies wird Trichterung genannt.

Zwischen dem ersten und zweiten Drittel des Fragebogens soll sich eine Spannungskurve aufbauen, da dieser Teil die wichtigsten und meist auch die persönlichsten Fragen beinhaltet. Bei der Konstruktion ist der sogenannte Halo-Effekt zu beachten, das bedeutet, dass die vorherige Frage auf die nächste Frage ausstrahlen kann. Um diesen Fall zu vermeiden, ist es besser, davon möglicherweise betroffene Fragen nicht nacheinander abzufragen.

Beispiel
Werden diese Fragen nacheinander abgefragt, kann es zu verzerrter Beantwortung kommen.
Frage A: Sind Sie ein umweltbewusster Mensch?
Frage B: Trennen Sie in Ihrem Haushalt den Müll?

Um das tatsächliche Wissen und die Ehrlichkeit des Befragten bei der Fragenbeantwortung zu testen, kann man dazwischen einige Kontroll- oder Wiederholungsfragen einbauen, die Widersprüche in den Antworten des Befragten aufdecken sollen.

Sind einige Fragen schwieriger zu beantworten, kann man kurze Erholungsphasen einbauen. Generell sollte die Bearbeitungszeit nicht länger als 15 bis 20 Minuten dauern, damit gewährleistet ist, dass der Fragebogen bis zum Ende durchgearbeitet wird und keine Ermüdung beim Befragten eintritt, sodass es zu Verzerrungen in den Antworten kommt.

Am Ende des Fragebogens werden die soziodemografischen Daten erhoben, wie zum Beispiel Alter, Beruf, Schulbildung, Wohnort, Einkommen, Haushaltsgröße etc. Dabei muss dem Befragten garantiert werden, dass seine Angaben anonym und vertraulich behandelt werden. Wichtig ist, zu beachten, dass die Soziodemografie nicht am Anfang erfragt wird, da der Befragte zu Beginn noch nicht ermüdet ist und dieser Zustand besser für Fragen verwendet wird, bei welchen mehr Denkleistung erforderlich ist. Es kommt hinzu, dass der Befragte nicht gerne persönliche Daten gleich zu Beginn preisgibt.

Gerne wird aber am Anfang des Fragebogens ein Kontaktprotokoll verwendet, in dem Datum, Uhrzeit, Wochentag etc. festgehalten werden.

Abbildung 7-1: *Beispiel Kontaktprotokoll*

FRAGEBOGEN

Optische Gestaltung Frühstücksbuffets & Markenpräferenzen

Name des Interviewers: ____________________

Datum des Interviews: ____________ **Wochentag:** ____________

Ort des Interviews
(Hotelname, Bundesland, Kategorie): ____________________

Hotelart (Stadthotel, Ferienhotel, Wellness,..) ____________________

Bettenanzahl: ____________________

Saisonzeiten (Sommer, Winter, ganzjährig): ____________________

7.1.2 Fragenformulierung

Die größte Schwierigkeit bei der Konstruktion eines Fragebogens ist die sprachliche Formulierung der Fragen. Die Formulierung der Frage impliziert auch die Art der

Antwortstellung. Hier gilt es, gewisse Regeln bei der Formulierung von Fragen zu beachten:

- Alle Fragen müssen eindeutig und präzise formuliert sein. Nur eindeutige Fragen können auch richtig beantwortet werden. Deshalb den Befragten auf keinen Fall überfordern!
- Bei der Formulierung der Fragen ist die Wortwahl zu berücksichtigen. Die Sprache soll einfach und leicht verständlich sein, Fremdwörter und Abkürzungen gilt es zu vermeiden. Kraftausdrücke sowie Superlative sollten in der Regel nicht verwendet werden.
- Fragen sollen möglichst kurz sein und sich jeweils nur auf einen Sachverhalt beziehen. Eine mehrdimensionale Frage, die nicht verwendet werden sollte, wäre z.B.: „Lesen Sie in Ihrer Freizeit gerne ein Buch und sehen Sie auch gerne fern?"
- Suggestivfragen, das heißt Fragen, die Antworten schon in eine bestimmte Richtung lenken, sind zu vermeiden. Wie zum Beispiel: „Meinen Sie nicht auch, dass es sinnvoll ist, den Müll zu trennen?" Die Beantwortung solcher Fragen führt meistens zu sozial erwünschten Antworten und verzerrt somit das Ergebnis.
- Vermeiden Sie platte Anbiederungen, wie beispielsweise „Wären Sie eventuell so freundlich und würden …". Normale Höflichkeit ist ausreichend.
- Bei der Fragestellung keine doppelte Verneinung verwenden, wie „Waren Sie nicht schon einmal unpünktlich?"

Eine wichtige Entscheidung bei der Fragestellung ist, ob man offene oder geschlossene Fragen verwendet. Bei offenen Fragen werden keine fixen Antwortkategorien vorgegeben, d.h. die Befragten können ihre Antworten selbstständig in Worte fassen. Im Unterschied dazu haben geschlossene Fragen festgelegte Antwortmöglichkeiten, zwischen denen sich der Befragte entscheiden soll.

Vorteil einer **offenen Frage** ist, dass die Beantwortung ausschließlich aus dem Relevanzsystem des Befragten heraus erfolgt und dadurch neue Aspekte des Untersuchungsfeldes entdeckt werden können. Persönliche Schwerpunkte können gesetzt und Inhalt, Form und Ausführlichkeit der Beantwortung bestimmt werden. Das Stellen offener Fragen bietet sich an, wenn die Fragenden über ein geringes Vorwissen hinsichtlich der Einstellungen, Ansichten usw. der Stichprobe zu einem Thema verfügen und deshalb keine detaillierte Aufgliederung des zu untersuchenden Gegenstands vornehmen können. Die Verwendung offener Fragen hat aber den Nachteil, dass man dadurch individuelle und nur begrenzt vergleichbare Daten erhält. Außerdem hängt die Qualität der Antworten von der Artikulationsfähigkeit und dem Engagement der Befragten ab. Es entsteht ein relativ hoher Auswertungs- und Interpretationsaufwand, da die Texte inhaltsanalytisch bearbeitet und mittels eines Kategoriensystems entschlüsselt werden müssen. Oft werden offene Fragen gar nicht beantwortet, da dies den Befragten als zu aufwendig erscheint.

Bei **geschlossenen Fragen** werden alle möglichen bzw. notwendigen Antworten von den Fragebogenkonstrukteuren ausformuliert und vorgegeben. Dies ist aber nur dann machbar, wenn die Fragebogenersteller einen umfassenden Kenntnisstand über die möglichen Antworten besitzen. Der Vorteil von geschlossenen Fragen ist, dass sie häufiger beantwortet werden als offene. Zusätzlich können die Ergebnisse besser verglichen und analysiert werden. Durch die Auswahl vorgegebener Antwortmöglichkeiten werden auch artikulationsschwächere Personen besser erreicht.

Nachteilig ist, dass nur die Punkte angesprochen werden, die den Fragenden wichtig sind. Somit ist ein zusätzlicher Erkenntnisgewinn nicht möglich. Mögliche Aspekte aus Sicht der Befragten werden nicht kommuniziert. Problematisch ist auch, wenn sich die Befragten mit Themen konfrontiert sehen, zu denen sie sich noch keine Meinung gebildet haben. Verstärkt wird diese Problematik durch eingeschränkte Antwortmöglichkeiten (Antwortkategorisierung).

Bei der Antwortkategorisierung von geschlossenen Fragen sind einige Regeln zu beachten:

1. Die Antwortkategorien sollten unbedingt vollständig (erschöpfend) sein, das volle Antwortspektrum muss umfasst werden.
2. Die unterschiedlichen Antwortvorgaben müssen disjunkt sein, das heißt die Antwortmöglichkeiten müssen sich eindeutig voneinander unterscheiden und dürfen sich nicht überlappen. Wie zum Beispiel bei Alterskategorien: „16-25 Jahre, 26-35 Jahre, 36-45 Jahre, 46-55 Jahre, älter als 55 Jahre". Verschiedene Verallgemeinerungsebenen dürfen nicht parallel verwendet werden.
3. Der Interpretationsspielraum ist so niedrig wie möglich zu halten, damit der Sinn der Antwortkategorien eindeutig und präzise ist.
4. Baut man „weiß nicht", „keine Ahnung", etc. als Antwortmöglichkeiten ein, riskiert man einerseits, dass der Befragte diese Variante wählt, obwohl er mit einer Antwort übereinstimmt. Wird andererseits auf diese Alternative verzichtet, könnten Unwissende sich einfach eine Antwort aussuchen. Es kommt also immer auf den Wissensstand der befragten Gruppe an.
5. Angeben von Mittelpositionen bei Antworten ist möglich, aber nicht zwingend notwendig. Wird die Entscheidung des Befragten gewünscht, lässt man die Mittelposition weg.
6. Als Obergrenze für Antwortalternativen gelten fünf bis sieben Vorgaben, da die kognitiven Fähigkeiten der Befragten nicht überfordert werden dürfen.

Grundsätzlich unterscheidet man verschiedene Typen von geschlossenen Fragen, die in einem Fragebogen Anwendung finden können:

- Alternativfragen: Es sind nur zwei Antwortmöglichkeiten gegeben, wie zum Beispiel „ja/nein".
- Auswahlfragen: Von mehreren Antwortvorgaben soll eine Antwort ausgewählt und angekreuzt werden. Können mehrere Antworten gewählt werden, spricht man von Mehrfachnennungen. Sollte noch die Antwortkategorie „Sonstige(s)" angegeben sein, dann spricht man von sogenannten halboffenen Fragen.

- Skalen-, Ratingfragen: Auf einer beliebigen Skala muss der Befragte einen Wert zwischen dem niedrigsten und größten Wert auf der Skala angeben. Dadurch wird die eigene subjektive Wahrnehmung eingeschätzt und gemessen. Zum Beispiel: „Kreuzen Sie bitte nach Grad der Zustimmung an: trifft völlig zu/trifft teilweise zu/trifft eher nicht zu/trifft überhaupt nicht zu". Oder aber numerisch skaliert (sogenannte Likert-Skala): 1–2–3–4–5–6–7.
- Listen-, Kartei- oder Katalogfragen: Aus einer Reihe von Begriffen, Eigenschaften, Aussagen usw. sind solche auszuwählen, die hinsichtlich einer bestimmten Fragestellung zutreffen.
- Rankingfragen: Wird die Bedeutung eines Sachverhaltes mit einer Ratingskala erfasst, kann dadurch die Gefahr entstehen, dass der Befragte keine differenzierte Meinung abgibt. Um diese Gefahren auszuschließen, können die Befragten gebeten werden, die Antworten selbst zu „ranken", das heißt die Befragten erstellen selbstständig eine Rangordnung, zum Beispiel nach der Wichtigkeit von Antwortmöglichkeiten.

7.1.3 Layout eines Fragebogens

Der Erfolg eines Fragebogens hängt zum Großteil vom Inhalt ab, jedoch muss man sich auch ausreichend Zeit für die Optik des Fragebogens nehmen. Eine ansprechende und strukturierte Optik erleichtert das Bearbeiten und Ausfüllen des Fragebogens. Folgende Empfehlungen gelten für das Layout eines Fragebogens:

- Der Fragebogen muss klar gegliedert und übersichtlich gestaltet sein. Fragen sollten daher auch durchgehend nummeriert werden.
- Bei offenen Fragen muss man ausreichend Platz zur Verfügung stellen, damit die Befragten auch alle Informationen niederschreiben können. Führungslinien können beim handschriftlichen Ausfüllen hilfreich sein, sofern sie nicht zu nahe aneinander liegen.
- Schriftarten, Ausrichtungen und Nummerierungen sollten durchgehend konstant sein. Unterschiedliche Schriftgrößen ermöglichen eine leichtere Zuordnung der Unterpunkte zu den Hauptpunkten. Zu kleine Schriftgrößen vor allem bei älteren Menschen vermeiden. Empfohlen wird Arial 10 Punkt oder 12 Punkt.
- Bei Fragebögen auf Papier sollte die Papiergröße DIN A4 verwendet werden.
- Fragen müssen mit allen dazugehörigen Antworten auf der gleichen Seite abgebildet werden, damit kein Herumblättern erforderlich ist. Doppelseitiges Bedrucken sollte vermieden werden, da man sich sonst bei der Dateneingabe schwerer tut.

Wird der Fragebogen postalisch verschickt, dann ist es auch notwendig, ein Anschreiben zu formulieren. Das Anschreiben soll die Befragten zur Mitarbeit bzw. zum Ausfüllen motivieren. Erfolgversprechend ist es, wenn die Befragten den Sinn der Befragung erfasst haben und sich von der Ausfüllung des Fragebogens auch einen persönlichen Nutzen erwarten dürfen. Der persönliche Nutzen kann sich entweder aus dem

Interesse oder der Wichtigkeit des Themas ergeben. Es könnte als Incentive auch eine Verlosung durchgeführt werden, bei der all jene, die den Fragebogen ausgefüllt haben, automatisch mitmachen.

Im Fall einer postalischen Befragung sollte das Anschreiben folgende Punkte beinhalten:

1. Name und Adresse des Absenders,
2. Thema der Befragung,
3. Verwertungsziel und Interessen,
4. Hinweis auf vertraulichen Umgang mit persönlichen Daten,
5. eventuell eine Begründung dazu, warum eine bestimmte Personengruppe befragt wird,
6. eventuell Hinweis auf Rückmeldung der Ergebnisse,
7. Rückgabetermin,
8. eventuell Anreize für die Rücksendung,
9. Hinweis auf allgemeine Teilnahmebedingungen.

Die oben genannten Punkte sollten auch bei Online-Befragungen angegeben sein, sodass der Proband gleich weiß, bei welcher Befragung er mitmacht.

7.1.4 Skalierungen

In der quantitativen Sozialforschung versucht man qualitative Aussagen, wie Meinungen, Einstellungen, Motive, Bedürfnisse etc., quantitativ darzustellen und messbar zu machen. Messverfahren zur Erfassung dieser Inhalte nennt man Skalierungen. Skalierungsverfahren sind Methoden zur Konstruktion solcher Messskalen, die versuchen, verschiedene Dimensionen qualitativ zu erfassen und anhand von Skalen quantitativ zu messen und abzubilden. Die Richtlinien, nach denen eine Zuordnung von Zahlen zu subjektiven Inhalten erfolgt, bestimmen das Messniveau der jeweiligen Skala. Je nach Grad des Messniveaus unterscheidet man die Nominalskala, Ordinalskala, Intervallskala und die Ratioskala (Verhältnisskala). Diese wurden bereits in Kapitel 4.2.3 detailliert behandelt.

Die Skalierung, das heißt die Konstruktion von Skalen zur Messung von qualitativen Aussagen, kann auf verschiedene Weise erfolgen. Die einfachste Form des Messens stellt die Nominalskala dar. Mit ihr kann festgestellt werden, ob eine bestimmte Merkmalsausprägung vorhanden ist oder nicht.

Abbildung 7-2: Nominalskala

Beispiel:

Bei dieser Frage wird vom Probanden angegeben, ob die Merkmalsausprägung „weiblich" oder „männlich" zutrifft.

Geschlecht		
weiblich	❑	1
männlich	❑	2

Die in der Marktforschung am häufigsten eingesetzte Methode ist die sogenannte Ratingskala. Ratingskalen liefern streng genommen ordinale Daten. Oft werden sie aber wie metrische Daten behandelt, damit die statistischen Voraussetzungen für Intervallskalenniveau erfüllt sind und sich neben der Erstellung eines Ratings auch noch weitere Rechenoperationen durchführen lassen. Begründet wird diese Annahme dadurch, dass bei grafischer Veranschaulichung die Abstände auf der Skala als gleich groß aufgefasst werden. Das bedeutet, dass z.B. der Unterschied zwischen 2 und 3 gleich groß ist wie zwischen der 5 und 6. Dies trifft vor allem bei der Verwendung der österreichischen Schulnotenskala zu, von 1= sehr gut bis 5= nicht genügend. Das nachfolgende Beispiel zeigt eine 10-stufige Ratingskala.

Abbildung 7-3: Beispiel Ratingskala

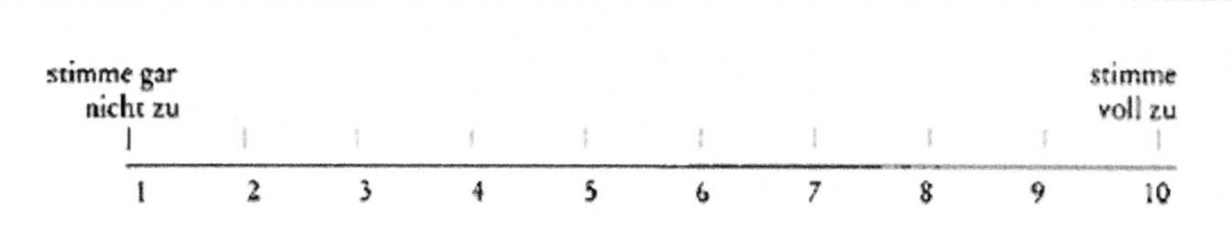

Im Normalfall wird mit einer Ordinalskala eine subjektive Rangordnung zwischen vorgegebenen Objekten, Eigenschaften oder Aussagen erstellt. Die Zahl der möglichen Rangstufen wird dabei vorgegeben.

Eine weitere Möglichkeit bei der Gestaltung von Fragebögen ist die Verwendung einer Rankingskala. Dabei wird der Proband aufgefordert, gewisse Aussagen, Bilder, Symbole, Logos etc. in eine gewisse Reihenfolge zu bringen, d.h. eine Rangordnung zu erstellen (siehe Beispiel in Abbildung 7-4).

Abbildung 7-4: *Beispiel Rankingskala*

Was würden Sie mit dem SEGWAY am liebsten machen? *(INT: In eine Rangfolge bringen!)*		
Einfach nur zum Spaß damit herumfahren		1
Als Transportmittel benutzen		2
Eine geführte Besichtigungstour machen		3
Sonstiges: ______		4

Versucht man die gebräuchlichsten Skalen nach Kriterien zu unterteilen, so empfiehlt sich nachfolgende Kategorisierung.

Numerische Skala

Bei numerischen Skalen werden die einzelnen Skalenstufen mit Zahlen bezeichnet. Nur die beiden Pole werden verbal benannt, zum Beispiel mit „stimme voll zu" bis „stimme gar nicht zu". Wie viele Skalenstufen dazwischen liegen, hängt davon ab, welche Differenzierungsbreite angestrebt wird. Meist werden 4er, 5er und 7er-Skalen verwendet. Abzuraten ist von einer zu großen Differenzierung, da dies das Unterscheidungsvermögen der Probanden überfordern kann.

Es stellt sich auch die Frage, ob eine gerade oder ungerade Zahl von Skaleneinheiten verwendet werden soll, da bei einer ungeraden eine „Tendenz zur Mitte" besteht und somit gerne der Wert in der Mitte angegeben wird.

Verbale Skala

Bei verbalen Skalen werden die einzelnen Skalenpunkte verbal benannt, manchmal auch in Verbindung mit Zahlen. Durch die Verbalisierung erleichtert man den Probanden die Beurteilung. Bei der Benennung der Skalenpunkte müssen Begriffe gewählt werden, die möglichst eindeutig sind und keinen Interpretationsspielraum zulassen, wie das nachfolgende Beispiel zeigt.

Abbildung 7-5: *Verbale Skala*

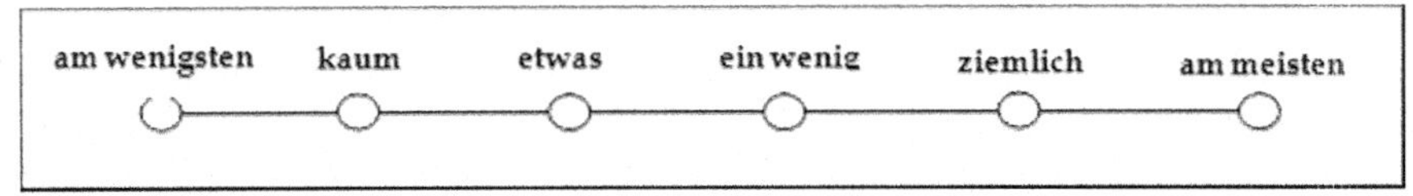

Grafische Skala

Beliebt sind auch grafische Skalen, wie zum Beispiel jene mit immer größer werdenden Kreisen. Die Kreisgröße symbolisiert die ansteigende Bedeutung der Zustimmung. Diese Skala wird sehr gerne für längere Befragungen eingesetzt, da die Verbildlichung weniger Konzentration erfordert.

Abbildung 7-6: Beispiel für eine grafische Skala

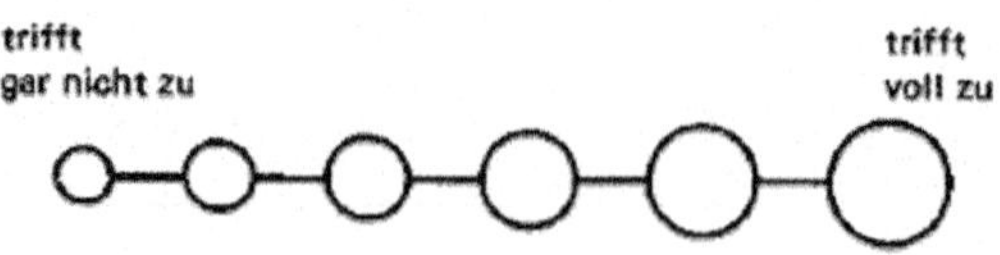

Eine weitere grafische Skala arbeitet mit schematisch dargestellten Gesichtern, die die Skalenpunkte symbolisieren. Die unterschiedliche Mundstellung symbolisiert dabei das Ausmaß der Zustimmung oder Ablehnung.

Abbildung 7-7: Gesichterskala

Die Gesichterskala wird sehr gerne bei Befragungen mit Kindern, älteren Personen oder Personen mit geringer Bildung eingesetzt, da diese leicht verständlich ist und durch die grafische Darstellung die Spontanität der Antwort erleichtert wird.

Unipolare oder bipolare Skalen

Unipolare Skalen besitzen nur einen Skalen-Endpunkt, bipolare Skalen haben hingegen Endpunkte, die mit zwei entgegengesetzten Begriffen (z.B. preisgünstig–teuer, modern–altmodisch etc.) benannt werden.

Diese Skalenart, meist in Form einer siebenstufigen Skala, wird vor allem im semantischen Differential bzw. Polaritätsprofil eingesetzt. Das semantische Differential wurde von Osgood (1952) entwickelt und im deutschen Sprachraum von Hofstätter (1955) in Form des Polaritätsprofils leicht variiert. Hofstätter verwendet immer den gleichen Satz von 24 polaren Eigenschaftswörtern, Osgood wählt diese immer speziell für den jeweiligen Untersuchungsgegenstand aus. Das semantische Differential dient zur Beurteilung von Begriffen, Vorstellungen, Gegenständen und Personen, wie sie von verschiedenen Menschen in ihrer Bedeutung erlebt werden. Bei diesem Verfahren werden den Probanden verschiedene Gegensatzpaare vorgelegt, mit der Aufforderung, einen bestimmten Sachverhalt (wie zum Beispiel die subjektive Beurteilung einer Marke) auf einer vorgegebenen Skala zu beurteilen. Dadurch bringen die Probanden diesen Sachverhalt assoziativ mit den Wortpaaren in Verbindung. Nach der Beurteilung werden die angekreuzten Skalenpunkte miteinander verbunden und mit Hilfe der Berechnung von Mittelwert und Streuungsmaß ausgewertet. Auf diese Weise entsteht ein Profil für den beurteilten Sachverhalt. Der Vorteil der Methode liegt darin, dass verschiedene Profile übereinander gelegt und dadurch besser verglichen werden können.

Abbildung 7-8: *Beispiel für eine bipolare Skala*

Bei dieser Untersuchung erhielten die Probanden die Aufgabe, vier Bettmatratzen auf einer bipolaren Skala einzustufen. Es wurde über alle Antworten ein Mittelwert je Eigenschaft berechnet und die Profile grafisch übereinandergelegt.

	1	2	3	4	5	6	7	
sehr gut								sehr schlecht
sehr bequem								sehr unbequem
sehr weich								sehr hart
sehr breit								sehr schmal
sehr komfortabel								sehr unkomfort.
sehr behaglich								sehr unbehaglich

7.2 Stichprobenplanung

Eine der wesentlichen Aufgaben bei einer Fragebogenerhebung ist die Stichprobenplanung. Folgende Fragen sollen in diesem Zusammenhang beantwortet werden:

- Welche Personen sollen befragt werden (Definition der Grundgesamtheit)?
- Wie wähle ich die Personen aus (Totalerhebung oder eine Stichprobenerhebung)?
- Wie viele Personen müssen befragt werden (Stichprobenumfang)?

7.2.1 Grundgesamtheit und Stichprobe

Möchte man eine Befragung der Einwohner von Österreich durchführen, so wäre eine mögliche Definition der angestrebten Grundgesamtheit "alle Einwohner von Österreich über 16 Jahren". Jeder Österreicher ist somit ein Element der Grundgesamtheit. Entschließt man sich beispielsweise zur Durchführung einer telefonischen Befragung, so entspricht die Auswahlgesamtheit der Definition "alle Einwohner von Österreich über 16 Jahren, die einen Telefonanschluss haben". Dies bedeutet, dass Personen ohne Telefonanschluss nicht in die Stichprobe gelangen können sowie Personen unter 16 Jahren bei der Befragung "ausgefiltert" werden.

Die Stichprobe (Sample) wiederum ist eine Auswahl von Elementen der Grundgesamtheit. Sie soll so gewählt werden, dass sie möglichst repräsentativ (stellvertretend) für die zugrunde liegende Population ist. Das heißt unter anderem, dass sich die gemessenen Werte der Variablen hinsichtlich ihrer statistischen Maßzahl (Mittelwert, Varianz, Modalwert, etc.) in der Stichprobe und Ausgangsmenge nicht zu sehr unterscheiden, sodass vom Sample auf die Grundgesamtheit geschlossen werden kann. Die Wahrung der Repräsentanz fordert somit, dass aus der Grundgesamtheit eine Teilmenge gezogen wird, die die gleichen charakteristischen Eigenschaften wie die Grundmenge aufweist.

Wie man eine Stichprobe, die als repräsentativ für die betreffende Grundgesamtheit gelten kann, erlangt, bestimmt man vor der Stichprobenziehung, da Fehler in einer Stichprobenauswahl, die die Repräsentativität beeinträchtigen, im Nachhinein nicht mehr kompensiert werden können. Die Repräsentativität einer solchen Stichprobe kann man einerseits dem Zufall überlassen, der durch die Wahrscheinlichkeitstheorie begründet ist, und andererseits hängt die Richtigkeit des Rückschlusses von der Stichprobe auf die Grundgesamtheit von weiteren Gütekriterien ab. Die Gütekriterien empirischer Forschung müssen erfüllt sein, um die Verallgemeinerung als zutreffend und wahr vornehmen zu können. Zum einen soll Objektivität, also Unabhängigkeit vom Forscher, realisiert werden, zum anderen Validität gewährleistet werden, weil die Erkenntnisse auch unabhängig vom je individuellen Fall gelten sollen. Drittens können die ersten beiden Bedingungen nur anerkannt werden, wenn intersubjektive Nachprüfbarkeit existiert, d.h. von vielen Personen nachvollziehbar ist. Der Forschungsprozess soll für alle zugänglich gemacht und nachvollzogen werden.

Beispiel
Man geht in einen Supermarkt einkaufen. An einem Einkaufstag kann man die Waren auf seiner Einkaufsliste schnell finden, man hat keine Wartezeiten an der Kasse, der gesamte Einkaufsprozess dauert fünf Minuten (drei Minuten plus oder minus). An anderen Tagen, von 100 in etwa 15 Tage, sucht man länger, um die Waren zu finden, und es kommt eventuell zur Warteschlange an der Kasse. Aus diesem Beispiel kann man für den Begriff „repräsentativ" folgendes erkennen: Der „repräsentative" Wert beträgt hier 5 Minuten, die übliche Schwankungsbreite wird mit +/- 3 Minuten ange-

nommen, die Wahrscheinlichkeit, dass diese Schwankungsbreite eingehalten wird, liegt bei 85 von 100 Tagen.

Es kann bei Befragungen immer wieder zu Stichprobenausfällen kommen. Dies trifft zu, wenn Mitglieder der Population die Teilnahme an empirischen Untersuchungen verweigern. Die *Ausfallsrate* ist der Anteil der nicht antwortenden Personen einer Stichprobe. Der Anteil der antwortenden Personen einer Auswahlmenge wird als *Ausschöpfungsrate* bezeichnet. Es gilt zu bedenken, dass die Teilnahmeverweigerung bestimmter Personengruppen die Repräsentativität der Umfrageergebnisse beeinflussen kann.

7.2.2 Totalerhebung oder Stichprobenerhebung?

Totalerhebungen kommen dann vor, wenn die Grundgesamtheit (Population) überschaubar ist und es sich um eine kleine Personengruppe handelt. Ein Beispiel dafür ist die Datenerhebung bei Mitarbeitern eines Unternehmens. Eine bekannte Totalerhebung ist die kontinuierlich durchgeführte Volkszählung, bei der die Daten von mehreren Millionen Personen erfasst werden. Häufig ist die zu untersuchende Gruppe, die Grundgesamtheit, jedoch so groß, dass es notwendig ist, eine Stichprobe (Sample) zu wählen und aus ihr Rückschlüsse auf die Grundgesamtheit zu ziehen. Oft ist es auch aus zeitlichen, finanziellen oder organisatorischen Gründen nicht möglich, eine Vollerhebung durchzuführen. Deshalb greifen Forscher bei der Erhebung von Daten hauptsächlich zu Stichprobenerhebungen.

Bei einer *Stichprobenerhebung* wird vorab exakt definiert, in welcher Weise die Elemente der Grundgesamtheit ausgewählt werden. Im Allgemeinen unterscheidet man dabei zwei Gruppen von Auswahlverfahren:

- die Zufallsauswahl (Wahrscheinlichkeitsauswahl) und
- die willkürliche, bewusste Auswahl.

Das Ergebnis einer Wahrscheinlichkeitsauswahl ist die Zufallsstichprobe (Random Sample). Um eine Zufallsauswahl vornehmen zu können, müssen bestimmte Kriterien erfüllt sein. Zum einen müssen eine bekannte und exakt definierte Grundgesamtheit sowie eine Auswahlbasis vorhanden sein. Zum anderen darf jedes Element nur einmal in der Grundgesamtheit auftreten und muss eine berechenbare Auswahlchance haben, in die Stichprobe zu gelangen.

Abbildung 7-9: Unterteilung von Stichproben

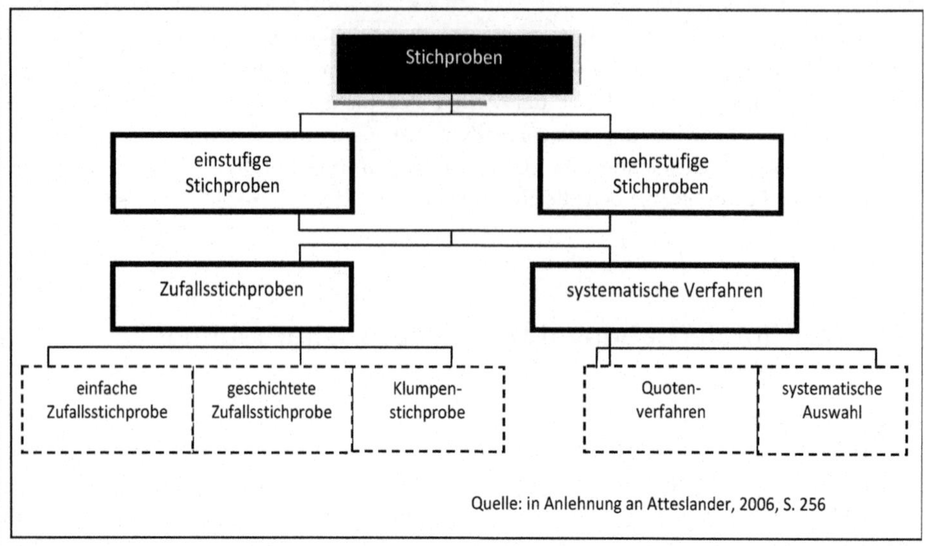

Quelle: in Anlehnung an Atteslander, 2006, S. 256

Einfache Zufallsstichprobe

Bei einer zufälligen Stichprobe hat jede Untersuchungseinheit die gleiche Chance, in die Stichprobe einbezogen zu werden. Durch die zufällige Auswahl lassen sich mithilfe der Wahrscheinlichkeitstheorie Aussagen über die Gültigkeit der Ergebnisse für die Grundgesamtheit bestimmen. Je größer man die Stichprobe auswählt, desto bedeutungsloser werden zufällige Abweichungen und desto größer ist die Wahrscheinlichkeit, dass sie der Struktur der Gesamtheit entspricht. Die einfache Zufallsstichprobe eignet sich für allgemeine Fragestellungen aus dem alltäglichen Leben oder zu Produkten des täglichen Gebrauchs. Sie ist einfach, zeitnah und kostengünstig umsetzbar.

Geschichtete Zufallsstichprobe

Wenn die Population heterogen, d.h. ungleich zusammengesetzt ist, empfiehlt es sich, die Grundgesamtheit in einzelne homogene Schichten aufzuteilen. Mittels einfacher Zufallsstichproben werden dann die Daten aus den einzelnen Schichten erhoben. Die Aufteilung einer heterogenen Grundgesamtheit in einzelne homogene Schichten bringt einen erheblichen Genauigkeitsgewinn mit sich. Diese Aufteilung verringert den Fehler der Stichprobe. Ein Beispiel für eine heterogene Population mit homogenen Schichten, bezogen z.B. auf Einkaufsgewohnheiten, wäre die Bevölkerung eines Landes, die sich nach Groß-, Mittel- und Kleinstädten sowie Dörfern schichten lässt. Die Streuung zwischen den Schichten wäre deutlich größer als innerhalb einer Schicht. Die Chance für die Beobachtungseinheit, in die Stichprobe zu fallen, ist nur noch innerhalb der Schichten gleich groß. Diese Möglichkeit schwankt jedoch zwischen den Schichten. Die geschichtete Zufallsstichprobe deckt sich weitgehend mit der einfachen Zufallsstichprobe. Unterschiede ergeben sich aus der gewollten Auswahl einzelner Schichten, die geographisch, demographisch, psychographisch oder verhaltensorientiert gleich sind. Im gleichen Maße findet sie Anwendung für Fragestellungen aus dem täglichen Leben wie auch für spezielle Fragen, die der Zielgruppe angemessen sind.

Klumpenstichprobe

Als Klumpenstichproben (engl.: Cluster Sampling) werden Stichproben bezeichnet, die jeweils "Klumpen" von nebeneinander liegenden Elementen in die Stichprobe einbeziehen. Die Beobachtungseinheiten können z.B. in einer Liste nebeneinander oder räumlich benachbart sein wie Wohnungen in einer Wohnhausanlage in einem Stadtteil. Für die Auswahl von „Klumpen" für ein Sample spricht einerseits das Nichtvorhandensein einer zuverlässigen Liste alle Einheiten der Grundgesamtheit und andererseits konzentriert man die Untersuchung oft auf bestimmte, geographisch begrenzte Flächen. Dies hat oft eine deutliche Zeit- und Kostenersparnis zur Folge. Zum Beispiel ist es sinnvoll, in einem Stadtteil zufällige Wohnblöcke auszuwählen und dort dann eine Vollerhebung durchzuführen. Die Gefahr einer verzerrten Auswertung besteht dann, wenn ein Klumpen-Effekt auftritt, z.B. wenn der ausgewählte Cluster in sich homogen ist. Dies kann dann zu großen Ergebnisverzerrungen führen.

Quotenverfahren

Das Quotenverfahren hat Ähnlichkeit mit dem geschichteten Zufallssample. Auch bei dieser Methode geht man von der Überlegung aus, dass innerhalb der Grundgesamtheit die zu untersuchenden Merkmale stark unterschiedlich verteilt sind. Man teilt daher die Gesamtheit in verschiedene Quoten auf, z.B. nach Alter, Bildungsgrad, Geschlecht etc. In Österreich können statistische Unterlagen z.B. über die Statistik Austria erworben werden. So liefert die Bevölkerungsstatistik Ergebnisse über Zahl und Struktur der österreichischen Bevölkerung. Die beabsichtigte Stichprobe wird nun, je nach den ermittelten Prozentanteilen, auf die einzelnen Quoten verteilt. Der einzelne Interviewer erhält dann die genaue Anweisung, welche Anzahl an Befragungen er innerhalb jeder Quotengruppe durchzuführen hat. Die absoluten Befragungen aller Interviewer müssen mit den errechneten Quotenanteilen übereinstimmen. Innerhalb der Quotenanweisung kann der Interviewer frei bestimmen, welche Personen er befragen will. Es handelt sich daher nicht mehr um eine reine Zufallsauswahl, da die subjektive Wahl der Einheiten innerhalb der Quote durch den Interviewer eine leichte Verzerrung des Schätzwertes ergeben kann. Da es sich also um keine Zufallsauswahl handelt, lässt sich die Gültigkeit der Ergebnisse nicht mehr wahrscheinlichkeitstheoretisch begründen. Das Quota-Verfahren ist eine günstige, zeitersparende und flexible Methode zur Datenerhebung.

Abbildung 7-10: Beispiel Quotenblatt

Bei diesem Quotenplan erhält der Interviewer die Anweisung, 12 Personen zu befragen, die nach den Merkmalen Alter, Ausbildung und Haushaltsgröße unterteilt sind. Die vorgegebenen Quoten zeigen beispielsweise, dass es in der Grundgesamtheit doppelt so viele Personen in der Altersgruppe 31–59 Jahre gibt wie in der Altersgruppe 16–30 Jahre. Der erste Proband ist in diesem Beispiel älter als 60 Jahre, hat kein Abitur und lebt in einem 1-Personen-Haushalt.

Quotenblatt:

Alter:	
16 - 30 Jahre	O O O
31 - 59 Jahre	O O O O O O
> 60 Jahre	X O O
Ausbildung:	
Matura	O O O O
Ohne Matura	X O O O O O O O
Haushaltsgrösse:	
1 Person	X O O O
2 Personen	O O O O
3 Personen	O O
4 Personen	O
5 und mehr	O

Systematische Auswahl

Wenn die Untersuchungseinheiten bereits in Listen oder Datenbanken erfasst sind, so dass auf eine fortlaufende Nummerierung zurückgegriffen werden kann, ist folgendes Verfahren zu empfehlen. Ausgehend von einem zufälligen Merkmalsträger mit Nummer X wird jede n-te Person für die Stichprobe ausgewählt. Die Genauigkeit der so erzielten Schätzwerte hängt vom Aufbau der Datenbank ab. Weist die Anordnung der Merkmalsträger z.B. einen linearen Trend auf, so können die Ergebnisse wesentlich schlechter sein als bei zufälligen Stichproben. Ohne Kenntnis der Grundgesamtheit lässt sich daher die Frage, ob man eine systematische Auswahl der Elemente einer zufälligen vorziehen soll, nicht beantworten. Die systematische Auswahl ist eng verwandt mit der geschichteten Zufallsstichprobe, mit dem Unterschied, dass sekundäre Daten verwendet werden. Hier ist kritisch zu hinterfragen, ob diese Daten die gewünschten Segmentierungskriterien voll abdecken.

7.2.3 Optimaler Stichprobenumfang

Die Größe bzw. der Umfang einer Stichprobe hängt von personellen, zeitlichen, finanziellen und sachlichen (z.B. Erreichbarkeit der Einheiten) Gesichtspunkten sowie von der gewünschten Genauigkeit der Ergebnisse ab. Prinzipiell gilt folgende Regel: Je größer die Genauigkeit des Ergebnisses sein soll und je kleiner die Irrtumswahrscheinlichkeit sein darf, desto größer muss die Stichprobe ausfallen.

Bei der Planung einer empirischen Untersuchung muss man sich überlegen, welche Stichprobengröße notwendig ist, um eine gewünschte Schätzwertgenauigkeit zu erreichen. Das Ausmaß des verantwortbaren Schätzfehlers hängt von der notwendigen Genauigkeit der Untersuchungsergebnisse und damit von der Fragestellung der Untersuchung ab. Geht es z.B. darum, ein Wahlergebnis zu prognostizieren, vor allem wenn ein knappes Resultat zu erwarten ist, wie im Jahr 2008 bei den amerikanischen Präsidentschaftswahlen, als sich Hillary Clinton mit Barack Obama ein Kopf-an-Kopf-Rennen lieferte, so muss man mit möglichst hoher Genauigkeit arbeiten. Wenn es dagegen darum geht, Freizeitbeschäftigungen bei Jugendlichen zu erheben, ist eine kleinere Stichprobe mit dem Verzicht auf eine hohe Genauigkeit vertretbar.

Sofern die Größe der Grundgesamtheit nicht sehr klein ist, spielt sie bei der Bestimmung der Stichprobengröße eine zu vernachlässigende Rolle. Damit bleibt der erforderliche Stichprobenumfang gleich, ob man nun die Bevölkerung eines ganzen Landes oder nur einer Stadt erfassen will. Das heißt, der Umfang einer Stichprobe hängt im Allgemeinen nicht von der Größe der Grundgesamtheit ab, sondern vom Signifikanzniveau t (= Sicherheitsgrad) und dem Konfidenzintervall e (= Schwankungsbreite des Messwertes). Mit dem Sicherheitsgrad kann das Ergebnis einer Stichprobe auf die Grundgesamtheit übertragen werden. Um die Stichprobengröße bestimmen zu können, müssen t und e vorab festgelegt werden.

In der Marktforschung wird ein Signifikanzniveau von 95% (= entspricht einem signifikanten Ergebnis; 99% entspricht einem hochsignifikanten Ergebnis) und ein Konfidenzintervall von ± 3% als hinreichend angesehen.

Abbildung 7-11: *Gauss'sche Glockenkurve*

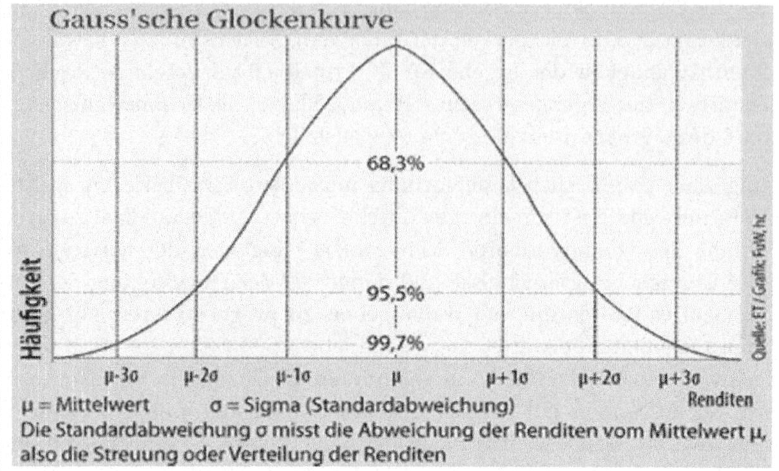

Geht man von ± einer Standardabweichung aus, so befinden sich 68,3% der dargestellten Fläche in diesem Bereich, bei ± 1,96 werden 95,5% der Fläche abgedeckt, bei ± 2,58 sogar 99,7%.

Die festgelegten Konstanten t und e werden in eine Formel eingesetzt, um damit den Stichprobenumfang abzustimmen:

Formel

$$n = t^2 * p * q / e^2$$

n = Stichprobengröße
t = Signifikanzniveau bzw. Wert aus der Standardnormalverteilung
e = Schwankungsbreite des Messwertes
p = Anteil Elemente, die Merkmalsausprägung aufweisen
q = Anteil Merkmale, die Merkmalsausprägung nicht aufweisen

Aus dieser Berechnung wird auch ersichtlich, dass der Stichprobenumfang nicht von der Größe der Grundgesamtheit abhängt, sondern vielmehr davon, wie genau das Stichprobenergebnis sein soll (Schwankungsbreite) und mit welcher Sicherheit die Aussage getroffen werden soll (Wahrscheinlichkeit). Wenn man eine repräsentative Umfrage in Deutschland (80 Mio. Einwohner) und eine in Österreich (8 Mio. Einwohner) durchführen möchte, muss man deshalb nicht in Deutschland 10-mal mehr Personen befragen.

Beispiel

Es soll eine Studie über das Rauchverhalten der Österreicher durchgeführt werden. Aus vorherigen Untersuchungen ist bekannt, dass die Verteilung von Rauchern zu

Nichtrauchern in der Grundgesamtheit (alle Österreicher älter als 16 Jahre) dem Verhältnis 40 zu 60 entspricht. Somit hat p den Wert 0,4 und q den Wert 0,6. Sollte die Verteilung nicht bekannt sein, so geht man von einer Gleichverteilung aus (p = 0,5; q = 0,5). Für eine Irrtumswahrscheinlichkeit von 5%, entspricht einem Signifikanzniveau von 95%, gilt t = 1,96. (Bei einem Signifikanzniveau von 99% gilt t = 2,58). Geht man davon aus, dass die Schwankungsbreite des Messwertes ± 3% (e= 0,03) entsprechen soll, ergibt sich durch Einsetzen in die Formel eine Stichprobengröße von 1025 Personen.

$n = 1{,}96^2 * 0{,}4 * 0{,}6 / 0{,}03^2 = 1024{,}43$

Fazit: Mit 95%-iger Wahrscheinlichkeit schwankt der Messwert nach oben und nach unten um 3%. Erhält man beispielsweise, dass 35% der befragten Personen keine Lokale besuchen, in denen geraucht wird, so liegt der wahre Wert im Bereich von 32% und 38%.

Dieses Beispiel zeigt, dass eine relativ große Fallzahl nötig ist, wenn das Stichprobenergebnis möglichst genau sein soll bzw. die Schwankungsbreite gering gehalten werden soll. Diese Fallzahl übersteigt in der Regel die Möglichkeiten eines durchschnittlichen Studierenden. Daher gilt: Die Qualität einer wissenschaftlichen Arbeit hängt nicht von der verwendeten Fallzahl ab, sondern viel wichtiger ist eine korrekte Durchführung, Auswertung und Interpretation!

7.2.4 Tipps zur Durchführung

Bevor der Fragebogen für die Feldarbeit freigegeben wird, empfiehlt es sich, diesen mit Hilfe einer Checkliste auf die Vollständigkeit und die Richtigkeit hin zu überprüfen. Tabelle 7-1 stellt einen Vorschlag für eine solche Checkliste dar.

Tabelle 7-1: *Checkliste Fragebogen*

Fragestellungen	Ja/ Nein	Sonstiges
Treffen die Fragen das Kernthema?		
Sind alle relevanten Themenblöcke mit entsprechenden Fragen abgedeckt?		
Ist jede Frage erforderlich oder können welche gestrichen werden?		
Sind ungewollte Wiederholungen vorhanden?		
Ist die Länge des Fragebogens angemessen?		

Sind alle Formulierungen präzise und leicht verständlich?		
Tauchen persönliche und schwierige Fragen erst im zweiten Drittel auf?		
Sind die Antwortvorgaben angemessen und vollständig?		
Bietet der Fragebogen genügend Abwechslung, sodass die Motivation erhalten bleibt?		
Sind die Intervieweranweisungen verständlich und nachvollziehbar?		
Sind die Teilnahmebedingungen für ein Interview angeführt?		
Wurde der Fragebogen einem Pretest unterzogen?		
Hat der Fragebogen alle Erwartungen im Pretest erfüllt?		

Können alle Fragen mit „Ja" beantwortet werden, so kann der Fragebogen für die Feldarbeit eingesetzt werden.

7.3 Praktische Beispiele

Um die Erstellung eines Fragebogens zu erleichtern, sind im Folgenden zwei Fallbeispiele dargestellt, wie ein optimaler, themenspezifischer Fragebogen aussehen kann.

7.3.1 Fragebogen Fallbeispiel A

Bei dieser Studie galt es herauszufinden, welchen Beitrag Studenten zur Kaufkraft einer Stadt leisten. Das Thema wurde am Fallbeispiel der IMC Fachhochschule Krems und der Stadt Krems bearbeitet. Für die Erstellung des Fragebogens wurden Sekundärstudien zu Hilfe genommen, wie zum Beispiel eine Wertschöpfungsanalyse der Stadt Krems und eine Frequenzmessung. Die „face-to-face"-Befragung erfolgte direkt am Campus mittels einfacher Zufallsauswahl. Eine Stichprobengröße von 250 Teilnehmern schien für diese Zielsetzung ausreichend. Ein Interview dauerte durchschnittlich 15 Minuten. Die Daten wurden anschließend mit SPSS uni- und bivariat ausgewertet und der Stadt Krems zur Verfügung gestellt.

Beginn des Interviews (INT: Uhrzeit eintragen): Stunde _____ Minute _____

1	Wohnst Du während des Semesters in Krems? *(INT: Antwortmöglichkeit ankreuzen!)*			V1
	Ja (INT: Bei ja, weiter mit Frage 2)	❑	1	
	Nein, wohne in PLZ_________ (INT: Bei nein, weiter mit Frage 4)	❑	2	

2	Wo wohnst Du in Krems? *(INT: Antwortmöglichkeiten vorlesen und ankreuzen)*			V2
	Mietwohnung	❑	1	
	Eigentumswohnung	❑	2	
	Familie/Verwandte/Bekannte	❑	3	
	Privatzimmer/Hotel	❑	4	
	Studentenheim	❑	5	
	Sonstiges:_______________	❑	6	
3	Und wie viel bezahlst Du monatlich für Deine Unterkunft in Krems? *(INT: Bruttobetrag Euro)*			V3
	Brutto in Euro/Monat:_______________			

4	Wie oft kaufst Du in Krems in folgenden Einkaufsgebieten normalerweise ein? *(INT: Antwortmöglichkeiten vorlesen und ankreuzen)*							
		täglich	2-3x/Woche	1x/Woche	2-3x/Monat	1x/Monat	seltener	nie
	Innenstadt							
	Bühlcenter							
	Gewerbepark							
	Merkur, EKZ Interspar							
	Sonstiges1 _________							
	Sonstiges2 _________							

5	Wie viel Euro gibst Du dort für folgende Produkte normalerweise monatlich aus *(INT: Antwortmöglichkeiten vorlesen und Betrag einsetzen)*						
		Innen-stadt	Bühl-center	Gewerbe-park	Merkur, EKZ Interspar	Sonstiges1 _______	Sonstiges2 _______
	Nahrungsmittel						
	Kleidung, Schuhe, Taschen						
	Einrichtung/Möbel, Haushaltswaren						
	Unterhaltungselektronik, Foto, Musik						
	Schmuck, Uhren						
	Drogerie/Parfumerie						
	Sportartikel, -geräte						
	Bücher, Schreibwaren						
	Brillen, Optik						
	Gartengeräte, Werkzeuge, Pflanzen						
	Sonstiges1 _________						
	Sonstiges2 _________						

6	Wie oft konsumierst Du folgende Dienstleistungen in Krems? Und wie viel gibst Du dafür durchschnittlich pro Monat aus? *(INT: Antwortmöglichkeiten vorlesen und ankreuzen, einfüllen)*							
		täglich	2-3x/ Woche	1x/ Woche	2-3x/ Monat	1x/ Monat	seltener	nie	Ausgabe-betrag in Eur.
	Cafés, Restaurants								
	Pubs, Nachtlokale								
	Heuriger								
	Schnellimbiss, Bäckerei, Fleischerei								
	Kino								
	Ausstellungen, Messen, Theater								
	Sport, Fitnesscenter								
	Frisör								
	Massage, Kosmetik								
	Ärzte, Apotheke								
	Sonstiges1 ________								
	Sonstiges2 ________								

7	Welche der folgenden Leistungen beurteilst Du als geeignet, damit die Stadt Krems noch attraktiver wird? Benote nach der Schulnotenskala von 1 bis 5? *(INT: Antwortmöglichkeiten vorlesen und Note 1-5 einsetzen!)*		V7
	Branchenmix in Innenstadt verbessern		
	Öffnungszeiten optimieren und verlängern		
	Bessere Parkplatzsituation in Innenstadt		
	Verbesserung öffentlicher Verkehr		
	Mehr permanente Märkte		
	Größere Szene an Lokalen, Treffpunkten		
	Verbesserung Freizeitangebot, Veranstaltungen		
	Zur Kaufkraftbindung moderne Werbeinstrumente einsetzen		
	Stadtgestaltung (Plätze, Gebäude, Blumenschmuck etc.) verschönern		
	Mehr Sauberkeit		

8	Was würdest Du der Stadt Krems raten, um diese noch attraktiver zu gestalten bzw. was würde helfen, um die Kaufkraft in der Stadt Krems zu erhöhen? *(INT Antworten genau notieren, auch Mehrfachnennungen!)*				V8
	1.			1-9	V8.1
	2.			1-9	V8.2
	3.			1-9	V8.3
		k.A.	❑	99	V8.1

(INT: Vorlesen: „Darf ich Sie nun noch um einige statistische Angaben bitten?")

9	Geschlecht *(INT: Nicht vorlesen - notieren!)*			V9
	weiblich	❑	1	
	männlich	❑	2	

10	Wie alt bist Du?			V10
	20 bis 29 Jahre	❑	2	
	30 bis 39 Jahre	❑	3	
	40 bis 49 Jahre	❑	4	
	50 und drüber	❑	5	

11	Was studierst Du an der IMC FH Krems?			V11
	UF VZ	❑	1	
	UF bbgl	❑	2	
	BIO	❑	3	
	TSM	❑	4	
	EXP VZ	❑	5	
	EXP bbgl	❑	6	
	GM VZ	❑	7	
	GM bbgl	❑	8	
	HEB VZ	❑	9	
	Physio VZ	❑	10	

12	Ich finanziere meinen Lebensunterhalt durch... (*INT Antworten ankreuzen, auch Mehrfachnennungen!*)?			V12
	Teilzeitjobs	❑	1	
	Vollzeitjob	❑	2	
	nur Ferienjobs, Praktika	❑	3	
	Geringfügig, Gelegenheitsjobs	❑	4	
	Stipendien, Förderungen	❑	5	
	Familie	❑	6	
	Eigene Ersparnisse	❑	7	

13	Wie groß ist Dein Haushalt für den Du in Krems Produkte einkaufst? Bitte rechnen Sie auch Kinder dazu.			V13
	lebe allein	❑	1	V13.1
	Anzahl der Personen inkl. Dir *(INT: bitte notieren)*	❑		V13.2
	Anzahl Kinder unter 16 Jahren *(INT: bitte notieren)*			V13.3

(INT: Interview mit Dank beenden)

Vielen Dank für Ihre Unterstützung!

Ende des Interviews (INT: Uhrzeit eintragen): Stunde _____ Minute _____

Ich versichere mit meiner Unterschrift, das Interview entsprechend den Anweisungen korrekt ausgeführt zu haben. Unterschrift Interviewer: ______________________

7.3.2 Fragebogen Fallbeispiel B

Bei dieser Studie handelte es sich um ein Kooperationsprojekt mit der Österreichischen Filmgalerie (ÖFG). Ziel war es, herauszufinden, wer überhaupt die Besucher sind (Soziodemografie), welche Angebote von den Besuchern derzeit am meisten genutzt werden und wie das Angebot verbessert werden kann. Nicht-Besucher wurden aus der Studie exkludiert.

Beginn des Interviews (INT: Uhrzeit eintragen): Stunde _____ Minute _____

1	Sind Sie heute zum ersten Mal hier? *(INT: Ankreuzen!)*			V1
	Ja *(INT: bei „ja" weiter mit Frage 4)*	❑	1	V1.1
	Nein *(INT: bei „nein" weiter mit Frage 2)*	❑	0	V2.2

2	Wie oft haben Sie hier seit der Eröffnung das Kino besucht und wie oft hier die Ausstellungen? *(INT: Anzahl einsetzen)*			V2
	Anzahl Kino:			V2.1
	Anzahl Ausstellung:			V2.2

3	Wie oft gehen Sie generell pro Jahr ins Kino und in Ausstellungen? *(INT: Anzahl eintragen)*			V3
	Anzahl Kino:			
	Anzahl Ausstellung:			

4	Welche der nachfolgenden „Kultur" Angebote interessiert Sie am meisten? Bitte vergeben Sie Schulnoten von 1=am meisten bis 5=gar nicht *(INT: 1-5 in der jeweiligen Spalte eintragen)*			V4
	Bildende Kunst			V4.1
	Theater			
	Film			
	Musik und Tanz			
	Literatur			
	Design & Architektur			V4.5

5	Welches Ticket haben Sie heute gelöst? *(INT: nicht vorlesen, eines ankreuzen)*			V5
	Einzelticket Ausstellung	❑	0/1	
	Einzelticket Kino	❑	0/1	
	Kombiticket Kino & Ausstellung	❑	0/1	
	Kombiticket mit Kunsthalle Krems	❑	0/1	
	Kombiticket mit Karikaturmuseum Krems	❑	0/1	
	Kultur: gut	❑	0/1	
	NÖ Card	❑	0/1	

6	Welche der folgenden Angebote der ÖFG kennen Sie? Welche davon haben Sie schon genutzt? *(INT: Zweite Frage nur stellen, wenn bei 1.Frage „benutzt" angekreuzt)* Wenn Sie diese/s Angebot(e)genutzt haben, wie würden Sie es nach Schulnoten generell beurteilen von 1= Sehr gut bis 5= Nicht Genügend *(INT: 1-5 in der jeweiligen Spalte eintragen)*				V6
		kennen	benutzt	Note	
	Kinderfilmprogramm Kino im Kesselhaus	❑	❑		
	Cinezone	❑	❑		
	Open Air Kino im Kesselhaus	❑	❑		
	Filmbar	❑	❑		
	Ausstellungskino/begleitende Filmschau	❑	❑		

7	Wie haben Sie sich über die Veranstaltung ihres heutigen Besuches informiert? *(INT: Mehrfachnennungen möglich)*			V7
	Tageszeitung	❑	0/1	
	Wochen/Monatszeitung	❑	0/1	
	Fachzeitschrift Kunst/Kultur/Film	❑	0/1	
	Internet/Newsletter	❑	0/1	
	Radio/TV	❑	0/1	
	Plakate	❑	0/1	
	Folder/Flyer	❑	0/1	
	durch den Besuch der Kunstmeile Krems			
	Mundpropaganda	❑	0/1	
	Sonstiges_______________	❑	0/1	

8	Auf was legen Sie beim Besuch eines Kinos und beim Besuch einer Ausstellung am meisten Wert? Bitte vergeben Sie für die nachfolgenden Kriterien Schulnoten von 1= Sehr wichtig bis 5= gar nicht wichtig *(INT: 1-5 in der jeweiligen Spalte eintragen)*				V8
		Kino	Ausstellung		
	Ambiente				
	Freundliches, kompetentes Personal				
	Optimales Preis-Leistungsverhältnis				
	Parkplatz „vor der Tür"				
	Gastronomisches Angebot/Verpflegung				
	Originalfassung/sprache				
	Shopangebote				
	Kinderprogramm				
	Bequeme Sitzmöglichkeiten				
	Szenetreff				
	Sonstiges:________				

9	Was begeistert Sie hier an der ÖFG am meisten? *(INT: ca. 3 Antworten! Offen)*			V9
	1.		1-99	
	2.		1-99	
	3.		1-99	
10	Welche Verbesserungsvorschläge haben Sie für die ÖFG? (INT: *3 Antworten! Offen)*			V10
	1.		1-99	
	2.		1-99	
	3.		1-99	

(INT: Vorlesen: „Darf ich Sie nun noch um einige statistische Angaben bitten?")

11	Geschlecht *(INT: Nicht vorlesen - notieren!)*			V11
	weiblich	❑	1	
	männlich	❑	2	

12	Von wo sind Sie heute angereist? Und mit welchem Verkehrsmittel?			V12
	PLZ: Verkehrsmittel:			

13	Hatten Sie Schwierigkeiten die ÖFG zu finden?			V13
	Ja, Begründung:	❑	1	
	nein	❑	2	

14	Wie alt sind Sie?			V14
	unter 20 Jahre	❑	1	
	20 bis 29 Jahre	❑	2	
	30 bis 39 Jahre	❑	3	
	40 bis 49 Jahre	❑	4	
	50 bis 59 Jahre	❑	5	
	60 Jahre und darüber	❑	6	
	k.A.	❑	7	

15	Welche höchste abgeschlossene Schulbildung haben Sie?			V15
	nur Pflichtschule	❑	1	
	Pflichtschule und Lehre/BMS (HASCH)	❑	2	
	Matura	❑	3	
	Hochschule	❑	4	
	Sonstiges:..	❑	5-8	

16	Welchen Beruf üben Sie zur Zeit überwiegend aus?			V16
	Schüler / Student	❑	1	
	Präsenzdiener / Zivildiener	❑	2	
	Selbständig / Freiberuf / Landwirt	❑	3	
	Arbeiter	❑	4	
	Beamter	❑	5	
	Angestellter	❑	6	
	Hausfrau	❑	7	
	Pensionist	❑	8	
	Ohne Beschäftigung	❑	9	
	k.A.	❑	10	
17	Mit wem sind Sie heute da? *(INT: Mehrfachnennungen möglich)*			V17
	alleine	❑	0/1	
	Ehepartner	❑	0/1	
	Familie/Verwandte	❑	0/1	
	Freunde/Bekannte	❑	0/1	
	Reisegruppe	❑	0/1	

(INT: Interview mit Dank beenden) **Vielen Dank für Ihre Unterstützung!**

Haben Sie Interesse unseren Newsletter per email und/oder unseren Programmfolder zugeschickt zu bekommen?

Name:

Postanschrift:

Email:

Die Befragung wurde persönlich („face-to-face") in den Räumlichkeiten der Österreichischen Filmgalerie durchgeführt, mittels einfacher Zufallsauswahl. Die Stichprobengröße betrug 180 Besucher (n= 180). Ein Interview dauerte durchschnittlich 15 Minuten. Die Auswertung der erhobenen Daten erfolgte mittels SPSS.

Weiterführende Literaturempfehlungen

Bühner M. (2010). *Einführung in die Test- und Fragebogenkonstruktion.* München [u.a.]. Pearson Studium.

Kirchhoff, S. (2010). *Der Fragebogen: Datenbasis, Konstruktion und Auswertung.* Wiesbaden: Verlag für Sozialwissenschaften.

Konrad, K. (2015). *Mündliche und schriftliche Befragung: ein Lehrbuch.* Landau: Verlag Empirische Pädagogik.

Mummendey, H.D., & Grau, I. (2014). *Die Fragebogen-Methode.* Göttingen; Wien [u.a.]. Hogrefe.

8 Erstellung und Abgabe der Endfassung

Hat man seine wissenschaftliche Arbeit endgültig fertiggestellt, so sollte man auf keinen Fall vorschnell abgeben, sondern noch einige wichtige inhaltliche und formale Schritte durchführen, bevor man die Arbeit dem Betreuer zur finalen Begutachtung übergibt. Selbst mit der Begutachtung ist der Prozess noch nicht abgeschlossen, erst nach angemessener Verwertung der gewonnenen Erkenntnisse gilt ein Forschungsprojekt als beendet.

8.1 Korrektur- und Beurteilungsphase

Nachdem die Bearbeitungsphase im idealtypischen Ablauf einer wissenschaftlichen Arbeit beendet ist, kann die Korrektur- und Beurteilungsphase folgen. In dieser letzten Phase wird dem Betreuer die vorläufige Endfassung übergeben. Der Betreuer korrigiert die Arbeit und gibt Feedback. Dieses Feedback wird idealerweise in die Arbeit eingearbeitet und somit die finalen Korrekturen durchgeführt. Erst nachdem die gebundene Endfassung abgegeben ist, verfasst der Betreuer ein Gutachten und beurteilt die Arbeit.

8.1.1 Erstellung der vorläufigen Endfassung

Die Endfassung der wissenschaftlichen Arbeit wird sehr gerne kurz vor dem Abgabetermin fertiggestellt. Oft bleibt dann keine Zeit mehr, die Arbeit nochmals inhaltlich und formal durchzuarbeiten. Das Korrekturlesen und das Überprüfen der Rechtschreibung und Grammatik entfallen. Doch genau dies ist für eine sorgfältige Erstellung notwendige Voraussetzung, da im Schreibprozess gerne formale Fehler gemacht werden, die es auszubessern gilt.

Ein wesentliches Beurteilungskriterium jeder wissenschaftlichen Arbeit ist, ob man formale Richtlinien eingehalten hat. Dazu gehören auch die durchgängige sprachliche und orthografische Richtigkeit sowie das Einhalten vorgegebener Zitierregeln bei den verwendeten Quellen.

Bei einem finalen Durchlesen macht es oft auch Sinn, inhaltliche Dinge nochmals umzuformulieren, sodass diese besser verstanden werden oder Kapitel optimal aufeinander abgestimmt werden.

Da man selber nach einer gewissen Zeit so vertraut mit seiner Arbeit ist, dass man Fehler sehr leicht übersieht, empfiehlt es sich, die Arbeit jemand anderem zum Lesen zu geben. Diese Person muss nicht unbedingt fachkundig sein, da man so auch gleich überprüfen kann, ob die Inhalte verständlich sind.

8.1.2 Korrekturen durchführen und Feedback einarbeiten

Hat man seine Arbeit nach bestem Wissen und Gewissen Korrektur gelesen und notwendige Ausbesserungen vorgenommen, kann diese finale Fassung dem Betreuer übergeben werden. Dieser beginnt nun die Arbeit ein letztes Mal durchzuarbeiten und wird sobald als möglich zu einem finalen Feedbackgespräch einladen. Im Idealfall sind dann nur mehr Kleinigkeiten auszubessern, der letzte Feinschliff kann durchgeführt werden. Es kann aber auch vorkommen, dass noch umfangreiche Änderungen vorgenommen werden müssen, wenn man eine positive Note anstrebt. Dies ist aber meistens nur dann der Fall, wenn man mit seinem Betreuer keinen engen Kontakt im Schreibprozess gehalten und kein Feedback bekommen hat, ob man auch auf dem richtigen Weg ist. Deshalb sollte man bei unklaren Dingen lieber nachfragen, als einfach draufloszuschreiben.

Feedback sollte man auf alle Fälle ernst nehmen und in die Arbeit aufnehmen, auch wenn dies nochmals mit größerem Aufwand verbunden ist!

8.1.3 Mit Kritik richtig umgehen

Beim Verfassen einer wissenschaftlichen Arbeit wird es oft auch zu Tiefschlägen und Frustrationen kommen, vor allem dann, wenn man kritisches Feedback von seinem Betreuer bekommt. Wichtig ist, zu bedenken, dass dieses Feedback lediglich eine Hilfestellung bieten soll und daher nicht persönlich genommen werden darf. Meist bleibt es einem selber überlassen, ob man Verbesserungsvorschläge annimmt und in die Arbeit einarbeitet. Im Sinne einer guten Beurteilung empfiehlt es sich aber, Punkte, die dem Betreuer wichtig sind und zum besseren Verständnis dienen, aufzunehmen.

In seltenen Fällen kann es sogar vorkommen, dass eine wissenschaftliche Arbeit nochmals ganz von vorne begonnen werden soll, da sie inhaltlich in eine falsche Richtung geht oder keine passende Struktur aufweist. Um dies zu vermeiden, ist es unerlässlich, mit seinem Betreuer kontinuierlich Kontakt zu halten. Kontakt zu halten bedeutet aber nicht, dem Betreuer laufend einige neu verfasste Seiten zur Begutachtung zu schicken oder um Hilfe zu bitten, sondern trotzdem möglichst selbstständig zu arbeiten und bei Fragen auch gleich mit Vorschlägen zu kommen.

Bewährt hat sich im Betreuungsprozess folgende Vorgehensweise:
Grundsätzlich sollte man für jedes Gespräch mit dem Betreuer Schreibmaterial und das bereits Geschriebene sowie unterstützende Unterlagen, wie Studien, ausgewählte

Literaturstellen, Bildmaterial, Auswertungen etc., mitnehmen. Während des Gesprächs ist es wichtig, dass man aktiv zuhört und sich alle wichtigen Gesprächsinhalte notiert, sodass man auch zu Hause noch weiß, über was gesprochen wurde. Eine weitere Möglichkeit ist, ein Diktiergerät mitlaufen zu lassen, sofern der Betreuer damit einverstanden ist. Wenn man während des Gespräches etwas inhaltlich nicht nachvollziehen kann, dann auf alle Fälle so lange nachfragen, bis man es wirklich verstanden hat.

Beispiel
Am besten fragt man nach, indem man dies so formuliert: „Habe ich Sie richtig verstanden, dass Sie der Meinung sind, ich sollte..." oder „Wenn ich Ihren Vorschlag korrekt verstanden habe, dann sollte ich so vorgehen...". Manchmal hilft es auch, wenn Sie gewisse Dinge aufzeichnen und grafisch darstellen.

Zu Beginn des Betreuungsprozesses wird dem Betreuer ein sorgfältig ausgearbeitetes Konzept (Exposé) vorgelegt, in welchem unter anderem die Zielsetzung, Forschungsfrage und die Struktur der Arbeit ersichtlich sind. Nachdem dieses freigegeben wurde, beginnt man den Theorieteil zu verfassen. Es ist sinnvoll, nach dem Verfassen der Einleitung und ein bis zwei weiterer Kapitel dem Betreuer eine erste „Leseprobe" zukommen zu lassen. So kann dieser beurteilen, ob man auf dem richtigen Weg ist und ob die Arbeit stilistisch und inhaltlich passt. Der nächste Schritt ist, dass der Theorieteil fertig verfasst und vorgelegt wird und hier nur bei Unsicherheiten nachgefragt wird.

Sollte ein empirischer Teil vorgesehen sein, so wird mit dem Theorieteil gleich ein Vorschlag für das empirische Untersuchungsdesign vorgelegt, welcher einen methodischen Steckbrief und das Erhebungsinstrument enthält. Nach Fertigstellung wird dem Betreuer der Empirieteil mit allen Auswertungen und Interpretationen bzw. Transkriptionen, Outputfiles etc. zur Korrektur übergeben.

Der finale Schritt ist dann die Abgabe der ungebundenen Endfassung. Diese sollte bereits auf sprachliche und orthografische Richtigkeit überprüft sein, und auch die Layoutierung sollte den Richtlinien der jeweiligen Hochschule entsprechen. Am besten daher die Arbeit vor der Abgabe von einer geschulten Person lesen lassen, da man selber Fehler oft gar nicht mehr sieht. Wenn die Arbeit in englischer Sprache verfasst wird, dann empfiehlt es sich, vor der Abgabe die Arbeit noch einen Native Speaker Korrektur lesen zu lassen.

Wichtig ist, Feedback auch tatsächlich anzunehmen und dieses auf keinen Fall persönlich zu nehmen. Ihr Betreuer möchte Sie damit nicht kritisieren, sondern Ihnen helfen, Ihre wissenschaftliche Abschlussarbeit positiv fertigzustellen!

8.1.4 Gebundene Endfassung abgeben

Erst nachdem der Betreuer die gesamte Arbeit gesehen und korrigiert hat, wird noch etwaiges Feedback eingearbeitet und danach die Arbeit gebunden abgegeben. Die Endfassung der Masterarbeit muss in Abstimmung mit der jeweiligen Hochschule meist in zwei- oder dreifacher Ausfertigung in gebundener Form eingereicht werden. Ein Exemplar kommt in die Hochschulbibliothek, eines bekommt der Betreuer und eines könnte noch für die Nationalbibliothek abgegeben werden. Erkundigen Sie sich bei Ihrer Hochschule, wie viele Exemplare abgegeben werden sollen.

Vergessen Sie nicht, auch für sich selbst ein Exemplar binden zu lassen: Wenn man schon so viel Zeit und Mühe hineingesteckt hat, ist es ein schönes Gefühl, die fertige Arbeit dann in den eigenen Händen halten zu können.

8.1.5 Beurteilung und Verfassen des Gutachtens

Erst nachdem der Betreuer die gebundene Fassung der Arbeit erhalten hat, beginnt er das Gutachten zu verfassen. Meist liegen an den jeweiligen Hochschulen Richtlinien vor, wie ein solches Gutachten verfasst werden soll, sodass eine subjektive Beurteilung so weit wie möglich vermieden wird. Nach welchen Kriterien eine Arbeit bewertet wird, kann in Kapitel 8.3 nachgelesen werden.

Es ist üblich, dass dieses Gutachten in den Akten abgelegt wird, der Student dieses aber nicht zu Gesicht bekommt, sondern nur die Note erfährt oder zusätzlich nochmals mündliches Feedback bekommt. Auf Verlangen kann selbstverständlich in dieses Gutachten Einsicht genommen werden.

8.2 Formulare und andere administrative Anforderungen

Beim Verfassen wissenschaftlicher Abschlussarbeiten gilt es auch administrative Vorschriften einzuhalten. Es ist erforderlich, gewisse Formulare auszufüllen und im Institut einzureichen oder in die Arbeit einzubinden. Erkundigen Sie sich diesbezüglich bei Ihrer Hochschule. Ein Formular, welches immer unterschrieben in die Arbeit eingebunden wird, ist die eidesstattliche (ehrenwörtliche) Erklärung. Optional kann bei Bedarf auch ein Sperrvermerk eingefügt werden.

8.2.1 Eidesstattliche Erklärung

Bei jeder wissenschaftlichen Abschlussarbeit ist es üblich, eine persönlich unterschriebene eidesstattliche (ehrenwörtliche) Erklärung einzufügen, üblicherweise gleich nach dem Deckblatt.

Abbildung 8-1: *Eidesstattliche Erklärung*

Eidesstattliche Erklärung

„Ich erkläre an Eides statt, dass ich die vorliegende Bachelorarbeit selbstständig verfasst, und in der Bearbeitung und Abfassung keine anderen als die angegebenen Quellen oder Hilfsmittel benutzt, sowie wörtliche und sinngemäße Zitate als solche gekennzeichnet habe. Die vorliegende Bachelorarbeit wurde noch nicht anderweitig für Prüfungszwecke vorgelegt."

Damit wird durch die Unterschrift des Verfassers bekundet, dass man die Arbeit selbstständig, einmalig und ohne nicht zugelassene Hilfsmittel geschrieben hat. Jedes Exemplar der Arbeit ist mit dieser Erklärung zu versehen und eigenhändig vom Studierenden zu unterschreiben, eine Kopie der Unterschrift ist nicht zulässig.

8.2.2 Sperrvermerk

Jede wissenschaftliche Arbeit ist grundsätzlich für die Öffentlichkeit zugänglich. Die Institutsleitung ist somit berechtigt, Dritten nach eigenem Ermessen Einblick in die approbierte (angenommene) Arbeit zu geben und unter Nennung des Verfassers in der Fachpresse über die Ergebnisse der Arbeit zu berichten. Auftragsarbeiten, deren Veröffentlichung rechtliche oder wirtschaftliche Interessen der Auftraggeber verletzen würde, können für maximal fünf Jahre durch einen Sperrvermerk von der Veröffentlichung zurückgehalten werden.

Die Vergabe eines Sperrvermerkes muss vom Studierenden im Auftrag des Unternehmens beim Institutsleiter unter Angabe der Gründe schriftlich beantragt werden. Dabei muss glaubhaft gemacht werden, dass wichtige Interessen des Auftraggebers durch die Veröffentlichung der Arbeit gefährdet werden. Der von der Firma, vom Studierenden und vom Institutsleiter unterschriebene Sperrvermerk ist als erste Seite (nach dem Titelblatt) in die Arbeit einzubinden.

Eine entsprechende Vorlage für einen Sperrvermerk liegt normalerweise an der jeweiligen Hochschule auf. Erkundigen Sie sich danach in der Administration.

8.2.3 Ansuchen um Approbation

Die meisten deutschen und österreichischen Hochschulen handhaben es so, dass die vollständige Endfassung der Abschlussarbeit termingerecht dem Betreuer mit dem Formular „Ansuchen um Approbation der Arbeit" abgegeben wird. Ein solches Formular könnte für eine Masterarbeit wie in der Abbildung 8-2 gestaltet sein.

Der Betreuer entscheidet dann, ob die wissenschaftliche Arbeit approbiert, das heißt als positiv bewertet und angenommen wird, oder ob er sie ablehnt und dem Studierenden zur nochmaligen Bearbeitung, im schlimmsten Fall zur Neuabfassung, zurückgibt. Eine negativ beurteilte Arbeit kann normalerweise nur einmal überarbeitet und innerhalb einer festzusetzenden Frist zur Wiederbegutachtung vorgelegt werden. Eine Änderung des Themas ist nicht zulässig. Wird die Arbeit bei der zweiten Vorlage wieder negativ bewertet, scheidet der Studierende aus dem Studium aus.

Eine bedingte Approbation bedeutet, dass der Studierende die Möglichkeit hat, kleinere Korrekturen, wie zum Beispiel Formatierungen, Rechtschreibkorrekturen, inhaltliche Anpassungen in einem Kapitel und ähnliches, innerhalb einer festgelegten Frist durchzuführen. Es empfiehlt sich daher, bevor die Arbeit final gebunden wird, diese dem Betreuer in ungebundener Form zur Durchsicht und Beurteilung zu geben.

Abbildung 8-2: *Ansuchen um Approbation*

ANSUCHEN UM APPROBATION DER MASTERARBEIT

Student/Studentin:________________________ IDNr: __________________

Titel der Masterarbeit:

Erste Vorlage der ungebundenen Fassung der Masterarbeit

am (Datum): ____________________

Betreuer: ____

Masterarbeit approbiert **JA** □□□□*bedingt approbiert* □□□□□□**NEIN** □

Datum der korrigierten Vorlage: ________________

Approbiert JA (Datum): _________________

Unterschrift des Betreuers: ____

8.2.4 Sonstiges

Bei gebundenen Abschlussarbeiten ist es üblich, nur den Buchrücken zu beschriften. Das Layout des Buchrückens ist meistens nach bestimmten Richtlinien zu gestalten:

- am Buchrücken: Familienname, Vorname(n), Jahr der Approbation und eventuell die Studienrichtung
- Schriftfarbe: Gold oder Silber

Die Farbe der Bindung erfolgt normalerweise in Schwarz oder in einem dunklen Blau, dunklen Rot oder Grün.

Man sollte sich auf alle Fälle noch zusätzlich bei der jeweiligen Hochschule und dem Institut erkundigen, ob sonstige administrative Anforderungen vorliegen und welche Termine eingehalten werden müssen.

8.3 Wie wird eine wissenschaftliche Arbeit beurteilt?

Jede wissenschaftliche Arbeit wird vom jeweiligen Betreuer nach bestimmten Kriterien beurteilt. Bei Bachelor- und Masterarbeiten wird ein sogenanntes Gutachten verfasst, in dem der Betreuer schriftlich die Benotung der Arbeit begründet. Dieses Gutachten bekommt der Student meist nur nach Aufforderung zu sehen, meistens wird gleich die Endnote bekannt gegeben.

Die Beurteilungskriterien können je nach Betreuer unterschiedlich gewählt und gewichtet werden. Alle diese Kriterien können aber grundsätzlich in vier Bereiche zusammengefasst werden: Inhalt, formale Korrektheit, Literaturaufarbeitung und methodische Vorgehensweise. Nachfolgend findet sich eine Übersicht, wonach wissenschaftliche Abschlussarbeiten überprüft werden, die Anhaltspunkte bietet, wie eine gute Beurteilung zustande kommen kann.

Inhalt

- Konnte das Gütekriterium der Validität erfüllt werden, das heißt, wurden nur die Themenbereiche tiefgehend behandelt, die zur Beantwortung der Forschungsfrage notwendig sind? Wurden wichtige Themenbereiche ausgelassen oder nicht ausreichend thematisiert?
- Wurde die gewählte Zielsetzung erreicht und wurden die Forschungsfragen ausreichend beantwortet?
- Ist die entwickelte Argumentationslinie nachvollziehbar (roter Faden) und widerspruchsfrei?
- Ist die Arbeit klar und verständlich strukturiert und gegliedert?
- Sind die Ergebnisse deutlich dargestellt und widerspruchsfrei?

- Sind die Ergebnisse von praktischer Relevanz (pragmatische Verwertbarkeit) und harmonisieren sie mit der zentralen Fragestellung?

Formale Korrektheit

- Weist die Arbeit durchgängig sprachliche und orthografische Richtigkeit auf und ist die wissenschaftliche Ausdrucksweise pragmatisch und syntaktisch richtig?
- Wurde der vorgegebene Seitenumfang eingehalten?
- Wurde die Arbeit gemäß den Vorgaben richtig formatiert, das heißt, wurden die Richtlinien bezüglich Schriftart, -größen, Zeilenabständen, Absätzen, Beschriftungen, Seitennummerierungen, etc. eingehalten?
- Sind die Abbildungen und Grafiken ansprechend gestaltet?
- Sind alle nötigen Verzeichnisse (Inhalts-, Abbildungs-, Tabellen-, Abkürzungs-, Literaturverzeichnis) vorhanden?
- Wurden bei den verwendeten Quellen die vorgegebenen Zitierregeln eingehalten?
- Wurde die Arbeit eigenständig verfasst oder war ein hohes Ausmaß an Hilfestellung erforderlich?
- Wurden alle zeitlichen Vorgaben eingehalten?

Literaturaufarbeitung

- Wurde themenspezifische wissenschaftliche Literatur in entsprechendem Umfang gesichtet und passend eingearbeitet und somit der aktuelle Stand der Forschung wiedergegeben, kritisch reflektiert und darauf aufgebaut?
- Welche Qualität weist die eingearbeitete Literatur auf? Einfluss auf die Beurteilung hat, inwieweit hochwertige nationale und internationale wissenschaftliche Zeitschriften zur Literaturaufarbeitung verwendet wurden.
- Wurde die Literatur kritisch hinterfragt und bewertet und nicht nur in Form einer „Literaturcollage“ eingearbeitet?

Methodische Vorgehensweise

- Wurden für die Beantwortung der Forschungsfrage adäquate wissenschaftliche Methoden angewendet?
- Weisen etwaige Modelle und Hypothesen eine ausreichende theoretische Fundierung auf und sind sie in sich schlüssig und nachvollziehbar?
- Wurden Analysen sorgfältig, umfangreich und korrekt durchgeführt?
- Wurden Daten richtig und passend erhoben und ausgewertet? Welche statistischen Verfahren wurden dazu verwendet und in welchem Umfang?
- Wurden die Ergebnisse korrekt interpretiert und aufbereitet? Sind alle Lösungswege nachvollziehbar dargelegt?

8.4 Wie kann ich meine wissenschaftliche Arbeit verwerten?

Viele wissenschaftliche Abschlussarbeiten werden geschrieben, beurteilt und landen dann in irgendeinem Regal, wo sie nie wieder Beachtung finden. Zum qualitativ hochwertigen wissenschaftlichen Arbeiten gehört aber auch, dass die gewonnenen Erkenntnisse einer breiten Öffentlichkeit zugänglich gemacht werden. Man spricht in diesem Zusammenhang von der sogenannten Verwertungsperspektive.

Selbst wenn es sich um eine gesperrte Arbeit handeln sollte, weil beispielsweise Firmendaten nicht an die Öffentlichkeit gelangen sollen, können zumindest alle allgemein zugänglichen Inhalte publiziert werden. Die Art der Veröffentlichung hängt selbstverständlich auch von der Qualität der Arbeit ab, da weniger gute Arbeiten wohl kaum von einem Verlag oder Gutachter einer Zeitschrift akzeptiert werden. Im Folgenden werden fünf Möglichkeiten zur Veröffentlichung wissenschaftlicher Arbeiten vorgestellt: die Internetpublikation, der Buchverlag, Books on demand, Zeitschriftenartikel und der Konferenzband. Bibliotheken wurden ausgenommen, da jede Arbeit automatisch zumindest in der eigenen Hochschulbibliothek zu finden sein wird.

Internetpublikation

Eine häufig gewählte Möglichkeit der Veröffentlichung ist über das Internet. Sie wird deshalb gerne gewählt, weil sie relativ schnell und unkompliziert funktioniert. Man bedient sich dabei professioneller Vermittlungsdienste, die als Schnittstelle zwischen Autor und Leser agieren. Es gibt eine Vielzahl solcher Agenturen, die sich inhaltlich und strukturell unterscheiden sowie verschiedene Honorarsätze und Serviceleistungen bieten. Viele dieser Agenturen bieten einen vollen Abwicklungsservice an. Bei dieser Option übernimmt die Agentur die gesamte Abwicklung der Bezahlung und Zustellung der Arbeit. Die Arbeit wird normalerweise in pdf-Format gebracht und kann sofort nach Zahlung durch den Kunden vom Agenturserver heruntergeladen werden. Der Verkaufserlös wird dann abzüglich einer Unkostenpauschale von bis zu 20 Prozent an den Autor überwiesen.

Manche Vermittlungsdienste bieten die Möglichkeit, dass Arbeiten kostenlos auf einer Plattform beworben werden können und man sich selbst direkt um Kunden kümmert. Dieser Service ist meist kostenlos, alle mit dem Verkauf bzw. der Verteilung zusammenhängenden Arbeiten müssen jedoch vom Autor selber erledigt werden.

Eine weitere Option ist, dass die Arbeit auf einem anderen Server liegt und bei der Agentur nur der Link eingetragen wird.

Folgende Vermittlungsdienste stehen zur Auswahl:

- Diplomaxx (www.diplomaxx.de)
- Phoenix Wissens Transfer (www.wissenschaftslektorate.de/Phoenix-Wissens Transfer)

- Unifuchs (www.unifuchs.de)
- Examicus (www.examicus.de)
- Diplom (www.diplom.de)

Alle diese Webseiten enthalten umfangreiche Hinweise zum Thema Internetpublikationen. Holen Sie unbedingt vorab ausreichende Informationen ein, bevor Sie sich entscheiden!

Buchverlag

Eine weitere Möglichkeit der Publikation besteht darin, die Arbeit über einen Buchverlag publizieren zu lassen. Diese Option wird seltener gewählt, da sie mit größerem Aufwand verbunden ist, eine Arbeit auf hohem Niveau voraussetzt und diese in einem Themenbereich verfasst sein muss, der für eine breite Zielgruppe interessant ist. Die Vorteile sind, dass man durch die Buchveröffentlichung eine große Leserschaft erreicht und manchmal sogar ein Autorenhonorar bekommt. Man startet damit, dass man sich vorab informiert, bei welchem Verlag man sein Werk publizieren möchte bzw. wo man die besten Konditionen bekommt. Im wissenschaftlichen Bereich empfiehlt sich beispielsweise:

- Deutscher Universitätsverlag (www.duv.de)
- Linde Verlag (www.lindeverlag.at)
- Facultas.wuv (www.wuv.at)
- Dr. Kovac (www.verlagdrkovac.de)
- Tectum Verlag (www.tectum-verlag.de)

Alle eingesandten Arbeiten müssen gewissen formalen Kriterien entsprechen: Sie müssen vollständig sein und Deckblatt, Inhaltsverzeichnis, Haupttext inklusive aller Graphiken, Literaturverzeichnis sowie gegebenenfalls einen Anhang enthalten. Alle Quellen müssen korrekt zitiert sein und das Geschriebene muss in korrekter Rechtschreibung sein. Meist wird noch ein Abstract und ein kurzer Lebenslauf verlangt. Urheber-, Nutzungs- und Veröffentlichungsrechte werden in einem Vertrag zwischen Autor und Verlag festgehalten. Manchmal wird vom Verlag ein Druckkostenbeitrag verlangt, der oftmals auch ausschlaggebend ist, für welchen Verlag man sich letztendlich entscheidet.

Um sich Kosten und Mühen zu sparen, ist es oft ratsam, sich mit anderen Autoren zusammenzutun und einen Sammelband zu verfassen. In diesem publiziert jeder Autor nur seine wissenschaftliche Arbeit in Form eines Aufsatzes. Diese sind vom Umfang her vergleichbar mit Artikeln in Fachzeitschriften. Sie haben jedoch meist einen engen thematischen Bezug zu den anderen Aufsätzen des jeweiligen Sammelbandes, welcher von mehreren oder auch nur von einem Herausgeber verlegt wird.

Zeitschriftenartikel

Eine weitere Publikationsmöglichkeit, die in den meisten Fällen gemeinsam mit dem Betreuer oder dem zuständigen Professor realisiert wird, ist die Abfassung eines Artikels für eine Fachzeitschrift. Diese Beiträge sind weniger umfangreich, in etwa 5 bis 15

Seiten, und präsentieren neue Erkenntnisse und Wissen für ein Fachpublikum. Sie müssen gewissen formalen und inhaltlichen Kriterien entsprechen, um in einem Review-Prozess zur Veröffentlichung akzeptiert zu werden. Dabei überprüfen Fachgutachter die Arbeit auf ihre wissenschaftliche Eignung. Deshalb empfiehlt es sich, diesen Weg gemeinsam mit dem Betreuer zu gehen, da dieser in der Regel Erfahrungen mit dieser Publikationsform hat und auch weiß, welches Journal sich für welches Themengebiet am besten eignet. Der Nachteil ist, dass sich der Review-Prozess über mehrere Monate ziehen kann und der Beitrag dann immer noch abgelehnt werden kann. Hat man aber erst einmal eine solche Publikation erreicht, spricht das für eine hohe Qualität und Anerkennung in der Scientific Community.

Konferenz

Jene Option, die am seltensten gewählt wird, ist ein Vortrag auf einer nationalen oder internationalen Konferenz. Ob eine solche Möglichkeit grundsätzlich besteht und welche Konferenz sich empfiehlt, spricht man am besten mit dem Betreuer ab. Um zu einer Konferenz zugelassen zu werden, gibt es einige Monate vor Konferenzbeginn einen sogenannten „Call for papers", bei welchem man bis zu einer Deadline nur ein Abstract einreicht. Nach einem Review-Prozess wird entschieden, welche Paper auf der Konferenz präsentiert werden dürfen. Alle diese Paper, manchmal auch nur die Abstracts, erscheinen in einem Konferenzband. Die Qualitätskontrolle ist meist weniger umfassend als bei einer Fachzeitschrift, weil der Band zu einem bestimmten Datum fertig sein muss. Häufig werden Mängel an akzeptierten Artikeln nur von den Autoren verbessert, ohne dass die Überarbeitung den Review-Prozess erneut durchläuft. Will man sich im wissenschaftlichen Bereich vertiefen, dann sind solche Konferenzbesuche unerlässlich, um sich in der Scientific Community einen Namen zu verschaffen.

Preise und Förderungen

An dieser Stelle wird auch darauf hingewiesen, dass jedes Jahr etliche Wettbewerbe und Förderungen von Vereinen, Institutionen und Unternehmen ausgeschrieben werden, bei denen qualitativ hochwertige wissenschaftliche Arbeiten meist mit Geldpreisen ausgezeichnet werden.

Um nur eine kleine Auswahl von österreichischen Ausschreibungen zu nennen: der Wolfgang Gassner-Wissenschaftspreis der International Fiscal Association Aktion, Förderungen von wissenschaftlichen Arbeiten durch die Wirtschaftskammer Österreich (WKO), der AK-Wissenschaftspreis der Arbeiterkammer, der Figdor-Preis für Rechts-, Sozial- und Wirtschaftswissenschaften oder der Rudolf Sallinger Preis für wissenschaftliche Arbeiten auf den Gebieten der Sozial- und Wirtschaftswissenschaften. Informieren Sie sich zu diesem Thema an der jeweiligen Hochschule und im Internet. Es zahlt sich auf alle Fälle aus, eine gute Arbeit einzureichen.

In Deutschland werden ebenfalls zahlreiche Förderungen und Würdigungspreise ausgeschrieben. Nachfolgend findet sich ein Auszug der wichtigsten: Bielefelder Wissenschaftspreis (Stiftung der Sparkasse Bielefeld), Communicator-Preis (DFG), Willi

Abts Förderpreis (Albert und Loni Simon Stiftung), Gottfried Wilhelm Leibniz-Preis (DFG), Preis für wissenschaftliche Arbeiten der Stiftung Industrieforschung, Deutscher Studienpreis der Körber-Stiftung, Förderpreis des ICH (Industrie- und Handelsclub Ostwestfalen-Lippe, e.V.) u.v.m.

9 Exkurs: Antworten auf häufig gestellte Fragen

Im Zuge meiner Betreuung wissenschaftlicher Abschlussarbeiten – mittlerweile schon fast ein Jahrzehnt – habe ich festgestellt, dass Studierende immer wieder dieselben Fragen haben, die sie beim Schreiben ihrer Arbeit beschäftigen. Ich habe alle diese Fragen gesammelt und versucht, diese möglichst verständlich zu beantworten. Zwecks Übersicht habe ich die Fragen in die vier Phasen eines idealtypischen Ablaufs einer wissenschaftlichen Arbeit eingeteilt (vgl. Abbildung 9-1).

Abbildung 9-1: *Idealtypischer Ablauf einer wissenschaftlichen Arbeit*

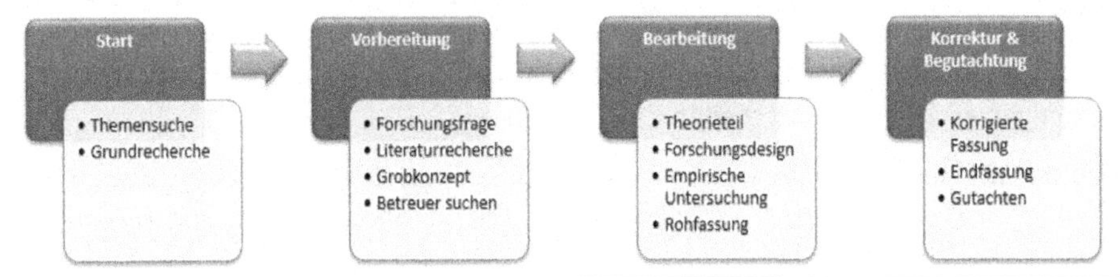

9.1 Start

In der Startphase treten sehr häufig Fragen und Unsicherheiten im Bereich der Themensuche und -findung sowie bei der grundlegenden Literaturrecherche auf. Eine Auswahl dieser Fragen findet sich nachfolgend.

9.1.1 Themensuche

Ich finde kein geeignetes Thema für meine wissenschaftliche Abschlussarbeit. Haben Sie vielleicht ein Thema für mich?

Die meisten Betreuer stellen den Studierenden mögliche Themen zur Verfügung, die sie gerne betreuen möchten. Meist integrieren sie dann die Abschlussarbeit in eine breiter angelegte Forschungsarbeit. Es kommt auch sehr oft vor, dass sich Firmen an

Hochschulen wenden und Auftraggeberarbeiten vergeben. Daher einfach bei Bedarf beim Institut oder Betreuer nachfragen.

Die Firma, wo ich ein Praktikum absolviert habe, möchte, dass ich für sie ein Marketingkonzept entwickle. Reicht das für eine Bachelor-/Masterarbeit aus?

Generell ist es in Ordnung, im Rahmen einer Bachelor- und auch Masterarbeit ein Marketingkonzept zu entwickeln. Wichtig ist dabei, dass die Arbeit ihren wissenschaftlichen Charakter beibehält und nicht in eine Projektarbeit abgleitet. Weiters muss beachtet werden, dass die Erkenntnisse auch für andere relevant sein sollen (überindividuelle Relevanz der Forschungsergebnisse für externe Zielgruppen) und die Ergebnisse generalisierbar sind. Daher sollte die Firma nur als Fallbeispiel herangezogen werden.

Ich möchte gerne im Rahmen meiner Bachelor-/Masterarbeit einen Business Plan entwickeln. Reicht das aus?

Einen Business Plan zu entwickeln ist sowohl bei Bachelor- als auch bei Masterarbeiten erlaubt. Wichtig ist dabei aber, dass alle Kriterien des wissenschaftlichen Arbeitens eingehalten werden, die Erkenntnisse auch für andere relevant sein sollen (überindividuelle Relevanz der Forschungsergebnisse für externe Zielgruppen) und die Ergebnisse generalisierbar sind. Bei Masterarbeiten wird selbstverständlich mehr in die Tiefe gegangen als bei Bachelorarbeiten.

Ich möchte mich im Rahmen meiner Bachelor-/Masterarbeit mit der Ladengestaltung von Tankstellenshops beschäftigen. Können Sie mir bei der Suche nach einer geeigneten Forschungsfrage helfen?

Der Betreuer wird Ihnen normalerweise keine Forschungsfrage vorschlagen, sondern Sie auffordern, zunächst ein Rohkonzept mit passender Forschungsfrage zu entwickeln, und Ihnen dann Feedback geben, ob die Forschungsfrage geeignet ist bzw. wie Sie diese verbessern/adaptieren könnten.

In meiner Bachelor-/Masterarbeit möchte ich mich gerne mit der Zukunft des Handels beschäftigen. Was halten Sie davon?

In der Tat ein spannendes Thema, jedoch viel zu breit und zu wenig konkret. Nehmen Sie sich nur einen Teilaspekt des Themas heraus, den Sie erforschen möchten. Generell gilt: Lieber in die Tiefe als in die Breite gehen! Ein möglicher Teilaspekt könnte lauten: Mit welchen sortimentspolitischen Instrumenten kann der deutschsprachige Lebensmitteleinzelhandel dem „neuen" Konsumenten gerecht werden?

9.1.2 Grundrecherche

Siehe dazu Kapitel 9.2.2 „Literaturrecherche".

9.2 Vorbereitung

Die zweite Phase beim Verfassen einer wissenschaftlichen Arbeit ist die Vorbereitungsphase, die sich mit der Formulierung der Forschungsfrage und der dazugehörigen Literaturrecherche beschäftigt. Zusätzlich geht es darum, ein Grobkonzept zu verfassen und einen passenden Betreuer zu finden.

9.2.1 Forschungsfrage

Wie viele Forschungsfragen darf ich im Rahmen meiner Bachelor-/Masterarbeit verwenden?

Es empfiehlt sich, nur eine zentrale Forschungsfrage zu wählen und diese bei Bedarf mit ein bis zwei Unterfragen zu ergänzen.

Muss ich meine Forschungsfrage im Schlussteil bzw. in der Zusammenfassung der Arbeit beantworten?

Die Beantwortung Ihrer Forschungsfrage sollte im Rahmen der gesamten Abschlussarbeit erarbeitet werden. Bei einem logisch-deduktiven Aufbau geht man vom Allgemeinen ins Spezielle, d.h. man diskutiert zunächst die theoretischen Grundlagen und versucht dann, diese auf das Fallbeispiel oder die konkrete Problemstellung umzulegen. Daher sollte die Forschungsfrage nicht nur im Schlussteil beantwortet werden.

Möchten Sie (gemeint ist der Betreuer) meine Forschungsfrage sehen, bevor ich mit dem Verfassen meiner Abschlussarbeit beginne?

Ja, es ist sinnvoll, dem Betreuer die Forschungsfrage – am besten im Rahmen des Grobkonzepts – zu zeigen und sie von ihm absegnen zu lassen.

9.2.2 Literaturrecherche

Ich finde zu meinem Thema keine aktuellen Literaturquellen. Darf ich auch eine Quelle aus 1999 einbauen?

Selbstverständlich dürfen auch Quellen aus 1999 eingebaut werden, aber nur, wenn sich der Informationsstand zu dem Themenbereich seither nicht geändert hat bzw. es keine aktuellere Auflage gibt. Ältere Standardwerke, die noch immer Gültigkeit haben und nicht aktualisiert worden sind, können auf alle Fälle in die Arbeit eingebaut werden. Grundsätzlich gilt aber, je aktueller die Quellen sind, desto eher befindet sich die wissenschaftliche Arbeit auf dem letzten Stand der fachspezifischen Literatur.

Ich finde zu meinem Thema keine passende Literatur und alles ist ausgeborgt. Können Sie mir weiterhelfen?

Nachdem es im deutschsprachigen Raum sehr viele Bibliotheken gibt und zusätzlich die Onlinerecherche den Zugang zur wissenschaftlichen Literatur sehr erleichtert hat, fußt diese Aussage meist auf mangelnder Intensität bei der Literaturrecherche oder es wird falsch gesucht (z.B. wird in einer englischsprachigen Datenbank mit deutschen Stichwörtern gesucht). Der Betreuer gibt gerne Literaturempfehlungen, jedoch ist das selbstständige Arbeiten ein wesentliches Beurteilungskriterium.

Wo finde ich wissenschaftliche Journals? Und wie viele muss ich einbauen?

Wissenschaftliche nationale und internationale Journals findet man am leichtesten und schnellsten in Online-Datenbanken. Je nachdem, welche Lizenzvereinbarung die jeweilige Hochschule getroffen hat, wird eine bestimmte Anzahl an Zeitschriften freigeschaltet, d.h. diese sind in einer Volltextversion kostenlos zugänglich. Für die anderen Zeitschriften gibt es die Möglichkeit eines kostenpflichtigen Downloads. Wirtschaftswissenschaftliche Forschungsdatenbanken, die am häufigsten an Hochschulen vorhanden sind: ABI/INFORM® Proquest (http://www.proquest.com) und EBSCO Business Source Premier (http://www.ebscohost.com/academic/business-source-premier). Da beide Datenbanken englischsprachig sind, muss die Stichwortsuche auch auf Englisch erfolgen.

Darf ich auch Lehrbücher, Bachelor-/Masterarbeiten oder Seminarunterlagen zitieren?

Beim Verfassen von Bachelor- und auch Masterarbeiten sollte das Zitieren von Lehrbüchern sowie von Bachelor- und Masterarbeiten nicht die Regel sein. Manche Betreuer empfehlen sogar, diese Quellen ganz zu vermeiden. Ich bin der Ansicht, bei sinnvollen Textpassagen können Lehrbücher sowie Bachelor- und Masterarbeiten verwendet werden, aber vorwiegend sollten nationale und internationale Journals, Fachbücher, empirische Studien, Statistiken etc. herangezogen werden, da diese meist aktueller und fokussierter sind. Seminarunterlagen gilt es üblicherweise zu vermeiden, da diese meist auf Sekundärquellen beruhen.

Darf ich auch Quellen aus dem Internet zitieren?

Selbstverständlich dürfen Sie auch Quellen aus dem Internet zitieren. Seien Sie nur vorsichtig, welche Quellen Sie heranziehen. Wichtig ist, dass die Quelle für eine wissenschaftliche Abschlussarbeit adäquat ist, d.h. Quellen wie beispielweise Wikipedia, Werbeeinschaltungen, populärwissenschaftliche Zeitungen und Zeitschriften etc. sollten vermieden werden!

Wie viele Quellen muss ich in meine Bachelor-/Masterarbeit einbauen?

Dafür gibt es keine Richtlinie. Wichtiger als die Quantität ist die Qualität der Quellen. Der Inhalt Ihrer Arbeit sollte mit einem entsprechenden Quellenmix gestützt sein. Als Daumenregel nimmt man ca. 3-4 verschiedene Quellen pro A4-Seite.

Zählt auch ein Experteninterview als Literaturquelle? Und muss ich das Experteninterview im Literaturverzeichnis angeben?

Ein Experteninterview gilt auch als Literaturquelle und sollte dementsprechend im Literaturverzeichnis angegeben werden (siehe dazu die Zitierregeln in Kapitel 3.6.4). Sollte es sich um ein ausführliches Experteninterview im Rahmen der empirischen Untersuchung handeln, dann muss dieses transkribiert werden; die Transkription kommt in den Anhang oder wird dem Betreuer separat in einer Mappe oder elektronisch zur Verfügung gestellt.

9.2.3 Grobkonzept

Muss ich im Konzept bereits zitieren?

Bereits im Konzept werden Quellen eingebaut und somit zitiert, vor allem in der Ausgangssituation. Alle verwendeten und gesichteten Quellen müssen sich im Literaturverzeichnis wiederfinden.

Brauche ich für mein Konzept auch ein Literaturverzeichnis? Wenn ja, wie viele Quellen müssen darin enthalten sein?

Im Literaturverzeichnis sollen sich jene Quellen finden, die man bereits gesichtet und verwendet hat und als für das Thema geeignet empfindet. Es sollten mindestens 15 bis 20 Quellen (inklusive nationale und internationale wissenschaftliche Journals) sein.

Wie lang muss das Konzept werden?

Der Nettoumfang des Konzeptes, also ohne Titelblatt und Literaturverzeichnis, wird in etwa fünf A4-Seiten betragen, d.h. pro Kapitel ca. ½ bis 1 A4-Seite.

9.2.4 Betreuer suchen

Ich möchte gerne bei Ihnen meine Abschlussarbeit schreiben. Haben Sie ein Thema für mich?

Die meisten Betreuer stellen gerne Themen aus ihrem eigenen Forschungsbereich zur Verfügung. Wichtig ist in erster Linie, dass Sie genügend Motivation aufbringen, dieses Thema zu bearbeiten, und das Thema nicht nur nehmen, weil Ihnen der Betreuer sympathisch ist.

Darf mich auch ein externer Betreuer bei meiner Bachelor-/Masterarbeit betreuen?

Welche Betreuer grundsätzlich zur Verfügung stehen, wird von der jeweiligen Hochschule definiert. In Frage kommen normalerweise alle Professoren, die an der eigenen Hochschule arbeiten, und habilitierte Personen von anderen Hochschulen. Viele Hochschulen sind damit einverstanden, wenn zusätzlich noch ein externer Fachbetreuer hinzugezogen wird, der inhaltlich Feedback geben kann.

Darf ich auch zwei Betreuer haben?

Es gibt grundsätzlich nur einen Hauptbetreuer, der die Abschlussarbeit beurteilt. Bei manchen Hochschulen ist noch ein Zweitgutachter erforderlich. Gerne kann man auch weitere Experten, wie Firmenvertreter oder Professoren anderer Institutionen, als Zweitbetreuer heranziehen, sofern das Rektorat oder der Institutsvorstand der eigenen Hochschule zustimmen

9.3 Bearbeitung

In der Bearbeitungsphase geht es vor allem um das Verfassen des Theorieteils und die Planung, Durchführung und Auswertung der empirischen Untersuchung. Nachfolgend finden sich dazu die wichtigsten Fragen und deren Antworten.

9.3.1 Theorieteil

Wie lang soll der Theorieteil in meiner Bachelor-/Masterarbeit sein, wenn diese auch einen Empirieteil enthält?

Als Richtwert gilt 60 Prozent Theorie und 40 Prozent Empirie. Handelt es sich um eine Auftraggeberarbeit, wo der Auftraggeber vor allem an den Ergebnissen einer empirischen Studie interessiert ist, kann dieses Verhältnis auch 50:50 sein.

Reicht es, wenn meine Bachelor-/Masterarbeit nur aus einem Theorieteil besteht und keine empirische Untersuchung enthält?

Grundsätzlich hängt dies von der Forschungsfrage und der Zielsetzung der Arbeit ab. Für manche Themenstellungen reicht es aus, „nur" Sekundärliteratur zu verwenden und keine eigene Primärerhebung durchzuführen.

9.3.2 Forschungsdesign

Wie viele Experteninterviews muss ich für meine empirische Untersuchung im Rahmen meiner Bachelor-/Masterarbeit durchführen?

Hier gibt es keinen Richtwert. Qualität geht vor Quantität, einerseits bei der Auswahl der Experten, andererseits bei der Durchführung und Aufbereitung der Interviews. Ein Interview wird sicherlich zu wenig sein. Für die meisten Untersuchungen sind im Durchschnitt fünf Interviews zweckmäßig.

Ich mache eine quantitative Fragebogenerhebung. Wie viele Personen muss ich mindestens befragen?

Wenn das Stichprobenergebnis möglichst genau sein soll bzw. die Schwankungsbreite gering gehalten werden soll, ist eine relativ große Fallzahl nötig. Diese Fallzahl übersteigt in der Regel die Möglichkeiten eines durchschnittlichen Studierenden. Daher gilt: Die Qualität einer wissenschaftlichen Arbeit hängt nicht von der verwendeten Fallzahl ab, sondern viel wichtiger ist eine korrekte Durchführung, Auswertung und Interpretation! Die meisten Betreuer empfehlen, mindestens 150 bis 300 Probanden zu befragen.

Kann ich meine Fragebögen auch mit Excel auswerten?

Sie können jedes beliebige Auswertungstool heranziehen. Wichtig ist bei der Auswahl, dass Sie damit auch bivariate und, falls erforderlich, multivariate Analysen durchführen können.

9.3.3 Empirische Untersuchung

Muss ich alle Experteninterviews transkribieren?

Normalerweise sollten Sie alle Experteninterviews sorgfältig transkribieren und in den Anhang geben. Manchmal reicht es aber dem Betreuer aus, wenn Sie die Interviews nur stichwortartig transkribieren und auf einem Audio- oder Videofile archivieren und auf Verlangen vorspielen. Sie werden sich aber bei der Inhaltsanalyse leichter tun, wenn Sie alle Interviews wortwörtlich transkribieren. Vor allem, wenn Sie diese Analyse mit einer Software durchführen, ist eine vollständige Transkription notwendig.

Muss ich meine SPSS Outputfiles in die Arbeit integrieren?

Die meisten Betreuer möchten die wichtigsten SPSS Outputfiles im Anhang der Arbeit haben oder separat in einem Schnellhefter oder als elektronisches File, sodass sie Auswertungen nachvollziehen können. Manchen Betreuern reicht es aber auch aus, wenn Sie diese Files archivieren und erst auf Verlangen dem Betreuer zeigen.

9.3.4 Rohfassung

Zählen Grafiken, Abbildungen und Tabellen auch zum geforderten Nettoumfang meiner Abschlussarbeit?

Ja, alle Grafiken, Abbildungen und Tabellen, die notwendig sind, um den Inhalt der Arbeit zu unterstreichen, werden in die Arbeit eingebunden und zählen somit auch zum Nettoumfang. Ergänzende Illustrationen kommen in den Anhang der Arbeit.

9.4 Korrektur und Begutachtung

In der Korrektur- und Begutachtungsphase geht es darum, die Rohfassung beim Betreuer abzugeben, das Feedback einzuarbeiten und schließlich die finale Endfassung zur Begutachtung vorzulegen. Nachfolgende Fragen treten in dieser Phase häufig auf.

9.4.1 Korrigierte Fassung

Wird bereits die korrigierte, aber noch ungebundene Fassung meiner Abschlussarbeit benotet?

Als Benotungsgrundlage wird erst die gebundene Fassung der Arbeit herangezogen. In die Beurteilung fließt aber auf alle Fälle ein, wie viele Korrekturschleifen notwendig waren und wie sorgfältig und selbstständig die Korrekturen durchgeführt wurden.

9.4.2 Endfassung

Darf ich nach Abgabe der finalen Fassung meiner wissenschaftlichen Arbeit noch etwas ändern?

Ist die Arbeit erst einmal gebunden, darf im Normalfall nichts mehr geändert werden. Die gebundene Version der Arbeit dient als Benotungsgrundlage.

Kann ich meine Bachelor-/Masterarbeit sperren lassen?

Es besteht die Möglichkeit, Arbeiten, deren Veröffentlichung rechtliche oder wirtschaftliche Interessen des Auftraggebers verletzen würde oder schwerwiegende Nachteile für den Verfasser bringen könnte, für maximal fünf Jahre durch einen Sperrvermerk von der Veröffentlichung zurückzuhalten. Die Vergabe eines Sperrvermerkes muss normalerweise bei der Institutsleitung unter Angabe der Gründe mittels eines Formulars schriftlich beantragt werden. Das unterschriebene Formular wird in die fertige Arbeit eingebunden.

9.4.3 Gutachten

Wann erfahre ich meine endgültige Note?

In den meisten Hochschulen wird so vorgegangen, dass der Betreuer zunächst mittels Gutachten einen Beurteilungsvorschlag macht und erst bei der Defensio der Arbeit die finale Note von der Prüfungskommission festgelegt wird.

Bekomme ich das Gutachten zur Ansicht?

Es ist nicht üblich, dass der Studierende Einblick in das Gutachten des Betreuers bekommt, wohl aber ein ausführliches mündliches oder schriftliches Feedback darüber, wie dieser die Arbeit sieht.

9.5 Anmerkungen

Ich möchte zum Abschluss nochmals darauf hinweisen, dass die Antworten auf die Fragen in Kapitel 9 sowie der gesamte Inhalt dieses Buches keinesfalls für alle Hochschulen und deren wissenschaftliche Abschlussarbeiten verbindlich sind. Ich gebe nur Empfehlungen ab, die sich aufgrund meiner langjährigen Erfahrung als Betreuerin als hilfreich und zweckmäßig erwiesen haben.

Erkundigen Sie sich auf alle Fälle, welche Leitlinien Ihre Hochschule beim Verfassen von wissenschaftlichen Abschlussarbeiten verfolgt, und lassen Sie mich wissen, wenn Sie noch Ergänzungsvorschläge haben: doris.grabner@fh-krems.ac.at.

In diesem Sinne wünsche ich Ihnen viel Motivation, Freude und gutes Gelingen für Ihre wissenschaftlichen Abschlussarbeiten!

Literaturverzeichnis

American Psychological Association (2013). *Publication Manual of the American Psychological Association.* Washington DC: American Psychological Association.

Atteslander, P. (2010). *Methoden der empirischen Sozialforschung*. Berlin: Erich Schmidt.

Backhaus, K. (2015). *Multivariate Analyseverfahren*. Berlin: Springer Gabler.

Backhaus, K. (2000). *Deutschsprachige Marketingforschung - Bestandsaufnahme und Perspektiven*. Stuttgart: Schäffer-Poeschel.

Bänsch, A., Alewell, D. (2013). *Wissenschaftliches Arbeiten*. München, Wien: Oldenbourg.

Berekoven, L., Eckert, W., & Ellenrieder, P. (2009). *Marktforschung: methodische Grundlagen und praktische Anwendung*. Wiesbaden: Gabler.

Böhler, H. (2004). *Marktforschung*. Stuttgart: Kohlhammer.

Bortz J., & Döring, N. (2015). *Forschungsmethoden und Evaluation für Human- und Sozialwissenschaftler*. Heidelberg: Springer.

Buber, R., & Holzmüller, H. (2009). *Qualitative Marktforschung: Konzepte – Methoden – Analysen*. Wiesbaden: Gabler.

Bühl, A. (2008). *SPSS 22: Einführung in die moderne Datenanalyse*. München [u.a.]: Pearson Studium.

Bühner M. (2010). *Einführung in die Test- und Fragebogenkonstruktion.* München [u.a.]: Pearson Studium.

Buzan T., & Buzan, B. (2013). *Das Mind-Map-Buch. Die beste Methode zur Steigerung ihres geistigen Potenzials.* Landsberg: mvg. Verlag.

Buzan, T. (2007). *Speed Reading. Schneller lesen – mehr verstehen – besser behalten.* München: Goldmann.

Diekmann, A. (2009). Empirische Sozialforschung: Grundlagen, Methoden, Anwendungen. Reinbek bei Hamburg : Rowohlt-Taschenbuch-Verlag.

Dieter, K., & Büntingel, A. (2000). *Schreiben im Studium. Mit Erfolg*. Berlin: Cornelsen Verlag.

Esselborn-Krumbiegel, H. (2014). *Von der Idee zum Text. Eine Anleitung zum wissenschaftlichen Schreiben.* Paderborn: Ferdinand Schöningh Verlag.

Flick, U. (2007). *Qualitative Forschung: ein Handbuch.* Reinbek bei Hamburg: Rowohlt.

Froschauer, U., & Lueger, M. (2003). *Das qualitative Interview: zur Praxis interpretativer Analyse sozialer Systeme*. Wien: WUV-Univ.-Verlag.

Hansen, K. (2001). *Zeit- und Selbstmanagement. Handlungsspielräume erkunden, Zeitsouveränität erlangen, in Netzwerken agieren*. Berlin. Cornelsen Verlag.

Hermann, A. (2008). *Handbuch Marktforschung: Methoden, Anwendungen, Praxis-beispiele*. Wiesbaden: Gabler.

Janssens, W. (2007). *Marketing research with SPSS*. Harlow [u.a.]: Financial Times Prentice Hall.

Karmasin, M., & Ribing, R. (2014). *Die Gestaltung wissenschaftlicher Arbeiten: ein Leitfaden für Seminararbeiten, Bachelor-, Master- und Magisterarbeiten, Diplom-arbeiten und Dissertationen*. Wien: Facultas WUV.

Kirchhoff, S. (2010). *Der Fragebogen: Datenbasis, Konstruktion und Auswertung*. Wiesbaden: Verlag für Sozialwissenschaften.

Klaner, A. (1998). *Streßbewältigung im Studium. Mit 20 praktischen Übungen zum erfolgreichen Streßabbau*. Berlin. Berlin Verlag Arno Spitz.

Konrad, K. (2005). *Mündliche und schriftliche Befragung: ein Lehrbuch*. Landau: Ver-lag Empirische Pädagogik.

Kornmeier, M. (2009). *Wissenschaftlich schreiben leicht gemacht: für Bachelor, Master und Dissertation*. Wien.

Kruse, O. (2007). *Keine Angst vor dem leeren Blatt: ohne Schreibblockaden durchs Studium*. Frankfurt am Main: Campus-Verlag.

Kvale, St. (2009). *Doing Interviews*. Los Angeles, California: Sage.

Linneweh, K., Heufelder, A., & Flasnoecker, M. (2010). *Balance statt Burn Out. Der erfolgreiche Umgang mit Stress und Belastungssituationen*. München: Zuckschwerdt.

Lueger, M. (2000). *Grundlagen qualitativer Feldforschung: Methodologie, Organisierung, Materialanalyse*. Wien: WUV-Univ.-Verlag.

Mummendey, H.D., & Grau, I. (2008). *Die Fragebogen-Methode*. Göttingen; Wien [u.a.]. Hogrefe.

Naderer, G., & Balzer, E. (2011). *Qualitative Marktforschung in Theorie und Praxis: Grundlagen, Methoden und Anwendungen*. Wiesbaden: Gabler.

Noelle-Neumann, E. (2005). *Alle, nicht jeder: Einführung in die Methoden der Demo-skopie*. Berlin: Springer.

Raffé, H. (1995). *Grundprobleme der Betriebswirtschaftslehre*. Göttingen: Vandenhoeck & Ruprecht.

Ravens, T. (2004). *Wissenschaftlich mit Word arbeiten*. München: Pearson Studium.

Rössl, D. (2008). *Die Diplomarbeit in der Betriebswirtschaftslehre: ein Leitfaden*. Wien: Facultas WUV.

Schülein, A. J., & Reitze, S. (2016). *Wissenschaftstheorie für Einsteiger.* Wien: WUV.

Scott, M. (2001). *Zeitgewinn durch Selbstmanagement. So kriegen sie ihre neuen Aufgaben in den Griff.* Frankfurt/NewYork. Campus Verlag.

Seimert, W. (2013). *Wissenschaftliches Arbeiten mit Word.* Bonn: bhv-Verlag.

Seiwert, L. J. (2005). *Mehr Zeit für das Wesentliche.* Landsberg am Lech: Mi-Wirtschaftsbuch.

Wagner-Link, A. (2014). *Aktive Entspannung und Streßbewältigung. Wirksame Methoden für Vielbeschäftigte.* Renningen-Malmsheim: Expert-Verlag.

Werder, L. (2016). *Lehrbuch des kreativen Schreibens.* Wiesbaden: Marix.

Zielke, W., & Flemming, M. (1989). *Sicher zum Erfolg. Mehr erreichen mit System.* Wien: Verlag Moderne Industrie.

Stichwortverzeichnis

A
Abstract 84
Approbation 224 f.
Artefakt 150
Atlas/ti 149
Amos 149
Anhang 85
APA style guide 97

B
Bachelorarbeit 4 f.
Belletristik 1 ff., 89
Beobachtung 150 f.
Beobachtungsanalyse 150 f.
Betreuer 18 f.

C
Chi-Quadrat-Test 174 f.
Clusteranalyse 183 ff.

D
Deskription 108
Direktes Zitat 97 f.
Diskriminanzanalyse 179 ff.
Dissertation 7

E
Eidesstattliche Erklärung 83, 223 f.
Empirische Sozialforschung 107 ff.
Exploration 108
Exposé 62 f.

F
Face-to-face Befragung 162 f.
Faktorenanalyse 182 f.
Fokusgruppe 133 ff., 143 f.
Forschungsfrage 59 ff.
Fragebogen 191 ff.
- Erstellung 191 ff.
- Geschlossene Fragen 194 f.
- Offene Fragen 194

G
Gabek 149
Gendern 92
Grundgesamtheit 202 f.
Gruppendiskussion 133 ff., 143 f.

H
Hempel-Oppenheim-Schema 11
Hypothese 121 ff.

I
Indirektes Zitat 99 ff.
Intervallskala 123 ff.

J
Journal 71 f.

K
Kategoriesystem 145
Kodierung 145
Korrelationsanalyse 177 f.
Konstruktivismus 12
Kontigenzanalyse 174 f.
Konzept 62 f.
Kreuztabelle 175 f.
Kritischer Rationalismus 11

L
Literaturcollage 2
Logischer Positivismus 10 f.

M
Masterarbeit 5 f.
- Typen 5 f.
Median 172
Merkmalsausprägung 120
Modell 125
Modus 171 f.

Multidimensionale Skalierung 185

N
Nominalskala 123 ff., 198 f.
NVivo 149

O
Objektivität 30
Online-Befragung 165
Ordinalskala 123 ff., 198 f.

P
Partialmodell 14
Plagiat 27 f.
Positivismus 10

Q
Qualitative Forschung 116 f., 127 ff.
- Gütekriterien 129 f.
Quartilabstand 170
Quantitative Forschung 116 ff., 157 ff.
- Deskriptive Untersuchung 158
- Explanative Untersuchung 158
- Gütekriterien 161
Quotenverfahren 205 f.

R
Ratioskala 123 ff.
Ratingskala 198
Realismus 11
Regressionsanalyse 178 f.
Reliabilität 30
Relativismus 12

S
Schreibblockaden 33 ff.
Schwankungsbreite 208 f.
Seminararbeit 4
Signifikanzniveau 207 f.
Sperrvermerk 84
Standardabweichung 203
Stichprobe 202 ff.
Stichprobenerhebung 202 ff.
Stressbewältigung 44 ff.
Symbolischer Interaktionismus 12

T
Themenstellung 57 ff.
- Thema finden 57 f.
Theorie 125 ff.
Totalerhebung 203
Totalmodell 15
Transkription 135 f.
Triangulation 116
T-Test 177

V
Validität 30
Variable 120 f.
Varianzanalyse 177 f.
Vorwort 83

W
Wissenschaftliche Arbeit 1 ff., 89
- Idealer Ablauf 17 ff.
- Hauptzielsetzungen 2, 8
- Kernbestandteile 74 ff.
Wissenschaftlicher Erkenntniskreislauf 9 ff.
Wissenschaftliche Zeitschrift 71 ff.
Wissenschaftstheorie 8 f.

Z
Zeitplanung 38 ff.

Printed by Printforce, the Netherlands